U0918164

群众出版社
·北京·

目 录

第二章 合州“于爱民”

于成龙前脚走，老人就盘算开了：此去合州还有好几天的路程，现在所剩盘缠还不够富裕。趁此机会再去摆摆摊，化一些缘，才可以高枕无忧。想到此，他立即拿起看相的旗和牌子，往繁华处走。

你们想，既然朱波是搭船客，船夫为啥不直接催促朱波出门，反而催朱波妻子放人出门？可见当时他已经知道朱波不在家中。这种贼喊捉贼的伎俩，岂不正好说明他是制造命案的杀人凶手吗？

想到此，他连忙到衙署挑灯夜战，拟定一个通告，规定：“允许寡妇改嫁。有公婆的，改嫁由公婆做主；无公婆的，听凭本妇自己做主。不许奸民逼婚，若发生逼婚，一经查实，绝不轻饶！”

这批兵不要说县令管不了，知州管不了，就连重庆知府也无权调动节制。他的指挥权在省，受省八旗都统直接指挥，连省城的按察使、布政使，甚至巡抚也没有直接指挥管理权。

自己是朝廷命官，必须执行朝廷旨意。既然不能派百姓采伐，那怎么办呢？他忽然想到，用官吏衙役和兵丁，即动用官府力量，完成钦派的工役。

第三章　湖北“于缉盗”

一、盗贼一听到“于活埋”之名，无不心惊胆战 / 163

看到众人仍不同意，知道他们怕被连累，担不起这个责任，他于是提笔写下一张字据：“为了剿灭盗贼，本人自愿打入强盗窝。若出危险，与黄州众官吏毫不相干。”接着，签上姓名职务和年月日。

二、黄州叛乱，于成龙只带两个仆役便入了虎穴 / 172

于成龙更没有想到，自己这一留，不但令他洗刷了革职的耻辱，还令他仕途通达。他原以为自己从此将以一介布衣结束仕途生活，谁知这一留，竟令他的前程重新出现了转机。

三、叛军听到“于糠粥”三个字，顿时斗志大减，土崩瓦解 / 184

李千总似被闷头打了一棍，昏昏沉沉，过了好一会儿才恍然大悟：“叛军名单，大概有几万人，全部惩办，再建多少监狱也不够用哩！只有惩办首恶，跟从者免罪，宽大处理，才能稳定局势。否则，将会引起社会大动荡。”

四、一道染血的白简奏折 / 196

张巡抚回信很快来了，不但没答应他的请求，相反严厉警告于成龙：“军令催征，非同小可。若再三推诿，延误军需，必遭军法处治！”

五、老娘亲的思念 / 203

儿子清廉，没有往家里寄过银子，家庭生活依然清苦，但自己高兴，比往家里寄了千万贯还高兴。因为百姓的口碑，比银子金子

这天傍晚，一行人终于来到山西省城太原。仆役接连找了几家客栈，发现最便宜的单间房每人也要半两银子一夜，可于总督还嫌贵，最后只得在卧虎山脚一处偏僻冷清的客栈——清风明月客栈，花一两银子，三人共住了一间。

两人一看奏折，不禁心惊肉跳。原来这是一份弹劾奏章："……臣闻山西官场请客送礼、阿谀奉承成风，此番回乡葬母，才知所传不虚……试问他们的俸禄是多少？巡抚、布政使年俸不到二百两，可一次送礼就是四百两……"

………………………………………………

第六章 两江"活包公"

这鱼壳非比寻常，是江南地面的江洋大盗。此人不但武艺高强，凶悍异常，在江南无人敢敌，而且据说和江宁都统有很深的关系。因此，官府都十分畏惧。

天已黄昏，他们来到偏院。忽见一个白晃晃的影子悬挂在一棵樟树上。几个人立即七手八脚上前进行抢救，但为时已晚。一代名妓"玉石琵琶"已香消玉殒。

两江总督衙门的众多官员，见江宁将军——朝廷的柱石大臣，权势熏天的满族权贵公开站出来与总督于成龙作对，又听说朝廷派出大员前来调查，大多数人虽表面上不动声色，暗地里都有一种莫名的兴奋。

他一字一句地向众官吏宣读他亲手制定的《示亲民官六戒》："勤抚恤，慎刑法，绝贿赂，杜私派，严征收，崇节俭。"

…………………………………………………………

尾　声

他的坟头与众不同的是，有一棵合抱大榆树。它在贫瘠的土地上，无论多么干旱，多么严寒，总是茁壮地成长着，最终长成了一棵合抱的参天大树。

序曲

一、筑堡防卫工程，卡在了于氏祖坟前

明朝末年，遍地烽烟。北方强悍的满清八旗大军压境，明朝军队屡战屡败，内地造反迭起，中华大地如一锅沸腾的粥。

山西省吕梁地区的永宁州（今吕梁市方山县）下昔乡来堡村，恶盗横行，搅得人心惶惶，鸡犬不宁。寒冬腊月，天刚蒙蒙亮，来堡村地保高有福还没起床，便被接二连三的报警声惊得心头怦怦直跳。

村东头报：昨夜两个后生被匪徒绑走。

村西头报：盗贼偷走牛二头，骡马三匹。

村南头报得更吓人离奇：郝财主夫妇和大儿子，一家三口惨遭杀害；凌晨，村里一个出嫁的新娘家，二十四杠嫁妆遭洗劫，新娘被抢走，不知去向。

高地保惊得张口结舌，不知所措。他身子颤抖，只一个劲地说："世道如此混乱，这可怎么办?"

他连忙召集全村各姓人在碾场开会商讨。

这时，做过一任府同知告老还乡的夏老先生右手拄着根藤条拐杖，一边用拐杖叩击着地面，一边开口道：

"高家侄子不必惊慌。依我看，我们村背靠峻峭山岩，前面大路又从暗道穿过，只需守住两个洞口，草寇盗贼很难入村。"

他喘了几口气，继续说，“唯一担心的便是村前二里地的高山上，有一条山路。此路地势险峻，可说是一夫当关万夫莫开。若能在此路的下山路口筑起堡垒，派壮丁防卫，夜里再派壮丁在村子周围巡逻，便可保村子无事。”

夏老先生的话一言九鼎，众人一致拥护。

然而在筑堡的地址上，众人却被卡住了。因为筑堡防守最好的位置，正好位于一片于姓的祖宗坟地上。

这一下，村上人个个成了哑巴。谁会让挖了祖坟建筑堡寨？挖祖坟，属大逆不道！更挨千人唾万人骂。挖了祖坟，让先人亡灵地下难安，谁敢如此作孽？

果然，于姓人齐刷刷站出来开始吵闹和骂娘了。

“我们又不是朝廷钦犯，又没犯叛逆大罪，为啥要被挖祖坟？”

“我们于姓，自来此地，名人辈出，功名不绝。挖了祖坟，跑了风水，以后功名断绝，财运枯竭，要挨后人世代唾骂。这样的责任，谁担当得起？”

有个血气方刚号称“大力士”的于姓后生，干脆攒出一句狠话：“你们甭打这种伤天害理的歪主意，谁要敢在我们于家祖坟上动土，我就跟他不客气！”

他一边说一边挽手捋臂，提起碾场上那足有二百斤重的石碾，示威般地朝几丈开外的地方一撇，咔嚓一声，一棵碗口粗细的茂盛的梧桐树，被一切两断。他姓人不禁大惊失色。

一帮于姓后生齐声喝彩，众人吼道：“对，谁侵犯于姓祖坟，我们就跟他拼命！”

筑堡防卫的好提议，受到于姓后人的强烈抵制。眼看一个救民于水火的好计划将胎死腹中，夏老先生不禁摇头叹息：“不筑堡，村民要遭殃呀！”

村中其他人个个垂头丧气。

高地保哭丧着脸，无可奈何地宣布：“不筑堡了！大家等着

遭殃吧……”

话音刚落，一个年约二十岁的后生霍地站了出来，大声高呼道：“就在我家祖坟上动土筑堡!”

他缓了一口气，咽了咽干渴的喉咙，对于姓众人道：“筑堡可保全村安全，纵然有损自家风水又有何妨？老祖宗若地下有灵，他们也一定会原谅的。”

全村人吃了一惊。尤其是于姓人更是惊得人人目瞪口呆。

此后生名叫于成龙，今秋乡试刚中了副榜贡生，平时一向不苟言笑。谁知他不说则已，一开口就说出了这一番惊天地泣鬼神的话语。

于姓人一个个都像吃了哑巴药一般不吭声了。为啥？因为全村于姓人中，唯有于成龙家门庭最显耀。他父亲于时煌在京城做官——虽然仅是个八品的“鸿胪寺序班”，但毕竟是京官。他的威望盖过现任下昔乡长的举人于老爷，跟德高望重的夏老太爷可以媲美。

此刻，于姓人个个睁大眼睛，看于成龙下一步如何动作：是光嘴上说说，还是动真格的？于姓人在观望，全村人都在观望。

此时，只见于成龙对高地保喊道：“叔，来呀，快来几个人，帮我一起把我们的祖宗请到别处。”

说着，拿起镐头，便在自家祖坟上嘭嘭地挖了起来。

其他于姓人见此情形，也拿起工具，跟着他默默地在自家祖坟上开挖。村里其他人都被感动了，当即一齐上前帮忙。

地保高有福长长地舒了一口气。

“我们来堡村防卫有指望了!”德高望重的夏老太爷捋捋胸前的长须，看着挥汗如雨的于成龙夸奖道，“这个后生，看来以后只要稍稍加以雕琢，必将前途无量啊!”

全村同仇敌忾，筑堡工程很快完成。堡里设有瞭望哨，报警钟。由壮丁持刀枪棍棒防守。筑成不久，这个居高临下的堡垒，便发挥了它的重大威力，收到了立竿见影的效果。

一天夜里，几个盗贼想乘月黑风高，大雪纷飞，偷盗银子铜钿牛马猪羊，过个肥年。谁知刚上冈，便被堡里瞭望哨发现，只发一火铳，便将那个膀大腰圆绰号“大炮筒”的头目击倒在地。巡逻勇丁闻讯赶来，立即将这大汉捆成粽子，押往县牢，吓得其余盗贼丢下东西四处逃散。

最令人过瘾、最鼓舞人心的是腊月除夕头天夜晚的围剿战。

正当家家户户准备好过年料，村里人将辛劳一年挣来的银子从四面八方带回故乡来堡村之际，一伙从北武当山下来的强盗，盯上了这个村庄。他们洗劫了下昔乡的众多富户后，便趾高气扬地直扑来堡村。

这伙强盗来到时，正是三更半夜村人躺在床上酣睡之际。他们足有七八十人，一路上基本上没遇到什么抵抗。号称“黑旋风”的山大王何天挡气势汹汹地扬言道：“顺我者生，逆我者死！谁胆敢抵抗，就割下他的头颅当尿壶！”殊不料，这个不可一世的魔王，却在小小的名不见经传的来堡村翻了船。

这伙强盗进村时，干掉了几个游动哨后便开始抢劫。但很快被堡上的瞭望哨发现了。顿时，铳声大作，报警的大钟急骤地撞响。紧接着，还响起了呜呜的惊心动魄的号角声。

手持刀枪训练有素的“护村队”紧急出动。紧接着，全村十六岁以上的男女老少，拿着棍棒镐锨等武器一起冲了出来。他们头上围着白头巾，看见无白头巾者，就砍，刺，打。

耀武扬威、不可一世的“黑旋风”强盗队，很快就陷入了来堡村一百六十多户村民的汪洋大海中。当场有二十多人送命，二十多人受伤被活捉，只有不到三十人逃回山寨。杀人不眨眼的山大王何天挡被剁去两根手指，砍断脚筋，差点被捉。亏得身边四个卫兵拼死相救，以三死一伤的代价换回他一条小命，逃回山寨。

这一仗杀得“黑旋风”强盗队鬼哭狼嚎、魂飞天外。

何天挡咬牙切齿要报仇雪恨，但面对来堡村的同仇敌忾，立

体防御，不得不咽下这口恶气。他哀叹道：“来堡，真是一个铜墙铁壁的堡垒！”他吩咐手下：任何村子都可以抢，唯独来堡不能碰！

战斗结束，全村财产没受丝毫损失，相反还从强盗手里夺得从别处抢来的许多金银财宝。他们将这些钱物充公，作为经费置办武器弹药，请教官和拳师训练队伍，严加防卫。从此，来堡村变成了一个鸡不飞狗不跳、祥和平静的世外桃源。

高地保咧开嘴笑了。

夏老太爷捋捋胡须笑得更是开心。

大年初一这天，夏老太爷把于成龙带到后山冈上，语重心长地对他说道：

“后生家，你深明大义，兼具侠肝义胆，今后定能干出一番大事业。但是古话说：毛羽未丰，不可以高飞。为使羽毛丰满，你应增强学识修养。”

“太爷，怎样才能增强学识修养？”于成龙双眼紧盯着老人，专注地问。

夏老太爷手指着远方，慈祥地说：“你应该去省城太原崇善寺书院读书深造。那里出了许多有作为的人哩！”

二、乡试座师的话，如一盏明灯照亮他的心田

崇善寺的读书是紧张和愉快的。同学们纷纷为自己起名字。

我为自己起个啥名字呢？于成龙觉得，应给自己起个有宏大抱负的名字。他平常十分喜欢庄子的《逍遥游》那种汪洋恣肆的文章：“北溟有鱼，其名为鲲。鲲之大，不知其几千里也，化而为鹏，鹏之背，不知其几千里也。怒而飞，其翼若垂天之云……”

可是，同学中以鲲鹏为名字的不少，我干脆以北溟为字，既与别人不重，又比鲲鹏更有气势——因为鲲鹏都在其中活动哩！

他笑对同窗刘鲲和鹏飞道："你们都在我的怀抱里了。"

刘鲲道："笑话，难道你比我们俩都厉害吗？我们皆为举人，你仅是副榜呢！"

于成龙不服："事业不以功名为准，不少状元还不如进士呢。历史上功名低者，比高者更有出息的事例多得是哩！"

鹏飞笑道："别吹牛！"

苦学三年。于成龙将儒、佛、道三家精髓兼收并蓄。他踌躇满志地决定：再次向科举冲击。他想夺取乡试前三名，最好能高中解元。

然而等待他的不是高中，而是又一次名落孙山。

从省城回家乡，他不知道自己是怎么样走完这段路的。他觉得这段路，是那么漫长。"碧云天，黄花地，西风紧，北雁南飞。晓来谁染霜林醉，总是离人泪。"深秋的大地，玉米、高粱熟了，枫叶黄了又红了，一片丰收灿烂的美景。可是我的命运却如此坎坷！

他的心头呜咽了。

故乡的县城方山屹洞镇，很小很小，小得街头打个喷嚏，街尾就能听到。于成龙又饥又渴，刚走进一家饭馆，便碰到几个熟人。

"省城读书三年，这回一定高中了。我们该喊你举人老爷了吧？真是衣锦还乡啊。"说者还不知道于成龙落榜的遭遇，只一个劲儿地羡慕道。

于成龙听了，只觉得十分刺耳——有点讽刺的味道。他连连摆手，一句话没说，便空着肚子匆匆逃离了县城。

走回乡里，他来到街上唯一的一家饭店。馒头刚出锅。闻着那白白的、热呼呼的馒头的诱人清香，还有煤炉大锅里烧得烂熟的猪头肉的扑鼻香气，他当即掏出一点碎银，叫道："来一碗猪头肉，一壶酒，四个大馒头！"

可连叫了两遍，也不见有人过来。

当他喊第三遍时，只见那正在剔猪头肉的小老板抬起头来，横了他一眼，甩过一句话："你没看到我忙吗？咋咋呼呼的，就像县太爷下乡。"接着，又刺了他一句，"你以为我会像恭迎县太爷一样侍候你吗？真可笑!"

于成龙顿时呆住了。

自己上省城乡试路过这个饭店时，这位老板又是掇凳又是敬茶，还一定要陪他喝两杯："我这猪头肉烧得烂熟，正好下酒；馒头也刚出锅，又香又好吃。"那时因为离家近，只七八里地，早饭吃得饱饱的，他哪里还吃得下？可老板却非要拖住他。"我真的吃不下。"他极力推辞，边说边走。可老板仍是紧追出来，用炊巾包着一块肥瘦适中、足有半斤重的红烧肉和三个刚出锅的馒头，说道："以后发迹了，莫忘了我这个小老板……"

真想不到，老板的脸色竟变得如此之快。上省城乡试和落榜回乡的待遇，真是天壤之别啊。

他离开乡里，掉头往来堡村走。一路上，他又碰到不少熟人。显然，人们大多已知道了他落榜的消息。只见有人摇着头，同情地说："这么好的学问，怎么竟会不中呢？那省城三年不是白读了？银子不是白花了？"

他像躲避瘟疫一般躲避着熟人。但一路上众多的熟人不是说躲就躲得了的，一直等到夜幕降临，他才高一脚低一脚地回了村。

到了村口，他正想偷偷溜进家里，却在村口大榆树下停住了脚步。因为他看到了继母李氏和妻子邢氏，带着自己的两个儿子，都站在老榆树下。一家人正望眼欲穿地等待着他回来。

看到他，李氏安人连忙喊两个孙子："你们爹爹回来了，快叫。"

"爹——""爹——"两个儿子果然一声声如雏鹰呼唤般叫了起来。

天上的月亮被一层薄云笼罩着。于成龙连忙上前向继母李氏道："娘，我回来了。儿不争气，此番又没考上。"说着鼻子一酸。男儿有泪不轻弹，但人到中年的他，眼泪还是情不自禁地涌了出来，霎时模糊了视线。

"龙儿，平安回来就好，其他一切都不要紧。"继母李氏从容淡定地说，然后吩咐两个孙子，"快帮你们爹爹拿行李。"两个孙子已是十多岁的少年，可以帮大人做点事了。大的背起那个大包裹，小的拿起那个小包裹，雀跃着往家里奔去。

看到儿子无忧无虑、天真活泼的身影，于成龙心中十分内疚。从省城走时因心情不痛快竟忘了给孩子带点东西——连几块糖果也没带。

回到家，于成龙生了一场病。他百无聊赖地躺在床上不想起来。

原以为太原省城崇善寺书院的三年苦学，能一举夺魁，苦尽甘来，可谁知如今仍然是青衫依旧。原因何在？在书院，论学问和人品，自己可说是有口皆碑，人人夸赞。先生甚至山长（即校长），都预料他定能高中举人。整整三年，卧薪尝胆，还花了不少银子，到头来却竹篮子打水一场空，名落孙山，他真想大哭一场。

继母李氏没有来催他，只是每天三餐叫邢氏变换花样，做了好吃的饭食，派两个孙子送过来。

继母李氏每天早早便出去串门了。就这样过了大约十天，忽然一天傍晚，李氏安人蹬着三寸金莲，一脸汗水地来到于成龙屋里，兴冲冲地说：

"龙儿，靠近离石州城的大武文楼，缺学问渊博的教书先生，你愿意去不？"

听到这句话，看到满头尘土、汗水涔涔、风尘仆仆的继母，于成龙一切都明白了：原来这些日子，继母是为他找教书的位置而奔忙呢！

这个书院远近闻名，紧靠州城，查阅书籍资料十分方便。更

难得的是，教学之暇，可以去州城仔细观赏驰名三晋大地的汉朝画像石。以前为科举奔忙，一直没去领略。据说那汉阙气魄雄伟，题材丰富，画像栩栩如生，有什么虎食女魃、窃符救赵、四鱼云车等神话传说和历史故事呢。对读书人来说，此处确实是十分难得的理想之地。

继母如此为我操心，我怎可再消沉！于成龙一骨碌从床上爬起来，进书房收拾书籍，并对邢氏道："你给我准备衣服被铺，我明天就去大武镇教书。"

第二天一早，他挑了行李，便去了大武文楼书院。

教书的薪俸非常微薄。父亲虽然在京城，但很少寄银子来。父亲来信诉苦道：自己俸禄极低，京城物品昂贵，开支大，加之又要交际应酬，银钱上总是捉襟见肘。家里只好要成龙多操心了。

除父亲外，自己家中有五口人，哥哥于化龙家中还有四口人。他教书，身强力壮的哥哥在家种地，兄弟俩努力维持一家九口人的生活。日子虽不宽余，也还对付得过去。

一天，他正在教书，忽然山长叫他，说外面有家人来找他。

他一出书院门，便猛地见一个披麻戴孝的人奔到面前，只叫了一声："叔，我爹走了！"接着号啕大哭。原来是侄子来报丧。

于成龙急忙赶回家，只见继母李氏一边用手拍打着化龙的灵柩，一边哀声哭道："化龙，你怎么舍得丢下一双儿女，丢下这么一个大家，就走了！"说着一口气倒不过来，昏厥了过去。

于成龙连忙和妻子等家人七手八脚一阵忙碌，灌姜汤，掐人中，好不容易总算把继母救醒。于成龙想，此事还须先瞒住父亲。若告诉父亲，他怎能经受得起这丧子之痛？再说，父亲回来不但毫无益处，而且还要花好多银子，耽搁好多时间。想到此，他连忙找亲友借了一些银两，安葬了哥哥。

从此，全家生活重担都落在了他一个人的肩上。他只得安排幼稚的大儿子干农活，自己则一边教书，一边趁寒暑假到深山挑炭赚点脚钱。

一个冬日，他从北武当山挑着足有二百斤重的一担炭往回走。这是一处从下往上的崎岖陡峭的山间小道，足足有五里地。有的陡峭处，身子站不稳，须一手紧紧抓住树根荆棘，才能往上爬。

“这成龙读了这么多年的书，又到省城有名的崇善书院学习了三年，却依然卖炭度日，这书岂不是白读了吗?”不少人摇头叹息。

听了这话，于成龙很是伤心。“我满腹经纶，却依然困于科场，何时才有出头之日?”他心头在滴血。爬行在陡峭崎岖的山间小道上，他忽然觉得饥渴难耐，眼冒金星。他觉得自己快坚持不住了，似乎立刻就要趴倒在地。

忽然，他眼前高高耸立起两棵斜卧于地的巍巍古柏——省城太原晋祠里那两棵“卧龙古柏”。那高耸入云、顶天立地的合抱古柏，历经一次又一次风暴的摧折，终于被暴风骤雨击倒在地。它的根大半被切断，它的头无力地斜靠在一个土坎上，就像一位断了一条大腿、身上留下无数创伤、奄奄待毙的将军。但它依然顽强地斜卧着，极力地支撑着，死活不肯倒下。它依天地之灵气，贪婪地吸吮着少得可怜的水分和营养。它咬牙度过了严冬，又在万物复苏的春天，绽放出了片片新绿，顽强地生长着，挺立着。就这样，它在极端艰难，几乎毫无生路的境遇下，挺立了几百年，上千年……

想到此，他立即放下担子，从包袱袋里拿出几个山药蛋（土豆）和两个黑面馍津津有味地吃了起来。吃得苦中苦，方为人上人。他挑起炭担，抖擞起精神往山外走去。

大儿子渐渐变成了一个健壮的青年。于成龙依然一边教书，一边趁节假日去挑炭挣点脚钱，补贴家用。渐渐地，哥哥丧葬时所借的银两还清了，家境也慢慢好了起来。他开始暗暗准备到秋天再去参加一次乡试。

然而，就在他摩拳擦掌信心百倍地准备科考时，一场意想不到的灾难降临到了他的身上。

一个秋风秋雨的傍晚，他刚从田野里干完农活往回走，忽见一顶陈旧小轿急匆匆地来到自己的家门口。轿帘起处，只见一个须发皆白的老头，佝偻着身子，被轿夫搀扶下来。此人形销骨立。他不禁疑惑地问道："老先生，您找谁?"

"……龙儿！……我是你爹呀!"老者颤颤巍巍，嗓音发抖。

于成龙顿时呆了："爹！……"原来是父亲从京城回来了!记得以前父亲魁梧壮实，可如今似乎一阵轻风就能把他吹倒。

于成龙赶紧将父亲扶进屋躺在床上。父亲两眼无神地望着他，近乎奄奄一息。于成龙赶紧问继母，原来父亲因为病重，怕亡故在外地，才紧赶慢赶地回到家里。

父亲确实已经病入膏肓。他吃不下饭，睡不好觉；辗转反侧，不断呻吟，还夹杂着阵阵厉害的咳嗽。整整折腾了三天，父亲招手将他叫了过去，声音无力又细小。

于成龙只好将耳朵贴到父亲的嘴边，隐隐约约地终于听明白了。

"我一生奋斗……从村到县，从县到州，再进京城……谁想竟以失败告终……至死一事无成……我想培养你们兄弟两个……谁知化龙头脑笨，读不进书……你聪明，读书好，从村里读到县城，又读到省城……但至今仍困顿科场……看来，我们于家要在你们兄弟俩身上翻身……没啥指望了……我难以瞑目哪……"

说完，一边拍打着床板，连叫三声："天不佑于家啊!"接着便连吐三口鲜血而亡。

父亲去世前的这一番话，令于成龙后半生都难以忘记。父亲回家仅仅只待了三天便辞世了，年仅五十多岁。

想到父亲带着巨大的遗憾而走，于成龙不禁泪流满面。他哭泣道："爹，爹，是我这个不争气的儿子让你失望了！我怎么这么没用啊！读了三年省城书院，竟连举人也考不上啊!"

他越想越悲伤，真想痛痛快快地大哭一场。但他知道，自己现在是整个家庭的顶梁柱，主心骨，有多少大事等着自己去办，去拿主意：要筹措丧葬费，要选择坟地……想到此，他擦干泪水，来到中堂，振作精神操办起丧事来。

办完丧事，他开始在家为父守丧。期间，他重读了朱熹的《四书集注》等书。过了三年，守孝期满，他重新去大武文楼教书。他知道，只有教书才能不荒废学业。他暗下决心待来年秋试再搏一次。他发誓此番一定要在科举之途杀出一条血路。

乡试前夕，他带大武文楼书院的学生到省城应试。就在他到达省城书院报到的这天下午，突然看到一个熟人。

此时，他根本没有想到，这个熟人的出现，将改变他的一生。

此人并非别人，就是他当年参加乡试中副榜举人的那个座师——温尔卓先生。二十年没有会过面，如今一见，于成龙兴奋异常。此时的温先生已有五十多岁年纪，戴着副老花眼镜，已经两鬓如霜。不仔细看，他几乎认不出来。也难怪，当年自己仅二十来岁，风华正茂，如今也已四十多岁，两鬓斑白了。

“我叫于成龙，永宁州人。就是中副榜举人的那个门生啊！”他自我介绍。

温先生终于想起来了，亲切地对他说：“二十年未见，你后来中了举人、进士没有？如今在做什么事？”待看清楚于成龙穿着长衫，带着几个学生，似乎有些明白了。

于成龙惭愧地说道：“学生青衫依旧。”

温先生大为惊异：“你学问渊博，学识超群，按你当年的情况，不应久困场屋呀！”

于成龙道：“自那次考试后，我曾在省城学习三年，后来又参加过一场秋试，但仍未考取。不久，哥哥突然病故，父亲又在京城，全家九口的生活重担全压在我肩上。三年前，父亲不幸病故，我又守孝三年。”

温先生听了，极为同情："你是个难得的人才啊！可惜了。今后有何打算？"

于成龙见先生问，忙答道："父亲临终前曾对我未中举人耿耿于怀，故我决定此番再进试场搏一次。若再不中，自认倒霉，从此再也不上试场了！"

"成龙，你在太原书院学的是什么？"温先生突然问，"你今年多大？"

"四十四岁。我在崇善书院，系统地研习了儒家、道家、释家著作。"

温尔卓沉思了一会儿，缓缓地道："我有个建议。"他边斟酌边说，"你不必非得去考举人。你年纪已大，即使此番中举，也因起步太晚，难在功名科举上有所作为。"突然，他不再犹豫了，干脆把话说得明明白白，"我看你一身正气，历经人生多种磨炼，若是去做官，很可能有一番大作为！"

于成龙苦笑道："中了进士，也只能当知县。学生连举人都未中，哪有官给做？"

温先生说："依我看，从政还有一条路，就是去京师国子监读书——去那里读书一年，就可以直接任教谕、知县一类官员。"

老师的话，如一盏明灯照亮了他的心田："对啊，这是一条从政的终南捷径！"

于是送完考生一回到家，他便立即与继母、妻子商量。

他对继母说："爹临终时对我所说的话，时刻像重锤一样敲击着我的心头。此番在省城碰到我的老师温先生，他极力劝我去京城国子监读书，结业后去做教谕、知县一类小官。为了实现爹的生前愿望，我想去京师，就怕家里事多担子重走不开。"

"家里事，你甭操心。"李氏安人道，"你的两个儿子已经成年，农活的事，有他们，你不必忧虑。家里事，有你媳妇和我，我还耳聪目明，你就放心去吧！"

于成龙看着继母和妻子，心里充满了感激。

于是他开始收拾起行李，赶赴京城国子监。

三、于成龙抽得“县令”一职，不料同年一番话让他凉了半截

顺治十八年（公元一六六一年）四月下旬的一天，北京天安门前，热闹非凡。这是在北京国子监进修一年考试合格的人员在做官前的一次抽签活动。

用抽签方法决定做官地点，这是明代后期礼部尚书孙丕杨所发明。因为这种方法公正、公平，清朝也沿用此法。即在竹签上写下所选的做官地点，放置竹筒中，当堂抽取。

同年刘鹏抽到的是河南省宜阳县的教谕，他有点失望——没有当上县令。但想到这是唐代著名浪漫主义诗人、号称鬼才的李贺的故乡，且又靠近古都洛阳，教学之余可以访古寻踪，游龙门石窟，他又转悲为喜，不禁吟诵起那首传诵千古的诗篇《金铜仙人辞汉歌》：……衰兰送客咸阳道，天若有情天亦老。携盘独出月荒凉，渭城已远波声小。

宋鹏飞抽到的是浙江上虞县县尉。“祝贺，祝贺，”有同年道，“那上虞，就是梁山伯与祝英台故事的发生地。虽没抽到县令上签，但能到这个鱼米之乡、风景如画的地方，当上县令的副手，可以知足了。”

轮到于成龙了。他看到几位同年抽到教谕、县尉一类佐杂官，便拿起竹筒摇了摇，向天祈祷：“但愿苍天随我愿，让我得到独当一面、治理一县的县令！”他摸索了几下，然后猛地抽出一根签，只见上面写着一行清晰的字：

广西柳州府罗城知县

果然抽到知县！他高兴得几乎要蹦起来。几个同年一起围过来，一见他抽到知县，也齐声祝贺：姜还是老的辣！于兄运气

好，竟得到知县一职，比我们中了举的都好呢！

“我们虽中了举人，但于兄才能远胜于我们。他是我们这届的状元哩！”有同年称赞道。此话不假。在国子监一年的学习考试中，于成龙无论儒学、道学、佛学，皆高居榜首，是此届中最具实力的状元郎。

于成龙为自己终于有了治理一县可施展抱负的机遇而高兴。广西柳州虽然路途遥远，但是个山清水秀的地方。公事之余，自己可以游览名胜古迹，吟诗作词，何等潇洒！而且此地离省城桂林不远，古人云：桂林山水甲天下，我还可以抽节假日去游览，一睹奇观。何等惬意！想到此，他不禁哼起了欢乐的山西小调。

他知道从山西到广西柳州府，路途遥远，需要一大笔路费。而自己家底薄，需回家早做准备。他立即启程回山西。

过了省城，他忽然想到清源县（今清徐）有个中举的乡试同年王吉人，他在广西桂林府某县做过县丞，如今早退职在家。可向他打听一下罗城那边的情况，以便做些上任的准备。

来到王吉人家，于成龙说明来意：“王年兄，我刚抽到广西罗城知县一职，想向你打听一下去那里需要多少路费？需要做哪些准备？”他脸带喜色地问。

“啥，你选了罗城知县？”王吉人的两眼瞪圆了，仿佛不相信似的又问了一遍，“是广西柳州府的罗城吗？”见成龙肯定地点点头，便以异常坚决的口吻说道，“若是那个鬼地方，我劝你完全不必张罗，根本不用去！”

“为啥？难道那个地方是虎穴狼窝？”这回轮到于成龙瞪圆了眼睛。

“虽然不能直接说是虎穴狼窝，但也差不多。那是一个魔鬼地域！”王吉人连连道来，“我认为那罗城有六大不宜去。

“其一，此地人是少数民族中一个极小的民族，民风强悍，刁民甚多，在那里当县令，很可能造成冲突，有性命之忧。头一任县令许鸿儒和家属五人，被土司杀死，至今尸骨难收。第二任县令苗尔荫未任满一年便逃亡。人人见到此县，如避瘟疫。因此去此处上任，祸福难测，凶多吉少。

“其二，此地与贵州相邻，有九万大山阻隔，山水险恶，瘴疠严重。北方人到那里水土不服，十有八九会葬送性命。

“其三，此地居民稀少，据说整个县城仅有几十户，还没有平常一个村庄的人多。名为县令，实为地保。纵有经天纬地之才，又怎能施展？

“其四，此地荒蛮，财瘦民穷。据说每年财赋仅九两银子。到这种鬼地方做官，俸禄少得可怜，恐怕连糊口也难。

“其五，此地归大清版图不到三年，原属土司头人管理。那里没有学宫，教化难以开展，百姓是一群愚顽不化之人，要教化他们如同对牛弹琴。

“其六，此去罗城千山万水，路费至少上百两银子。如果带仆役前去，费用更大。这路费将是一笔沉重的债务，会压得你直不起腰。”

说到这里，他将数点理由作了归纳：“总之，去此地，既不能施展才能抱负，又不能得丝毫银钱之利以补贴家庭，相反还要债台高筑，还有性命之忧。”他喝了一口水，润了润冒烟的喉咙，苦口婆心地劝道，“你家中衣食尚有，何苦拿自己的性命去冒险？不如向上司交还凭证罢任，回家乡永宁过个安稳日子。”

一番话，说得于成龙心惊肉跳，心冷如灰。

他的内心在七上八下地激烈斗争。要说罗城自然环境差，瘴疠之气严重，中国大地又有哪个地方没有缺陷？六朝古都南京，虽为天下繁华之地，但夏天热如蒸笼，素有“火炉”之称。湖南素称鱼米之乡，但柳宗元任职的永州，却是毒蛇出没之地。即使号称天堂的苏杭一带，夏天湿热易生热痱，冬天阴冷易害冻疮。至于民风强悍，在战事频频、民不聊生、白骨露于野、千里无鸡鸣的中国大地，恐怕绝少有陶渊明笔下那个其乐融融的世外桃源。还有财瘦民穷，自己做官并非为了发财，因此即使财瘦民

穷又有何妨？想到此，他不禁对同年正色道：

“荒芜之地，都是国家之土。我既为官，岂可避险拣易？古人道：见利勿趋，见害勿避。成龙读书数十年，半生蹉跎，岂不知这个道理？古人尚且知义不避难，成龙岂可知难而退？人生在世，岂能老死乡下毫无作为？”

说完，丢下那个满面忧色的同年匆匆而去。

然而，当他走在路上，细想同年王吉人的数条理由，其中的一条，如一把利剑直击他的胸口。他最不愿看到的是百姓稀少，整个县城只有几十户这样的现状。自己读书的目的当然主要为了做官，为了施展自己胸中才学，一展平生抱负，为国为民做一番贡献，可是只有这么点百姓，怎能施展自己的宏图大志？

这么一想，他不禁连连叹息：我怎么这样倒霉？好不容易抽得个知县，竟是这么个鬼地方——一个人口仅是几十户，毫无才能可以施展的弹丸小城！

离家越来越近，他的心情越来越沉重。

走进家里，疲乏和思虑压得他已无法承受，他一下子倒在床上起不来了。他接连躺了两天，李氏安人和妻子邢氏不知道他为何如此虚弱。叫他，他不答应。于是李氏安人只好去找德高望重的夏老太爷。

“你此次回京，得了啥官职？”夏老太爷拄着拐杖，颤颤巍巍地来到他的床前。

于成龙躺不住了，只得坐起来回答：“抽到县令一职。”

“这是好事呀，却为何这般愁眉苦脸？”

他只得说出了自己的最大忧虑：“别的我都不怕，只是罗城居民稀少，整个县城仅几十户，我去那里当光杆司令，这叫我怎么施展胸中才学和平生抱负？”

夏老太爷一听，乐得大声道：“你运气太好了呀，居然抽了这么个最容易出政绩的好地方！”

“老太爷，此话怎讲？”

“城小人稀，容易治理。稍一努力，便出政绩，出成果啊！”夏老太爷道，“这就好比一张白纸，随便画上一笔，便能让人看到，若能画上两笔三笔，就是不小的政绩。一出政绩，便很容易升迁，若升到州府一级，你还愁英雄无用武之地吗？”

说完，用拐杖接连乒乒地叩击了几下地面，拨转身走了。

于成龙听罢，不禁怦然心动。他当即一骨碌从床上爬起来，走到中堂母亲的窑洞，说：“娘，我选了广西柳州府罗城知县。我们永宁离那里千山万水，要花不少盘费。我准备到亲戚朋友处借一些。”

于成龙在外奔波了三天，傍晚回到家里，心情异常苦闷。邢氏见他愁眉不展，便问道：“老爷赴任的事筹备得如何？”

于成龙道：“能借的亲戚都借了，只借得四十五两，加上家里凑的十两，总共也只有五十五两。此去罗城路途遥远，我去赴任还得带几个仆人，一行人至少需要一百两银子。这样，还差了将近一半！”

邢氏不作声地回屋里了。不一会儿，她拿来一个小布包，交给他，说：“这是我娘给我的传家宝，你拿去变卖了吧。”

于成龙打开一看，原来是一枚金戒指。这是当年成亲时妻子的陪嫁之物。

看着这个黄灿灿的戒指，于成龙说：“贤妻，这成亲戒指，怎好轻易拿去变卖？”

邢氏道：“没关系，就算你欠我的，等以后你有能力了，再给我重新打一个就行了。”

于成龙估计了一下，这个戒指大约值五两银子。现在总共有六十两银子，但离一百两还差了许多。他急得心头冒火：这欠缺的四十两从何而来？如今该借的都借了，该想的办法都想了，真可谓山穷水尽了！

第二天傍晚，李氏安人回到家，把一大包银子交给于成龙，说：“龙儿，这是四十两银子，不知现在你去广西上任够不够？”

“娘，这么多银子，你是从哪里弄来的?”于成龙既吃惊又疑惑。

“我去娘家走了一趟，借了点银子。”李氏安人淡淡地说，“你去广西上任，家中田地反正多种不了，我就卖了两亩，得了十两银子。另外我还给你物色了两个仆从，一头毛驴。一个是我娘家的表亲，名叫苏朝卿，是个青年秀才。估计他可以给你当个助手。”

接着大儿子廷翼也给他找了两个仆从，说好工钱到罗城再付。

于成龙笑了。如今终于可以前去罗城赴任了！他怎不高兴?但一会儿，他接着又担心起来。我得把实情告诉已经成年的大儿子廷翼。他说：“我上任的罗城，是个贫穷地方。我做官在外不能照管家里，你要担起全家的担子，莫惦念我。”

正说着，忽然，年仅九岁的小儿子嘤嘤哭道：“我那窑洞怎么没了?”

于成龙一听感到莫名其妙。仔细一问妻子，方知母亲暗中把两间正屋窑洞卖给了别人，只留下两孔窑洞，和一间用于养猪鸭的小矮房。

他扑通一声跪倒在母亲面前：

“娘，娘，我不去上任了！快把那两孔正屋窑洞赎回吧！”

李氏安人笑道：“不要说傻话。财产是身外之物，儿的事业才是最要紧的。你快快前去上任，免得耽误了行程。”

于成龙望着母亲，禁不住泪流满面。他连磕三个头，向母亲发誓：

“我此去，定要做一个百姓爱戴的清官、好官！”

五月初四日，于成龙终于动身了。

他晓行夜宿，一路南行，很快来到了临汾府的吉县。他吩咐在此住两宿，大家好好休息休息。他道：“这里有著名的黄河壶口瀑布！我们一起去看看。”

第二天，于成龙起了个大早，骑了毛驴，三四点钟便向黄河壶口瀑布出发了。恰逢月半，一轮明月高挂。大约上午九点多钟，便到了壶口瀑布处。

远远看去，在晋陕一片大峡谷中，滚滚的黄河水在奔腾着，并矗立起道道水雾。随着离瀑布愈来愈近，那瀑布声也愈来愈清晰愈来愈响。来到瀑布旁边，只见陡峭的峡谷中，有一道足有数十丈的浑黄的水，排山倒海，奔腾而下，隆隆作响。于成龙爬到离瀑布最近约有十余丈的峡谷中部的岩石上，只见水声澎湃，惊涛飞卷。那浪花如暴风裹挟着骤雨从天而降。

于成龙脑海里顿时闪现出唐代大诗人李白的诗句："黄河之水天上来，奔流到海不复回！"黄河，这条中华大地的巨龙，在壶口所展现的神威，在世界上是独一无二的。黄河一路奔涌而来，尽管沿途有高山阻挡，有峡谷切割，历经九曲十三弯，仍认准大海这一目标，百折不挠而永不回头！他为面前这壮观无比的壶口瀑布而惊叹和陶醉，暗暗下定决心："在生命的征途中，我应像这壶口瀑布一样，矗立起一道令人惊叹的亮丽风景！"

当天回到吉县住了一宿，第二天继续赶路。走了二天，来到稷山县。这里有一个在崇善寺书院一起读书的同年武秀才。不久前，于成龙听说他身体不太好在家休养。想到此去广西，不知何时方能再聚，便停下脚步来探望。

武生见到于成龙，大喜，忙置酒菜款待。当听说于成龙是去边远的罗城任知县后，不免有些担忧道："罗城偏僻穷困，又是少数民族，去那里不但不能发财，恐怕连日常生活也困难呢！"

成龙道："我此去绝不以温饱为念，办事誓不负'天理良心'四字！"

武生立即下床挺身，恭敬地祝贺道："心清则廉，廉则得民。果真能如此，必定能成为海瑞一类廉吏！"

告别武生，于成龙一行跨过汾水，一路南下。天气炎热了起来。走着走着，于成龙突然觉得胸膛有一种似乎想吐又吐不出来

般的难受，整个人顿时像软蚕一般。众人看到前面有个路廊，便七手八脚将县令扶到路廊石凳上。众仆役不知他得了什么病，慌得不知所措。

路廊里有两个过路人在乘凉，见此情景，连忙道：这是中暑发痧。一个中年男子连忙拿起路廊里供人饮水的勺，从旁边的井里舀了半勺水，然后伸出中指和食指，沾了点水，在于成龙的脖颈上边沾水边拧，接连拧了五六处，拧得皮肉紫黑，于成龙方才睁开了眼睛。

“这是发痧，若不及时救治，要死人的。以后若是中暑，就像刚才我这样刮痧。”中年男子道。于成龙谢过两位，一身疲乏地骑上毛驴继续赶路。

天气越来越热。于成龙越来越水土不服。他每天吃不下饭，身体一天比一天消瘦。几个仆从劝他休息几天，他不肯：“上任日期有规定，若不能按时赶到，要受惩罚，要降职甚至革职呢！”

就这样，他们每天起早贪黑赶路，奔波了两个月。当到达湖南冷水江时，再也走不动了。于成龙病倒了，上吐下泻，身子一阵冷一阵热。没办法，只得拿出一钱碎银，到药铺买了点药吃了。将息了一天，冷热刚退，吐泻刚止住，他便又要赶路。众仆役不肯，他坚决要行，众人只得挑了行李，扶他上了毛驴。谁知他刚一坐上毛驴，便觉得头重脚轻，眼前一黑，一个倒栽葱跌了下来。没有办法，他只得再在此处将息了一天。

随后继续带病日夜兼程。这一天，终于赶到广西桂林。

巡抚正在官衙批阅公文，忽听衙役报告：“新任罗城知县于成龙前来拜谒。”

“传他进来吧。”巡抚吩咐。

“抚台大人，罗城知县于成龙前来报到。”听到一个沙哑的声音，巡抚抬头一看，不禁吓了一跳：此人脸色黧黑，两眼深陷，如同猴子。脸上瘦得只剩下一张皮，唯有两只眼睛闪出两束熠熠的光芒。虽穿了衣服，但仍可看出两手瘦骨嶙峋。

“你病了吗?”

见巡抚问，于成龙连忙禀告道：“我从山西动身一路南行，水土不服。不瞒大人说，我从冷水江就病倒了，一路抱病前行方才到达这里。”

巡抚怜惜道：“看你如此模样，不要急着上任，还是先住在省城，请郎中调治，待身体康复后再去吧。”

“大人，我还是早点到达罗城，早点熟悉情况理事吧。”说完，他充满感激和期待地望着巡抚。见巡抚并无反对之意，便告辞而出。

看到于成龙瘦弱的背影飘出大门，巡抚喃喃地说：“真是一个铁汉!”

于成龙与众仆役径往柳州府而去。他紧咬牙关前行。当到达柳州府，他的病体大为好转，仿佛百病脱体。他高兴地说：“老天也保佑我到广西任职哩，我得好好干!”

拜见了柳州知府，于成龙在府衙签换了文书，便精神抖擞地往罗城而去。

此时，他根本没想到，罗城有更大的灾难在等着他呢!

第一章 罗城“于父母”

一、历时三月跋涉八千里，谁知这里竟是人间活地狱

经过三个半月的长途跋涉，农历八月二十日这天，于成龙主仆五人来到柳城县冲脉圩。一问乡老，得知西北面那如蘑菇般开放的山脉，就是罗城县境。

“终于到了，这下可好了!”众仆役一齐欢呼雀跃起来。担任书吏的苏朝卿三两下就扒掉自己脚上穿的烂草鞋，往山沟下一撇，随即在旁边的月亮泉洗了脚，换上临走时恋人送的草鞋，美滋滋地自言自语道：“终于到罗城了，嫦娥你千针万线做的布鞋马上派上了用场。明天我就可以到气派堂皇的县衙跟于县令坐堂处理公事了!”

受苏朝卿的影响，其他几个仆役，也纷纷脱掉草鞋或烂布鞋，脱去破衣烂衫，换上新衣衫，新布鞋。

“梳洗打扮好了没有?”于县令受众人乐观情绪感染，也喜笑颜开地说，“打扮好了，就马上出发。要知道，还得走一段路才能到达县城，我们可不能在山里过夜呀!”

“没问题，绝不会宿山上!”众人一鼓作气登上山顶。“罗城县城在哪里?”众仆役全都睁大眼睛，举目搜索。然而，任众人百般搜寻，根本看不到房屋、院子。只见树木参天，蒿草遍地，雾霭蒙蒙，不见人影。不时传来狼啸猿啼之声。众人不禁心惊

肉跳。

“我们为啥要来这种鬼地方呀?”众仆役几乎不约而同地发出了哀叹。

“出发时，我就对大家说过，罗城是个山区县，山区就是这个样子，否则满山满坡光秃秃的，那岂不更糟?”于成龙鼓劲道。

傍晚时分，一行人来到罗城县城。只见城郭倒塌，犬牙交错。走进城内，屋塌墙倒，瓦砾遍地，根本不见居民踪影。好不容易看到一户人家，正想上前询问，不料屋主人一见有生人过来，立刻如临大敌，乒乒乓乓把门关得严严实实。

他们一路走去，共看到六户人家，全都是一见生人，立即关门，连打听县衙的机会也没有。

夜幕降临，到处一片黑暗。看来，当务之急是得找一个住处。他们来到一座关帝庙。“今晚只好在此处暂宿一夜，明天再找县衙。”主意已定，于成龙吩咐众人歇息。于是一行人打扫了一下关帝庙，打开铺盖，栖身下来。连日奔波劳累，众仆役不一会儿便鼾声迭起。

可是于成龙却怎么也睡不着。

四壁透风的关帝庙，黑灯瞎火。虎啸狼嚎声不断传来，令人毛骨悚然；而猿猴的凄凉啼号，则令人生出无限悲伤。

他藏身于为关公牵马扛刀的大将周仓的塑像背后。透过从外面飞进来的萤火虫的微光，看到断了刀头、只剩刀杆的周仓，接着又看到头颅断了正随风摇荡的关羽，他心中顿时生出无限的悲凉：威震三国的关羽断头后，首级挂在城头示众，这就是“走麦城”的惨况呀！我今天的情形，岂不类似当年走麦城的关羽吗?想不到我堂堂一任知县，治下的县城居民只有区区六户！这副烂摊子，纵使诸葛再世恐怕也难有用武之地啊！

这么想着，念叨着，最后，连日来巨大的疲劳终于压倒了他，他迷糊了过去。

突然，一阵凄厉的“救命”声惊醒了他。他急忙爬起，是

睡在最外面的仆从水牛在叫喊。原来，水牛朝里睡，把一只脚搁在庙门口，不想被过路的一只狼咬去了半个脚趾，只痛得喊爹叫娘。

于成龙连忙打开包袱，拿出一味草药，为水牛敷上包扎起来。

“真险哪！亏得头在里脚在外，若是头朝外，这六斤四两（头颅）就没了。”苏朝卿心有余悸地说。

“现在天已大亮，我们还是赶紧去县衙吧。”于县令留下受伤的水牛，带着其他几个人，继续去找县衙。

一路打听，终于找到坐落于偏僻之处的县衙。

进了围墙一看，于县令心里咯噔一下，只叫了一声苦！

这哪像县衙的样子？堂堂县衙竟无大门，台阶上蒿草高过人头。中堂仅有草房三间，黑黑的，潮潮的，阴森森的。地上遍布青草藤萝，一片死寂，令人毛发直竖，浑身起一层鸡皮疙瘩。一群蝙蝠在里面乱飞，粪便雨点般落下来，地上到处是蝙蝠粪，臭得人直恶心。这地方怎能住人，又怎能审案断事？

忽然，仆从山泉一声惊叫：“快，快走！蛇，大蛇！”他连喊带退，吓得脸也变白了。于县令一看，果然是一条大腿般粗、扁担般长的大蛇，威风凛凛地昂着头，旁若无人地从茅草屋里冲出来。他连忙拾起一块石头，砸了过去。那蛇竟回过头耀武扬威地看了一眼，然后拨转头，呼啸着冲向台阶的蒿草。随之，那蒿草裂开了一条宽宽的路……

众人纷纷咋舌瞪眼，心头掠过一阵阵惊悸。

“呜呼！哀哉！这真是一个人间活地狱！”于成龙不禁长叹道。面对这个豺狼虎豹出没，大蛇蝙蝠作威作福的地方，他忽记起南朝著名诗人鲍照所描写的那幅恐怖凄凉的图景：野草遮闹市，藤蔓绊道路；堂屋里排列着毒蛇和短狐，台阶上獐与大飞鼠争斗；鬼怪在风雨晨昏出没呼啸，饥寒的鹰、鸥磨嘴怒叫，白虎藏匿林间饮血食肉……

“老爷，我们赶紧回家吧！在这个鬼地方，不是被虎狼吃掉，就是被大蛇咬死呀！”苏朝卿的话，随即引来众仆役的齐声响应：“对，老爷，还是趁早回去吧，何必把性命丢在罗城这鬼地方！”

回去？灰溜溜地回到家乡？于成龙心中一激灵：无功而返，我还有何脸面见故乡父老？自己满肚才学难道真的要永远闲置永宁，烂在肚里，老死故乡？不，不，这万万行不得！

他看着众人，推心置腹道：“我们这一走，不仅会让家乡人笑话，而且会让罗城人，让柳州府台，让省城督抚骂呀！笑我们是软骨头，是胆小鬼，骂我们做事虎头蛇尾，不能善始善终呀！”他略停了片刻，又道，“再说，我们盘费已用光，若现在回家，再走三个半月的盘费从哪里筹措？”

一席话，说得大家低头无语，只得留下来先干一段时间再说。

县衙不是十天半月就能修复的，它需要不少资金。因此，最实际可行的落脚点，还是昨晚住过的关帝庙。

说干就干，他们从农家借来砍柴刀，砍竹篱编席作门，用破瓦碎石拌烂泥在中堂垒成案桌，作为审案的地方。案后壁的关公周仓塑像后，挖了个地灶，安上从倒屋残墙的瓦砾堆中捡来的一个瓦罐作为锅，烧饭菜。

一个天底下罕见的县衙门，就在关帝庙破天荒地诞生了。

忽然，山泉和水牛，从外面抬来一块长约两尺、宽约一尺的石板，端端正正地放到刚砌成还湿漉漉的案桌正中，对莫名其妙的于县令道：“老爷，官府审案都要拍惊堂木。我们刚才砌成的案桌，都是烂泥碎石台面，拍不响。这石板台面，一拍就响，能显示大老爷的威风哩！”

于县令笑了：“我审案不用惊堂木。县令吹胡子瞪眼，百姓害怕。现在全县城总共只有六户，一拍惊堂木，百姓岂不跑光？我这个县令岂不成了光杆司令？那样，我们真的只有灰溜溜地回家了！”这席话说得大家也笑了起来，“不过铺上这平坦的石板

桌面，确实比那泥桌面好看得多，也气派得多，看了让人舒服。”

第二天，于县令一行找到城里几户人家，了解罗城如此破败的原因。一位吴姓老秀才拿起长长的竹烟枪，装上一锅自种的烟叶，一边沉思，一边用官话在袅袅的烟雾中慢悠悠地讲述起来：

“一是连年自然灾害。”他两眼迷茫，似乎陷入了沉思和回忆，“万历四十五年（公元一六一七年），遭遇旱灾，饥民死去大半。走在路上，到处可以见到死人，真可以说是死尸遍地呀！”说到这里，他一声悲啼，“我爹娘，我哥哥，就是遭遇大旱被活活饿死的！”

“老先生，如此接连大旱，难道官府也不赈灾，不过问吗？”于成龙忍不住问道。

“嘿，官府？”吴老先生冷笑了一声，“广西地处边疆，大小官吏都认为天高皇帝远，因此随心所欲敲诈勒索，尽力填塞自己的腰包，哪里还管百姓死活？”他说着情绪也跟着激动起来，“官吏非但不顾百姓死活，甚至还抢男霸女。凡新娘子，他们还规定要享受‘初夜权’——只要是他们看中的姑娘，都必须先由他们进洞房，再还给新郎！”

说到这里，老秀才的声音颤抖了，他不禁骂出声来：“真是一帮衣冠禽兽，遭天打雷劈的！”

老秀才咳嗽了几声，又言归正传：“第二个原因是，土司头人刑法严酷，鞭笞杀戮，作威作福，百姓避之如虎狼。因此，百姓有的远逃他乡，有的躲避深山，有的则干脆投靠草寇打家劫舍。”

“土司头人如此无法无天，难道明朝官府不加管束？”于成龙不禁又疑惑了。

“明朝朝廷歧视少数民族，对边疆百姓采取放任政策，只要当地土司头人能服从朝廷命令，便任他们作威作福。罗城是前年刚归入大清版图，头任县令许鸿儒，连同家属五人，就是被土司杀死的。”他放下烟枪，一把捋起裤子，露出那畸形的左膝盖，

“我这条左腿，就是那年遭大旱交不出粮，被土司施‘老虎凳’酷刑搞成残废的。”说到此，年近古稀的人，竟失声痛哭起来，“我们遭受的土司头人的罪，三天三夜也吐不完哪！”

“老先生，莫伤心，莫哭坏了身子。”于县令劝道，“现在好了，朝廷已作出规定，一切政令归官府，土司头人若有违法，官府有权处置他们。”

“真的吗?”老先生精神一振，两眼露出欣喜之光。他继续说下去：“罗城破败，还有一个重要原因，就是在明末清初，罗城经历了将近二十年的战乱，多次成为战场。罗城成年男子，有的被抽丁拉去打仗送了性命，有的被拉去作民夫，因此，有男人的家庭纷纷逃亡。”

老先生停顿了一下，似乎想了想，又说：“那逃兵也扰民，败退下来的军队，在罗城和滆县，掳掠和杀掉百姓约有上万人之多，百姓纷纷逃入深山峡谷去避难。这才搞得县城破败，田地荒芜。”

老者的话使于县令感到十分吃惊。怪不得人口如此之少！正想问问老先生怎样才能使百姓归田，不料吴老先生先问道：“第二任县令苗尔荫逃走至今已有大半年，一直没人愿意到这里来。没想到于县令却愿意到这个山穷水恶、偏僻落后之地上任，不知您到底图个啥?”

“老先生，范仲淹有句名言：居庙堂之高，则忧其民；处江湖之远，则忧其君。这是何等的胸怀和境界！我于成龙虽然仅是一个七品县令，但照样愿意竭尽所能，使罗城百姓安居乐业，早日过上五谷丰登的富足日子！”

这吴老先生是前明秀才，学识不凡，志向远大，他正是以范仲淹为自己的楷模。中秀才后，他本想一鼓作气连捷登科，夺取功名，为国为民做一番事业。但因父母病重又相继去世，守了五六年孝。等孝服除，看到明末官场极端腐败，李闯王等农民起义连续不断，神州大地烽火遍地，于是便收敛起一颗功名之心，隐

在这穷乡僻壤，以教授一班学生为乐。不料被土司、战乱搞得百姓逃亡，孩童不见踪影。如今，只有和膝下一个十多岁的小孙子相依为命。

好多年没遇到有学问的人了，如今见新任县令居然以北宋名相范仲淹的名言为座右铭，要在罗城一展宏图，为百姓造福，吴老先生不禁竖起大拇指连连称赞："于县令，您真是周敦颐所赞扬的'出污泥而不染'的莲藕呀！您如此胸襟气度，令人可敬可佩。看来罗城复兴大有希望了！这是我们罗城人的福气啊！"接着又道，"于县令，老朽无能，今后但凡有用得着我的地方，尽管说，我一定竭尽绵薄。"

"好，我一定会再来向老先生请教的。"于成龙心中想，这吴老先生不仅学识渊博，人品也十分高尚，可惜年纪太大了点，不然邀到县衙协助做事，倒是挺合适的。转而他猛然又一想："过些日子，待县城居民多了，孩童多了，请他来县学宫任教谕或司业一定合适。"

于是在告别时，于县令说道："老先生，罗城百废待兴。我到罗城，人地生疏，只恨不能多生十双手。近日，我要去全县各地安抚百姓，争取他们早日回到家园。我现有一事相托：本县学宫，烦您约几个人去看看，收拾一番。待居民多了，我们早些将它恢复。到时，请您在学宫主讲一门课程，您可愿意？"

这于县令温言软语，和蔼可亲，不像过去那些趾高气扬的官吏，吴老先生心中早已愿意助他一臂之力。加上兴教办学，是自己所长，在这有生之年能一展胸中才学，为培养人才出力，自己怎不愿意？于是连声道："于县令放心，您尽管去忙大事，学宫之事，我明天就约人去看，务必不拖您振兴罗城的后腿！"说完，想想人到晚年，满腹才学即将有用武之地，吴老先生不禁笑逐颜开，竟把原想嘱咐于县令下乡注意的要紧话忘之脑后。

这一疏忽，让于成龙接下来便遭到了危险，吃到了苦头。

第二天一早，于成龙一行早早吃过饭，带了点熟土豆便上路了。只留水牛在家留守。

罗城四周崇山峻岭，出门便是山。为了不迷路，于县令找了当地一位姓罗的中年男子作为向导（兼烧饭）往村庄密集的四把、天河、怀群几个乡进发。一路走访，一路在各村镇和交通要道张贴安民告示。过了天河乡，往怀群乡途中，沿路风光迥异，心情不免为之一振。

忽然，他们看到前面丛林灌木中金光闪烁。正好奇，忽见那金光冉冉升上天空，又猛地从半空坠落下来，转眼间变成两股：小的如同弹丸，渐渐飘散，大的如同车轮，突然迸裂。顿时五色遍野，香气袭人。

“唉，好香哪！”苏朝卿瞪大眼睛，张开大口，尽情地呼吸着这沁人心脾的香气。大家正为这千古奇观兴奋不已，不料罗向导却哇啦哇啦大叫起来。见大家不懂，他又用手不住地比画，还解下头上围巾捂住嘴。

大家不知他说些啥，但从他那脸色发白、两眼惊恐的表情中料想一定有什么事。众人纷纷猜测，不知老罗葫芦里卖的是什么药？

忽然，于县令看到山泉、苏朝卿像喝了蒙汗药一般相继扑倒在地。于成龙问道：“怎么回事？”可还没等他说出第二句话，自己也浑身乏力，像被抽去骨头一般软倒在地……

待于成龙苏醒过来，已经是第二天早晨。他发现自己躺在一个仫佬族老乡的家中，一个年约十六七岁的姑娘，守在自己身边。

见于县令睁开眼，姑娘满脸喜色，用银铃般的声音向里面喊了一声：“爷爷，于县令醒过来了！”

很快，出来两人。一个是向导老罗，一个是须发皆白、精神矍铄的老翁，一副仙风道骨的模样。

“好险哪！”向导老罗道，“亏得银神医用银针刺您嘴唇，解了毒气。”

于成龙挣扎着想起身行礼，但仍觉得全身如一堆棉花，软绵绵的起不来。

“别动，别动，你虽然解了毒气，无性命之忧，但要起身行走，起码需两三天。还是既来之则安之吧。”银郎中道。

“到底是怎么回事？”于县令问。

银郎中道：“你们中了瘴气之毒。”说完随即对于县令点点头，说，“你安心休养，我到里面去照料那几位。”

于成龙连忙又问：“他们几个怎么样？”

“您病情最轻，他们几个只有山泉用银针刺后，已无性命之忧，其他两个还在昏迷之中！”

苏朝卿昏昏沉沉睡了两夜。他全身高热如碳火，头痛欲裂，银针刺唇，毫不见效。当郎中为苏朝卿完成针灸疗法，准备替仆从天将施以同样疗法时，已过了大半天。天将终于再也没能醒来。

得知天将死去，于成龙猛地从床上挣扎起来，嘴里不住地念叨着“天将，我对不起你”，但只迈了两步，便两眼一黑，“扑通”一声栽倒在地。慌得老郎中急忙跑过来，用手指卡住他的人中进行急救。

缓过气来的于县令，坐在天将的病床上，双手紧握着天将已经变冷的手久久不松开。想起四个月来这个与自己朝夕相处的二十来岁的小伙子，就这样如吹灯一般灭了，他不禁痛哭失声：“天将，是我害了你呀，我要向老乡打听清楚这种怪病，早早预防，你就不会死了。这都怨我呀！”

于县令一连几天不吃不喝，一个劲儿地责怪自己。想起从山西临走时，天将父亲把天将送来时，握着他的手说：“于大人，我这个儿子交给你了。我知道，跟你去一定会有出息的。”可谁想事还没有做，人就走了，一去不返了，我可怎么向他爹交代呀！

老郎中道：“于县令，人死不能复活，您还请节哀。您现在是罗城的县令，全县还有多少大事等着您去办啊！再说，如今天气炎热，尸体不能久放呀。”

一番话提醒了于成龙。他强忍悲伤，强打精神，吩咐找石匠，按当地的风俗，合石棺安葬。

刚把天将草草安葬，忽见远在县城留守的水牛急如星火地赶来报告：“有一帮强盗，青天白日前来县城打劫。他们抢人口，掳牲畜，闹得县城刚刚聚拢来的上百户人家，又四处躲避，人心惶惶。”

二、不顾法令，于县令越境攻打黑风寨

听到强盗洗劫县城的消息，于县令当即吩咐仆役：“立刻回城！”

此时，山泉病已好，只是苏朝卿还软绵绵无力起床。“这个小兄弟就请您老人家代为照料，待痊愈再回县城。”于县令对老郎中说了一句，“老先生救命之恩，于某不胜感激！”说完，深深一鞠躬，就带领水牛、山泉和老罗三人急急出屋。

听说于县令亲自来到本村寨动员村民回家，门口早已聚集了不少人。于县令一想，何不乘此机会招些强健汉子作县城兵丁？于是挑选了二十人，沿途又招了一些后生，待到县城，已有了三十名健卒。

待于成龙带着手下火速赶到县城，强盗已经退去。一检点，共抢去粮食十担、牛羊十多只、金银器及古董上百件，还抓走青壮男子二十多人。更可恶的是，还把大姑娘小媳妇掳走几十个。

一个老者两脚顿地，对于县令大悲道：“这些天杀的，说是要抢一些漂亮大姑娘给黑风寨几个大王做压寨夫人，其余女子，配给手下头目为妻！”

于成龙牙齿咬得咯咯响。他立即召集县城百姓，高声道：

“乡亲们，万恶的强盗烧我们房，抢我们粮，抓我们的亲人，劫我们的财物，我们能容忍他们胡作非为吗？我们能眼睁睁看着自己的妻子和姐妹遭受侮辱吗？”

话音刚落，人群里立刻爆发出雷鸣般呼喊：“不能，绝不能！”

“好，有胆量的，有勇气的，跟我去强盗窝把人和财物统统夺回来！”

顿时有数十名身强力壮的男子应声而出：“我们愿跟于县令出征！”

这时，有人站出来道：“于县令，那些强盗不在本县地界，强盗头子也不是本县人，是柳城县西乡的著名大户，号称独山豹。此人纠集一群地痞流氓，经常打家劫舍，越境扰害罗城。”

地方盗贼出没，怎能建立秩序？于成龙怒火直冲头脑，恶狠狠地说：“哪怕上天入地，我们也要把这些强盗抢去的人和财物追回来！”说完，立即命令这支约六七十人的队伍带着棍棒刀矛出发。

来到柳城县县城，于县令先把人马安顿在城外，然后带着老罗、水牛等几个仆役，亲自到县衙与柳城县令交涉。

“我是罗城县令于成龙，现向你交涉一件重要事情。”他态度极其严肃地说，“你县有个绰号独山豹的强盗头目，昨天带着一帮强盗到我们县城抢劫，抢走大批财物，还劫走许多人。现特来贵县告知，望速派兵力剿灭，帮我们夺回财物和人口！”

听说是罗城县令，柳城县令不禁有些惊奇。面前这个中年人，身穿旧衣衫，脚穿草鞋，胡子拉碴，哪像个县令的样子？活脱脱就是穷乡僻壤一个老农民，顶多也就是一个乡村私塾教书先生。罗城是小县，柳城是大县，袁县令本来就有点瞧不起罗城县令。他居高临下、慢条斯理地说：“哦，是罗城县令，怎么没听说过呀？”

“我是最近才来罗城上任的。”于成龙解释。

“于县令是哪里人？以什么功名补选知县？”袁县令又问。他自己是两榜进士，很重视文凭出身。

“于某是山西离石人——在吕梁山脚下。”于成龙心里虽急，但仍耐着性子回答，“我学历很低，以前只中过举人副榜。”

袁县令心中释然了。不是进士出身，人到中年才当了这个贫穷小县的知县，此人仕途还有什么前程？自己是进士出身，年仅三十，前途无量，日后一定会飞黄腾达，最不济，无论如何也比面前这个中年老儒强！

想到这里，他打消了办一桌酒席宴请于县令并助他一臂之力的打算。于是他态度十分冷漠地说：“西乡山高路险，道路崎岖，我们本县兵力严重不足，尚无余力助贵县进剿。罗城之事，本县实在爱莫能助，你还是请求上司派兵进剿吧！”

于成龙原想自己亲自来柳城交涉，袁县令至少会派兵丁与罗城联手征剿贼寇，谁想柳城县竟一推三六九，把责任推得精光，毫不帮忙，于是冒火道：“好，既然如此，那我带人去强盗窝讨还公道！别怪我事先没跟你打招呼！”

“你带人去征剿好了，我丝毫不阻拦你。”柳城县令表态，还说起风凉话，“我对你这种敢作敢为的行为深感敬佩。抓住强盗头，别忘了告诉我一声，我摆桌酒菜，为你庆贺庆贺。”接着，开始下逐客令，“我县衙还有许多大事急需处理，恕不奉陪。”说完，踱起八字步，摇摇晃晃地往外面走。

他口里虽说“敬佩”二字，但心里却在冷笑。朝廷法令中有一条明确规定：“不得自己拉队伍，不得自行越境采取军事行动。未奉上司命令而出征，功成亦在不赦之列。”你于成龙去征剿吧，量你也没有这种虎胆！不敢如此胆大妄为！你若违反规定，光这一条就可以拿住治罪，叫你坐牢。最起码也会立刻叫你卷起铺盖滚蛋！

于成龙虽深知其中的利害关系，但他已顾不了这么多了。罗城百姓的利益大于天！不为罗城百姓谋利益，我枉为罗城县令！

纵使撤职查办，纵使前面有泥坑陷阱、龙潭虎穴，我今天一定要闯！不剿灭这伙强盗，誓不罢休！

可是自己带的这些人，是没有经过训练和实战的农民，而面对的却是一伙杀人不眨眼的强盗，如果一味蛮干，肯定要败。于成龙反复思量，最后决定神不知鬼不觉地行动，用偷袭、奇袭制胜。

他下令所有人马悄悄地往柳城西乡深山而去。

黑风寨强盗头子独山豹此刻正在寨中大摆酒宴，庆祝此番袭击罗城县城旗开得胜。此次宴席，他下令宰杀了一头牛，两头肥猪，五只肥羊，以犒赏跟自己出征的百十号兄弟。甚至他还宽大为怀地让每个男女俘虏也得到一小碗。

天刚傍晚，山寨就点起了灯笼火把。独山豹宣布："今天是山寨大喜之日，我和山寨其他四位大王，今晚与罗城仫佬族五朵金花举行新婚大礼。兄弟们，今晚酒尽管喝，肉大口吃，务必一醉方休！"

说完，开始和其他几位大王——飞天豹、钻山豹、呼天豹、吼山豹，与五朵金花——明月、望月、梦月、爱月、小月姑娘行拜堂成亲大礼。

为了烘托喜庆气氛，他当即喊出在这次行动中立了头功——劫得财物最多、抢得人口最多的独眼狼。他以前在一次抢劫中，被一个猎户火铳的铅弹射中眼睛，从此瞎了一只眼，变成了独眼狼。此人手段毒辣，杀人不眨眼。因他来得晚，资历浅，只得屈居五位大王之下。据说独山豹已给他许愿，只要再打两次大胜仗，独眼狼就会晋升为六大王。

"狼兄弟，此次你为黑风寨立了大功，本大王特颁发重赏。"独山豹说着，赏给他一锭三十两的银元宝。独眼狼高兴地接了，心里仍嘀咕："三十两银子，算啥重赏？"正准备转身，只听独山豹说道："慢，还有一个更重的赏赐呢！"

看到独眼狼稀里糊涂的样子，独山豹提高声音宣布："我以

前说过，凡是对山寨有特殊贡献的，会赏赐金钱、美女。刚才你只得到一样。现在，你可以在这些女子中任意挑选。你选中谁，谁就配给你为妻。”

独眼狼大出意外，不禁喜笑颜开。他来到旁边那群女俘虏中，相中了一位身材高挑、细皮嫩肉，身穿粉红色滚花边、圆领、大襟服装，模样俊俏的青年女子。她的乳房高耸，直令人想入非非。独眼狼用手指着道：“我就要这个！”

这青年女子绰号“小昭君”，见自己被独眼狼选上，便想躲进人群，不料被独眼狼一把拉出。正要将这位美女带走，猛然听得俘虏群中响起一声雷鸣般的吼声：“狗杂种，不准动！”

原来，这“小昭君”是一位叫梅金宝的仫佬族青年的爱妻。

大王独山豹和独眼狼顿时呆住了。他们没想到，在虎穴狼窝里居然有一只绵羊敢站出来与虎狼相争！独山豹诡异地一笑，对独眼狼道：“好兄弟，这朵玫瑰花，就交给你自己处理了。”这话的内在意思明显是：看你在敌手面前，敢不敢摘这朵鲜花？

一股热血直冲独眼狼的脑门，他暴怒了。只见他额上鼓起道道青筋，两眼暴凸，布满血丝，如一条咬人的眼镜蛇。他拿起一根牧羊鞭，在头顶上抡了两圈，准备抽向双手被缚的梅金宝。

梅金宝大叫道：“有本事你放开我，我们比试比试！若比试赢了我，我便服气！”

俘虏群中顿时跟着喊叫起哄：“对，放开他，比试比试！”

“好，就依你。”独眼狼叫两个喽啰解开梅金宝的绳索，又从一个喽啰手中接过一根牧羊鞭，抛给了梅金宝。

“噼——啪！”独眼狼首先甩出一个响鞭。只见那鞭直扑梅金宝的两眼。独眼狼这一招十分狠毒，他用的是声东击西的诡计，明打左眼，然后利用手腕的弹力，呼啸着扑向梅金宝的右眼，准备一下子就将梅金宝的右眼挖出。

几乎就在同时，人们也听到一声悦耳的脆响，梅金宝甩出一个噼啪的响鞭。这鞭鞘毫不留情地将敌方的鞭鞘一下子弹开了，

顿时如两颗铁弹相撞，两条鞭迅速分开了。

人群中响起一阵喝彩声。

独眼狼更加恼怒，又使出一个指下击中打上的连环鞭，企图用鞭鞘将对方头颅破开，至少也要将对方的脸撕开一条深沟。然而，就在这鞭鞘恶狠狠地扑向对方时，不料又被对方的鞭子紧紧地缠住。两人各自一使劲，啪地一声，两条鞭子都绞缠在一起，断为两截，各人手里都只剩下一根光光的鞭杆。

几乎同时，两人都丢掉鞭杆，拳对拳，腿对腿地过起招来。独眼狼擅长“南拳”，梅金宝曾跟北方流落到广西柳州的一位拳师学过武功，擅长“北腿”，加上此刻他满腔愤怒，招招往死里打。几个扫堂腿下来，打得独眼狼只有招架之功，毫无还手之力。

众人连同山寨众喽啰又一齐喝起彩来。

独眼狼十分懊恼，暗中准备施展毒计。

此时，独山豹见独眼狼讨不到半点便宜，暗暗着急。想到今天庆贺赏赐大会，自己赏给手下一个美女，手下不但得不到，相反还有败亡之险，这也太丢山寨的脸了。于是决定暗中助独眼狼一臂之力。他抓起面前熊熊燃烧的一支火把，直朝梅金宝面门扔去。

梅金宝正斗得全神贯注，突见一条金蛇呼啸而来直奔自己的面门，心中一惊，脚步顿时乱了。独眼狼则暗取一支飞镖，一扬手嗖地击中了梅金宝。梅金宝呀地一声仰面一跤跌倒在地。独眼狼一纵上前，接连几拳将梅金宝打得动弹不得。

独眼狼胜利了。他把如花美女“小昭君”往肩上一扛，然后迫不及待地进了自己的洞房。

众盗匪看着这番打斗，饮着好酒，吃着大肉，个个都有六七分醉意。喝得醉醺醺的五个大王，此刻也纷纷抱起自己选好的金花，晃晃悠悠地迈向洞房之路。

然而还没等到美梦成真——刚走出大厅，猛听到一阵震天动

地的吼声："举起手来！""快举起手来！"他们想拿家伙动手，但已昏昏沉沉不知武器在哪里？就这样，糊里糊涂地做了俘虏。

独眼狼脱了衣服，刚想进洞房与美女成其好事，不料门被一脚踢开，还没等他抄起门后的腰刀，便被一刀挥成两段。

五个强盗头目，被于成龙下令杀了四个。剩下一个钻山豹扑通一声跪倒在地，不住地磕头求饶："饶命！爷爷饶命！从此以后，我再不干坏事，我说到做到，若是做不到——"

他正唠唠叨叨赌咒发愿，却被于县令一把喝住："休得啰唆！你们从罗城抢劫的财物都藏在哪里？赶快老实交代，如数归还，否则你难逃一死！"

"还，一定统统归还！"钻山豹一个劲儿地说。然后由他领路到黑风洞，将劫掠的人口和财物全部归还。

"死罪可赦，活罪难饶！"于成龙下令，把针烧红，在钻山豹的额头上刺了一个鲜明的"盗"字。从此，钻山豹狼狈地跑了，钻到山洞里再也没脸见人了。

四个强盗头子的首级，被罗城人顶在长竹竿上。一路上，这支罗城出征队伍，手提肩挑着战利品，牵着牛羊，威风凛凛，喜气洋洋地回到罗城。

四个强盗头子的首级被挂在城头示众。百姓纷纷赶来观看。

人们奔走相告：新任于县令为了罗城百姓，竟冒着生命危险带兵跨县作战，杀进强盗林立的虎窟狼窝，夺回财物，救回众多乡亲。

"于县令真是一位爱民县令！"

"他待百姓简直亲如父母！"

"现在罗城太平了，我们有了一个好县令，赶快回家吧！"

一时间，逃避在外的人纷纷回城。很快，县城便有了几百户人口。

虽然夺回了财物和人口，但于县令心中很是担心此次跨县作战会招致上司处治。他于是赶紧向柳州知府写了一纸呈文，陈述此番出城作战的原因，指责柳城县令养盗为患。

对于此番于成龙出县剿贼的越轨行为，柳州府同知曾提出要处置，说："不处置以后就乱了套。"可知府道："各州县报盗不已，请兵不休。像于成龙这样不顾生命危险，不惜丢乌纱帽，亲自带兵剿贼，敢作敢为的人实在太少。这样的人多了，我们府里的官员就省心了。再说，如果把这样的好官处罚了，罗城百姓也不会答应。"

于是，于成龙逃过了这一劫。

紧接着，于县令将居民按保甲制度编制组织起来，并张贴告示：

> 发现拦路抢劫杀人强盗，严查缉拿，当即处死，头悬竹竿示众。
>
> 被逼成盗贼者，只要迅速回家，安分守己，改邪归正，官府不予追究。

于是又有不少误入歧途者纷纷回家。整个罗城出现了一片安宁景象。

三、三文酒钱

百姓纷纷回归，于县令下令减免赋税徭役，将正税外额外火耗全部免除，对应试科举的免除徭役。百姓种田种地的积极性空前提高。

为了解决人多地少的矛盾，于县令还组织数千流民开垦荒田。在这次大规模垦田过程中，热情高涨的要数那些财产刚从强盗手中夺回，尤其是从虎窟狼窝中得到解救的那些人。他们把于县令当成救命恩人，当成救苦救难的菩萨。他们把于成龙的名字刻在牌位上，早晚祭拜。

那位与独眼狼比武被打伤，最后和妻子一同获得解救的梅金

宝，被于县令委任为城防兵总首领。此刻他正响应于县令“亦兵亦民”的号召，率领这支约六十人的兵丁，在新开垦的荒地上耕种。

看到于县令头戴斗笠，亲自鞭着牛扶犁耕种，一个老者上前要夺于县令的犁把：“自古以来，哪有县令亲自扶犁的？还是快让我来！您只要在旁看看，视察视察就行了。”

于县令笑道：“一年之计在于春，多一个人就多一份力量，现在到处都缺人手，你就不要夺我的饭碗了。”一席话把大家都逗笑了。

“于县令扶犁耕田”的消息如春风般很快便吹遍了城乡。于是，家家户户男女老少都出动了，蜂拥到田间地头来耕种。“小昭君”带领一班兵嫂，明月姑娘则带领一班姑娘，前来田头地尾送饭。

县衙书吏苏朝卿负责春耕大生产中一应事务。明月姑娘的出众容貌和聪明能干引起了他的注意，而苏朝卿的儒雅有礼和博学多才，也受到明月姑娘的敬重。

“这可是天生一对呀，我们不妨撮合撮合。”梅金宝对妻子“小昭君”耳语道。他和苏朝卿是县衙里的一文一武，两人相互敬重，一段时间下来，便成为一对好朋友。于是他竭力想促成这段姻缘。他觉得明月这样的姑娘就应该有苏朝卿这样的才子相配。

可是妻子却顾虑重重地说：“明月姑娘是我们罗城仫佬族的一朵众人瞩目的牡丹花，仫佬族的几百青年和众多大户，岂会让这朵牡丹花被外人摘去？再说苏书吏与明月民族不同，习惯各异，恐怕很难成哩！”

“你们小夫妻俩嘀咕什么呀？难道日夜在一起悄悄话还说不够？”于县令牵着牛扶着犁过来了。

“小昭君”窘得脸上飞起两朵红霞。还是丈夫梅金宝老练些，他对县令道：“大人，我们正给朝卿物色对象呢。”

“嗬！哪一位姑娘呀？”于县令不禁喊住牛停下犁。

梅金宝一咧嘴：“您看，”此时明月姑娘正把一碗热气腾腾的饭端到苏朝卿面前，眼睛闪亮脉脉含情。苏朝卿躬腰小心翼翼地伸出双手去接，那神情仿佛是官员接受圣旨般虔诚。苏朝卿对明月的感情非同一般。当他中瘴气被老郎中救活，受明月无微不至照顾康复后，明月就在他心中犹如仙女一般。

见此情景，于县令心中一喜。苏朝卿前些日子的状态令他担忧。到罗城后，苏朝卿的离石下昔乡那位恋人的信也追来了。信中要他寄银子，说他当了县令的书吏，俸禄多油水足。苏朝卿回信说，自己仅能糊一张嘴，没有银子可寄。于是，恋人回信骂他：“无情无义的东西，我再也不想见到你！”便和他一刀两断。

得知这个情况，于县令爱莫能助。不要说做书吏的苏朝卿没有积蓄，就连我这个当县令的也没有一钱银子可寄回家啊！他为苏朝卿失恋之事内疚和担心。如今看到昔日乌云密布愁眉不展的苏朝卿终于露出了笑容，他自然十分高兴。

这年秋天，罗城境内所有乡村均获得了前所未有的大丰收。一时间，粮食满仓，牛羊满山。交钱粮的日子到了，于县令怕粮食总管忙不过来，便派苏朝卿前去协助。自己偶尔也走出衙署，来到旁边不远处的粮房察看。乡亲们交钱粮非常踊跃，根本不用人去催。他见此情形，也就安心办其他事去了。

这天傍晚，他办完公事，走出衙署，忽见苏朝卿急匆匆赶来报告：“于大人，你快去粮房那边看看。那里有许多钱，说是给你的。”

于县令感到奇怪，急忙赶到粮房。只见总管说：“大人，我这里收了三大堆钱，正等着粮库关门后给你送去呢。”

于县令一看，三张桌子上都堆满了钱，堆得高高的，就像三座小山。他不禁一惊：“这些钱都是谁给的？”

“都是交粮的人给的，他们说，给你买酒喝。”

“简直是乱弹琴！乡亲们都很穷苦，日子才刚刚好点，怎么

能接受他们的馈赠呢？”于县令有些生气了。

“我说了于县令从不收礼，可他们说这不是礼，是一点心意，我拦也拦不住。”总管十分委屈。

“好吧，你们把这钱收好，谁也不准动！”于县令吩咐道。

第二天一早，一个驼背的老大爷交完钱粮，又哆哆嗦嗦地从夹衣口袋里摸出三文钱来到案桌前，对苏朝卿说：“这几文钱给于县令喝酒。”正要把钱放到案桌上，却听苏朝卿连声喊：“不行，不行，于县令吩咐坚决不能收！您还是拿回去吧。”他想去拦，可哪里拦得住，那老大爷早把三文钱往案桌上一丢，便快步逃走了。看到那一起一伏如同鸭子凫水一般的背影，苏朝卿想笑又笑不出来，他的眼睛湿润了。

老大爷刚跑到门口，恰好被于县令碰上。于县令叫苏朝卿拿来案桌上的三文钱，对老者说：“你已交清钱粮，为啥还要留钱？”

老者道：“大人免除全县火耗银，大解百姓穷困，使黎民获得很大实惠。但这么一来，您于大人就苦了，过得太穷困了。我特敬奉几文钱给于大人买点酒喝，以解困乏劳累。这是我全家人的一点心意，您千万别推辞！”

于县令拉住老人的手，突然问：“大爷，你是希望我做清官还是做贪官？”

老人随口而出：“当然是希望你做清官啊！”

于县令道：“可是，我如果收了你的钱，那别人给我的收不收？无疑也得收。这样，全县这么多乡亲，每人给三文，全县加起来，那就是一个庞大的数目，那我就成了一个大贪官。”他的话语重心长，“我来罗城当官时，就立下过誓言：此生一定要当个清官，当个大清官。你今天如果给了我钱，老人家，这就等于你害了我；相反，你如果把钱拿回去，就等于帮了我呀！”说着，把三文钱硬塞到老人的衣袋里，“拿回去吧。”

老人无话可说，只把头摇得拨浪鼓一般。他一边走一边喃喃

地说："从我懂事以来，还没见到过连一文钱也不收的县官。别的官给再多也要，许多官还想尽办法敲诈勒索呢。这于县令待我们百姓，真像父母待儿女一样亲啊！"

老人刚走，又有一位背着小孩的中年妇女交完粮后从衣兜里摸出两文钱，恭恭敬敬地放到案桌上。

于县令喊道："大嫂，使不得。我已下了禁令，谁也不准多交一文钱。"

妇人说："我家从来也没有像今年这样大丰收，这都是托了大人的福。我无以为报，只好献两文小钱给老爷买酒喝，大人千万莫嫌我给的少。"

于县令道："你的心意我收下，但这钱我真的不能收。"他拿过钱，放到妇人携带的一个小篮里，"你拿回去，给小孩买几颗糖果吧。"

妇人无语，只好感激地走了。

好不容易劝走了两人，于县令急忙对苏朝卿说："你赶快写一个禁令，写上这么几句话：本县令禁止一切馈赠，若有违反禁令，不听劝告者，一经发现，立即罚到县城扫大街五日。"

禁令一出，再也没有类似情况发生。

收钱粮一事终于结束。于县令对粮房总管道："现在你把这几藤篓钱全部退还给乡亲。"

总管看着面前这几大篓钱，发愁了："这钱怎么退？众人数目不等，又不知是哪些人放的？要退回，难哩。"

于县令道："你把第一天交钱粮的人数统计一下，"然后，又对苏朝卿说，"你把钱数一下，总共多少。然后，计算一下，每人可得几文？"

很快，结果出来了：每人可得三文。

于是，一个雨天的下午，县衙通知，第一天交钱粮的人都到粮房集中议事。

乡亲们来了，于县令道："感谢众乡亲对我的关心，但我立志做一个清官，因此，不能接受一文钱的礼物。现在，请大家帮我这个忙。”说完，立即吩咐苏朝卿按交粮名单分发，每人领回三文钱。很快，那几大藤篓钱就发光了。

“于大人，你待我们百姓这么好，可你的日子却这么清苦。你不收我们一文钱，我们心里难受啊！”不知谁这么一吼，竟哭出声来。他的话如一根导火索点燃了众人的情感，众人顿时嘤嘤地哭了起来。

“谁说我没接受一文钱？”于县令从藤篓里拾起剩下的一文钱，又尽力抠出夹嵌在篓底缝隙里的两文钱，高举在右手，大声道：“这里还有三文钱！这钱，我收下了！你们给我的钱，足够买一壶老酒喝呢！”说完禁不住哈哈大笑。

笑声感染了众乡亲，有的破涕为笑，有的则泪流满面。此时此刻，众人心底里都埋藏着一句共同的话语：

“于父母，你真是从古至今天底下少有的最最清廉的好官啊！”

四、走坡节上，一对异族青年男女唱出誓死不离歌

粮食丰收了，人们的手头宽裕了，不少人家纷纷盖新房。梅金宝家更是盖起了两间敞亮气派的楼房。

听到这个消息，于县令异常兴奋。对百姓勤劳发家，县衙应该大力表彰鼓励，可用什么鼓励呢？傍晚吃饭时，他仍在苦思冥想。县衙穷，拿不出物质奖励，可这样的喜事，自己这个罗城县令一点也不表示，于情于理都说不过去。

忽然，他有了主意。他吩咐苏朝卿去买一叠红纸。纸买来后，于县令说：“你裁纸，我来写。”一直写到深夜，他一共写了一百多副对联。

第二天早晨，梅金宝小夫妻俩刚点燃两挂千纸炮，噼噼啪啪

地庆祝新屋落成，忽见于县令和苏朝卿来了。

于县令拿出一副对联，叫苏朝卿和梅金宝给贴上。全家人一看，道是：男耕女织劳动当能手，夫唱妇随发家谱新章。横批是：勤劳致富。浑厚的颜体，大气磅礴，酣畅淋漓，似乎每个字都隐藏着无限笑意。

梅金宝夫妻大喜，他的父母更是高兴得合不拢嘴。县令亲自上门送贺联，这是何等光彩荣耀的事！梅金宝夫妻连忙张罗，要泡鸡蛋红糖茶招待。

于县令连连摆手："免了，免了，你家近，以后有的是机会。我们还要下乡，去其他乔迁新居的乡亲家送对联呢。"

当日，于县令穿着草鞋，带着苏朝卿，从城关东门乡出发，翻山越岭，沿四把、天河、怀群、乔善一路行去，送出了百副对联。苏朝卿连脚背也走肿了。

得到县令贺联的乡亲，个个喜笑颜开，热泪盈眶。怀群乡剑江的银郎中家也得到了贺联。郎中躲避在外的儿子和孙子，见局势平稳，很快回到了家。这样，他家的粮食，很快便能自给。鉴于银郎中精湛的医术，于县令决定为他盖两间新房，一间设诊所，治疗病人。于县令一号召，众人纷纷助工助料，很快建起了新诊所。

这天，诊所开张在即，于县令也给他送上一副对联：

妙手回春，救死扶伤，百里齐颂神医。

医德高尚，泽被城乡，罗城皆夸君子。

横批是：世代传颂。

银老先生见到这副对联，双手抱拳作揖，连连道："于县令如此褒扬，真是愧杀老朽啊！"

于县令风风火火地离开后，银郎中看着他远去的背影，不禁热泪盈眶："打我记事起，只听说过百姓给县令送贺礼，哪有县令给我们普通百姓送贺礼的啊！我们罗城百姓有福气啊，得到这样一个一心为民的好县令。看来，罗城的振兴，指日可待了！"

随着年成丰收，社会安定，人口逐渐兴旺。春节临近，因战乱匪盗一度销声匿迹的仫佬族歌声，又从城乡的各个角落重新悠扬地响了起来。罗城，素有“歌的海洋”之称。仫佬族家家有歌本，人人爱唱歌。村村洞洞都有能歌善唱的歌手。有位到过这里的诗人曾称赞道：“黄莺嗓音画眉嘴，不如仫佬族歌声美。”

二月十五日，中断多年的“走坡节”也复活了。城乡到处弥漫着一种男女情爱的浓厚气息。桃花烂漫，满山满坡，春色迷人。上千名未婚青年男女云集在风光旖旎的剑江畔走坡。一片人的海洋，歌的海洋。山坡的绿荫下，他们或相对而立或席地而坐，吹起指口哨，放声高歌。

在一处洞场，五朵金花姐妹正和几个后生对歌。

有一个儒雅的后生，听到处处山歌，终于按捺不住激情，唱起了不久前刚学会的歌。几个月前，他从朋友处拿到一本《仫佬族歌本》，十分喜欢，很快便学会了。此刻，他正和仫佬族一位青年唱道：

一条大路白连连，有对娇娘在眼前。
哥想上前同妹唱，听妹接言不接言？

听了这支歌，看到唱歌人竟是县衙书吏汉族后生苏朝卿，众姑娘顿时沉默了。她们笑而不语。苏朝卿见姑娘们目光莹莹，却不作答，心中一急，又唱出一首：

听说妹妹是歌仙，肚里有歌万万千；
今天走坡若不唱，沤在肚里也枉然。

在赞美歌的挑逗和刺激下，姑娘们骚动起来。她们窃窃私语，交头接耳，互相推让着。最后，有两个姑娘勇敢地站了出来。但她们却用美丽的花伞，遮掩着半边含羞的脸儿，亮开金嗓子，假装不解其意地试探着：

远远听闻树叶响，不知落雨是翻风；
真是有心同妹唱，还是自己解闷空？

苏朝卿原来确是抱着欣赏解闷的心情，如今见到罗城的山水

美，姑娘又如此淳朴美丽，想到家中父母双亡，心想，何不在罗城找一个？于是唱起《盘问歌》，打听姑娘的情况：

妹娇莲，望妹开口说真言，
家住哪乡哪个村？姓甚名谁讲分明。

姑娘十分坦诚地回答：

请哥听，妹住怀群剑江边；
妹妹生来住银村，阿妹小名叫明月。

原来她就是自己心仪已久的明月姑娘。苏朝卿大喜过望，口一张，便唱出一支颂歌：

妹像一朵牡丹花，蝴蝶逢花笑眯眯，
蝴蝶逢花不舍飞，阿哥逢妹难舍离。

姑娘也夸赞对方：

阿哥今年刚二十，长得像棵松树样；
身材高大红脸膛，生来就是好栋梁。

双方越唱越动情，情意越来越深。不知不觉中，太阳落下剑江畔的山门。一轮皓月，已悄悄爬上了山顶。归家的时刻到了。双方都感到相会的时间太短，于是又约定了相会的日期。

七天后，两人按约定时间和地点单独见面。女方以辛酸忧郁的语调，向对方倾诉和感叹自己凄苦的处境：

百鸟林中都成对，叹我单身不成人；
我是单身来连哥，盼哥连我得成人。

她的话引起了男方的强烈共鸣，他感叹自己悲苦的身世：

妹妹单身哥不信，哥讲单身才是真，
不信妹到哥家看，独个饭碗独草墩。

他们又对了一天歌，直到日落西山，暮色沉沉，两人才恋恋不舍地分手。

十天后，两人相见，已进入热恋。双方互赠定情信物，订下终身。明月拿出一双“定情鞋”。苏朝卿看到鞋内有两朵盛开的鲜花，不禁问：“这花是怎么来的？”

明月轻轻地说：“是奴家做鞋时不小心，让针刺破了手指，结果两滴血溅在鞋上。”

苏朝卿知道，这是明月在表明自己对爱情的坚贞不渝，于是拿出手巾、小圆铜镜作礼物赠给对方。

走了三四回坡，双方已情意绵绵，如胶似漆，恨不得立即牵手入洞房。可是，根据仫佬族风俗，走坡对歌只能确定恋爱关系，不能确定婚姻大事。男女成婚，必须经双方家长同意，经媒人牵线，才能最后成为伴侣。

明月父亲说：“朝卿是汉族，你是仫佬族，民族不同，风俗习惯不合，你们成家怎能行？”

“我们姐妹不是有好几个嫁了汉族后生吗？她们不是挺好吗？”明月不满地说，“大伯家的莲姐还远嫁到浙江，生活美满，罗城姐妹们都很羡慕她呢。”几句话将父亲呛住了。

父亲冒了火：“罗城的后生不少都是大户人家，开钱庄的，开米粮庄的，开煤矿的都有，你为什么偏偏要贱嫁给那个只能糊自己一张嘴的穷小子？”

明月气呼呼地说：“他们是有钱，但不是自己挣的，靠的是老子。再说，光有钱没文化有什么用？嫁这样的土财主有什么意思？”她平缓了一下激动的情绪，动情地说，“朝卿虽穷，但有文化，脑子灵，我相信他以后一定会有出息的。”

但好说歹说，父亲就是不同意。

于是，她和苏朝卿再一次走坡时，不禁唱出了誓死不离歌：

父亲欢喜妹不依，生死不做富人妻；
要杀要砍随父便，哪怕骨头变成泥！

苏朝卿见明月如此坚决，也唱出爱情誓言歌：

生不离来死不离，我俩死，共堆泥。
丢石下河，石浮水面难分离！

听到这对恋人的海誓山盟，银郎中心疼孙女，将儿子臭骂了一顿，说：

美朝卿，真博学，千里挑一好儿郎；
舍此儿郎何处找？误女终生不应当！

并警告：明月若是有个三长两短，定和你黄泉路上见分晓！

老郎中的发怒，终于令嫌贫爱富的儿子回心转意。他想，女儿若是走了绝路，自己岂不人财两空？于是只得同意女儿和苏朝卿的婚事。

苏朝卿高兴坏了，也愁坏了。父母已双亡，谁来为自己主婚呢？对了，于县令对自己关爱有加，情同父子，再说他对这场婚姻也很鼓励，何不找他？

当他把自己的意思一说，于县令提醒道："你想好娶仫佬族姑娘啦？你如果同意，就要做好在罗城落户的打算，那就等于回不了山西啦，你可要认真想好。一旦决定，就要不离不弃，相守终生！"

苏朝卿态度坚决："我已经想好了，一定坚决做到不离不弃！"

"好，既然如此，我就做你方家长，你快找个媒人吧。"

只要男女双方中意，双方家长同意，苏朝卿虽没了父母，但有于县令支持，媒人很容易找。双方找到媒人后，一说合，议定在中秋节办婚事。

正当他们紧锣密鼓地筹办婚事时，一场意想不到的百年不遇的灾祸横空袭来。

五、一场可怕的瘟疫突然降临

清明节来临，于县令领着苏朝卿、山泉、水牛一班人到天将石棺前祭奠。因为以后要把骨殖带回山西，所以没有下葬，只是露天停放。

回衙后，山泉突然一下子病倒了。问他哪里不舒服？他半闭着眼睛，艰难地说：“头痛，咽喉痛，总之全身酸痛。”接着便连声喊冷。给他盖上棉被，还嫌冷，接下去便是呕吐。

连忙叫水牛请来银郎中。银郎中一看，吃惊道：“于大人，这病症是天花。”

果然，只过了两天，水牛的面部便有红色斑点，两个时辰后，便变成了丘疹，接着，又迅速变为水疱状的疱疹，周围是一圈红晕。只隔了一天，患这种病来求诊的人就多了起来。很快，四把、天河、怀群、黄金等乡镇都来报告发现这类病人。

银郎中大惊，对于县令道：“大人，看来一场天花瘟疫，正在我们罗城流行。这病有强烈的传染性，若不采取迅速有力的措施，可能将演变为一场可怕的瘟疫哪！”

于成龙既震惊又有几分怀疑：“有这么厉害吗？”

银郎中介绍说：“天花，是世界上传染性最强的病。它主要通过飞沫吸入或直接接触进行传染。此病向来被称作‘死神的忠实帮凶’。此病繁殖快，能在短时间内以惊人的速度传播。如果县城有五个人传染此病，不注意隔离，五六天内就能扩散到全县，七八天内就能扩散到全省，十二天内，就能传播到全国，后果不堪设想！”

见于县令似信非信，银郎中便讲起有一本书籍上提到的外国故事：当年不可一世的古罗马帝国，因为天花肆虐无法遏制，致使尸野遍地，人口骤减，国家很快败落。公元九世纪，来自塞纳河流域的诺曼人入侵法国巴黎时，突然流行起天花。士兵接连不断地死去，使得在战场上久经厮杀不知恐惧的士兵毛骨悚然。残忍的统帅为了不让传染病进一步传播，冷酷无情地下令，杀掉所有天花病人和所有看护病人的人，但仍无法遏制。

“那怎么办？”于县令焦急地问。

银郎中道：“当务之急，必须迅速采取两条措施：第一条，立即将天花病人集中一处，进行严格隔离。对病人的衣物和尿、粪，都要进行彻底消毒。第二条，也是最关键的一条，为了防止

天花传染扩散，必须立即拿到‘人痘’疫苗，对没传染的人，统统进行接种。”

说到此，他露出一种自豪之情：“天花，我国在上世纪末，就已发明人痘接种技术，是世界上最早发明此种医术的国家。其他如俄国、欧洲、印度、日本，都是从我国传过去的。因此，只要得到这种疫苗，就能彻底控制这种瘟疫。”

“这种疫苗哪里有？”于成龙急不可耐地问。

“府里可能会有，省城肯定会有。”银郎中随后补充道，“在疫苗没拿到之前，先发动各乡镇，尤其是发现天花的地方，由当地郎中发放板蓝根等中草药给民众喝。出门戴口罩，做好预防——因为飞沫吸入是天花的主要传染途径之一。当然，还可以把得过天花和得过‘人痘’的人全部集中起来，做病人的护理。因为这些人具有免疫力，不会传染。”说完，立即又对于县令道，“好大人，现在就请让我对你做严格的消毒！因为，你已经接触过重症天花病人山泉。”

于县令微笑道：“老先生，你放心吧，我也是免疫者之一。两年前，我在京师国子监研修时，已接种过‘人痘’疫苗了。”

老郎中以手抚额道：“百姓之福！这真是我们罗城百姓之福啊！看样子，这次瘟疫，有大人挂帅，一定不会大规模蔓延了。”于是，立即吩咐孙女明月去“重症病房”探视病号。

“老先生，明月她——你就别让她去了，免得传染。”于县令阻止道。

见于县令心里不踏实，银郎中告诉他：“大人放心吧，两年前，我去省城进药时，已带她种过痘。她也是免疫者。”接着，又爽朗地说，“我是怕这个容貌如花的孙女，像我一样变成麻子啊！”

“老先生，那现在就请你全面负责重症病人的治疗和护理。这里就拜托你了。”于县令说完，立即回衙，吩咐水牛带公文去柳州府取疫苗。又把县里的事务托付给县尉，由苏朝卿联络处理

具体事务。然后，自己带着伙伴兼向导老罗连夜出发，直奔省城。他想，柳州府离罗城近，如果拿到疫苗会更早用上；如果府里没有，还有省城疫苗可保证万无一失。

苏朝卿道："老爷，让我去省城吧，我年轻走路快。"

于县令道："我不亲自去，这么奇缺的疫苗，恐怕很难到手。我们罗城发生了这种病，估计全省其他地方一定也有出现。"

罗城到桂林，有四百里之遥。通常需要四五天才能到，最快也得四天。

"这是讨救命药——救千家万户人的性命啊。我们必须拼老命早些赶到，越快越好！"于县令说。

他们没日没夜地走。饿了，拿出自带的红薯或馒头吃；实在太困了，就在路廊石上，或田头地角草地上胡乱躺一会儿。反正天气热也冻不着。他们手拿柴棒，抄近路、小路走，在荆棘草莽中奔行。荆棘割破了衣衫，草莽划破了皮肉，日头一晒，火辣辣地痛，他们一刻也不停步。如此拼命地赶路，他们竟只用了两天半就赶到了桂林。

当他俩来到巡抚衙门时，不料却被看门人粗暴地挡在了门外："去去去！哪里来的叫花子，这里不是要饭的地方！快到别处去！"出现在看门人眼前的这两人，衣衫褴褛，如同济颠和尚；更可怕的是，脸上臂上血迹斑斑，不是叫花子是什么？

"我是罗城县令，快让我进去，我有十万火急的事要找抚台大人！"

"鬼话，骗人的鬼话，谁信？"看门人坚决不让进。

于成龙火了："不信，我们去找抚台或藩台大人！"

可看门人完全不吃这一套，见他硬要往里闯，便喊来两个卫兵，要将他扣押起来。

"你们必须让我立即见到抚台、藩台大人，否则，一切严重后果由你们负责！"于成龙怒吼起来，头发胡须也飘扬起来，如同一头雄狮。

正在吵闹间，抚台忽然出现了："谁在此吵吵闹闹?"

于成龙连忙上前："大人，罗城县令于成龙求见!"他急急地说，"罗城出现了天花疫情，我来讨救命药——'人痘'疫苗!"

声音、动作都有点像于成龙。"你怎么变成现在这副模样?"抚台问。

"我们抄近路、小路来，已三天三夜没睡觉。"于成龙说，"求抚台大人快发救命药!"

"快，快去给于县令拿救命药!"抚台一声吩咐，衙役很快拿来了"人痘"疫苗。接着，抚台又立即命令一个军官，"你骑马去罗城送药!"

看到军官骑马绝尘而去，于成龙脸上露出了笑容。他抬腿想往前走，可刚走了一步，便软倒在门口的地上。很快，竟响起了如雷的鼾声。

巡抚吩咐衙役："把于县令他们送到馆驿里去吧，让他们好好休息!"

此时，水牛去府里也拿回了"人痘"疫苗，只是数量实在太少。府里官员对他说："这疫苗比金子还贵呢。"银郎中只好用这点稀缺的疫苗，先给一些重症人员接种。正在望眼欲穿之际，省城的疫苗也送到了。于是，连夜接种，终于把一场大瘟疫控制住了。

还在水牛去府里拿疫苗时，重症病人就已死了好几个。山泉等一些发病较早的患者在银郎中挑选的那批人的精心护理下，终于控制住了病情，脱离了生命危险。疱疹转为脓疱疹，接着，逐渐结为厚痂。过了一个月，患者的痂皮先后脱落。

"山泉，你没事了，阎罗王已经放过你了——你逃过了一场大劫难!"听到银郎中的权威发布，山泉高兴得流出了激动的泪水。

是啊，一个多月来，死神无时无刻不像乌云一般笼罩在他的

头顶。他家中虽有一个兄弟，但又聋又哑，父母就是为了他能日后混个“出息”，才让他跟于县令出来。谁知罗城这地方又是瘴气，又是瘟疫，此番竟差点就命丧黄泉！如今总算从鬼门关逃出来了！想起老家那个望穿秋水，盼他回去成婚的姑娘，他不由得哼起一支罗城山歌：

大路陡陡妹慢走，小路不平妹慢行；
路上人多哥不送，回家莫讲哥无心。

一个半月的生病，使山泉头发长得长长的，胡子拉碴，脸上脏兮兮的，简直像妖怪。病好后第一件事，便是找剃头师傅。随着头发剃去，胡须刮去，一个白嫩而有精神气的后生重现在剃头店那面圆镜里。

突然，山泉眼睛里出现了惊诧的神色。他觉得自己的脸似乎与原来有些不一样——这面铜镜照出的影子虽然不十分清晰，但他还是看出有些不同。用手一摸，他发觉脸上凹凸不平，坑坑洼洼。

“师傅，你给我仔细看看，我脸上是怎么啦？是不是有麻子？”山泉问剃头师傅。

剃头店人满为患，剃头师傅忙得不亦乐乎，没有工夫斟酌话意，只见他抬头匆匆瞥了一眼，便直通通地说：“你是个大麻脸，难道自己不知道？”

山泉听了，立刻往医疗室跑。找到银郎中，他问：“老先生，我的脸真成了麻脸？”

老郎中没有直接回答他，只是说：“这次天花病人死了许多个。你是重症病人，没有死就是大幸！至于麻脸，跟死比起来，又算得了什么？”

这下，山泉知道自己真正成了麻子。他跑回房间，拿出自己那面磨得发亮的铜镜，自己的身影十分清晰地倒映出来：脸还像以前一样白白的，但已经高低不平，坑坑洼洼。

“啊！我怎么变成了这么个丑八怪啊？”当他连续三次仔细

照着自己的脸部，发现自己成了名副其实的大麻脸时，他啪的一声将铜镜一下子掼在地上，双手蒙脸，边跑边大哭起来：“我这副丑模样，还有谁愿意嫁给我?”

度过了这场天花大危机，于成龙的心头稍稍松弛了一下。想到大瘟疫中耽误了许多要紧事，便先是发动大家，农作物该补种的补种，接着又到县学宫视察了一番。学宫早已在吴老先生的主持下修复了，因为近阶段瘟疫来临怕传染才放假没有上课。

看到吴老先生如此用心，于县令很感动。考虑到外地官员视罗城为洪水猛兽，都不愿来此地任职，于是他正式委任吴良才老先生为县学教谕。

当他将任职一事宣布后，吴老先生非常激动：“于县令，您如此信任老朽，老朽定不遗余力为罗城教化而鞠躬尽瘁，力求多培养一些人才!”说完当天，他把铺盖也搬到县学宫。很快县学宫便在一片书声琅琅中热闹了起来。

六月的一天晚上，银郎中设在县城的药铺正准备关门，忽见苏朝卿用一辆手推车将水牛推来。

“老先生，我从宜山县办事回来，一到家就觉得不对劲。”说着，水牛解开裤腰带，露出腹股沟，“这里有大小肿块，又痒又痛。”

银郎中一看，这大小肿块呈灰黑色，皮肤许多地方出血，不禁暗暗吃惊：这可是黑死病（鼠疫）的特征呀!

黑死病，先是在老鼠间流行，然后再通过鼠蚤传到人身上——可因瘙痒进入体内。这可是一种惊人的病症。世界上曾发生过两次鼠疫大流行。公元六世纪，鼠疫从地中海地区传入欧洲，死亡近一亿人；第二次发生在十四世纪，波及欧、亚、非三大洲，死亡无数。

银郎中立刻对水牛道：“留下继续观察。”然后吩咐苏朝卿进病室，给他衣服和身体各部位做了严格消毒，突然又问，“于县令接触过水牛吗?”

“于县令昨天去了苗族融安县，还没回来。”苏朝卿答道。

银郎中顿时松了一口气：“谢天谢地，亏得于县令不在家，不然要是连他也传染了，那罗城可怎么得了？”他吩咐苏朝卿，“你从现在开始，不能乱走，也要隔离，以免传染——要知道，这病比天花更厉害呢。”

这天夜里，水牛出现剧烈胸痛，咳嗽。咳着咳着，后来竟咳出了泡沫血痰。他呼吸开始急促起来，肺部可清晰地听到湿啰音。接着，开始呕吐，排出血红色的尿。到了第二天上午，他便处于昏迷状态。这头壮实的水牛，终于没能熬过这场灾难，第二天午时，离世而去。

“马上入殓！”银郎中立即吩咐将水牛紫黑色的尸体收殓，“害黑死病的尸体也有很强传染性，我们不能让这尸体再传染！”他斩钉截铁地说，“尤其不能叫于县令接触！若是传染了于县令，那可就遭了！”

于县令第二天傍晚才从外县回到罗城。回来后，不见水牛，他便问苏朝卿：“水牛上哪儿去了？”

“他，他……”苏朝卿回答不上来了，一行热泪情不自禁地流到脸颊上。

于县令惊诧了，连忙又问：“水牛上哪儿去了？”

“他走了……”苏朝卿哽咽着说。

“哎，这个水牛，你要回家，也不跟我打个招呼。”于县令以为罗城条件太苦，又得不到钱，水牛便回山西老家了。

“不是——他到山上陪天将去了。”苏朝卿泪眼婆娑，“他前天去邻县送公文回来，得了一种怪病——银郎中连日救治，也没能救过来，中午就死了！”

“啥？死了？”于县令惊得一屁股跌坐在一把旧木椅里，呆怔了好久无法动弹。过了好一会儿，他如一头狮子般跳起，一阵旋风般冲到银郎中的诊所，火星直冒道：“你号称神医，怎么我的水牛不到两天就没了？”

银郎中知道于县令伤心至极，也不跟他计较，只是自责地说："老朽无能，没能挽救水牛的性命。"

"这是啥病，这么厉害？"过了好一会儿，于县令紧锁眉头，突然问。

"这病叫鼠疫，因死时尸体通身紫黑，所以又称为黑死病。"银郎中耐心解释，"这病十分凶险，传染性很强。这病来得快，大多在十二个时辰内死亡，很少超过三天。看样子，这病，水牛是从邻县——宜山县那边带过来的。因此，现在我们要立即将接触过水牛的人隔离，彻底消毒。"他缓了一口气，"好在接触过水牛的人极少，我问过水牛，本县总共两三个，其中一个是朝卿，我已经做过严格消毒了。"

"老先生，对不起，我错怪您了。这病既然如此凶险，还望您老人家全力以赴防治为好，务必不要让它扩散、蔓延！这事就拜托您了。"说完，对苏朝卿道，"带我去水牛坟地看看。"

在水牛石棺前，于成龙忍不住潸然泪下。他哭道："水牛，你是我们几个人中身体最强壮的，怎么不到两天，就一下子没了呢？你要走，怎么也不跟我打声招呼，就这么匆匆地走了？"

他接连拍打着石棺，手掌都磕破了，鲜血流了出来，他竟没有丝毫觉察。

苏朝卿泪眼汪汪道："于叔，水牛走了，您千万要挺住啊。听银郎中说，这种病传染性很强，搞不好，还会传染给其他人呢。若再传染，那可是不得了的事情啊！"

于县令的头脑顿时清醒了过来：千万不能让水牛的悲剧重演，千万不能再爆发一场瘟疫！

想到此，他立即召开全县乡保会议。会议决定建立一套瘟疫报告制度：一发现疑似鼠疫病号，立即隔离，送县城诊所由银郎中统一诊治；全县分发预防中草药煎喝；迅速在全县开展灭鼠运动，死鼠由各乡镇郎中集中处理，严格消毒。

经过一系列措施，鼠疫没有蔓延，再没有死一个人。

又一场瘟疫危机，终于度过。

很快，罗城大地恢复了勃勃生机。七月半的剑江畔，景致迷人。碧绿的江水在形如状元帽的青山下流过，鸟雀在欢快地鸣啭。

这时，一对青年男女走了过来。男的穿着美观大方的布底棉线排草鞋，女的穿着布底绒线排草鞋，鞋面用五颜六色的丝绒编织，前面有一个大绒球，十分漂亮。这绒鞋穿在漂亮的姑娘脚上，更衬托出姑娘的千娇百媚。

原来是明月和县衙书吏苏朝卿在最后一次走坡。以往多次走坡，他俩早已心心相印，并已通过“会亲”，由媒人拿去一挂两斤猪肉，告知女方当作“定亲肉”。今天是来商定聘礼的。

按照仫佬族习惯，这聘礼通常是一千五百斤到两千斤干谷。这叫“过礼”。过礼后，双方才算对上亲事，男女双方才成为合法的一对，其他男女青年，不能再向这对男女求亲。同样，这对男女也不能再向其他男女求亲。这“过礼”吉日时间定得很早，通常必须提前半年甚至一年，最起码也得早四个月告诉女方，以便让女方有充足时间准备嫁妆。婚礼定在春节，因此如今交聘礼已经刻不容缓。

“叫我上哪儿筹办这两千斤干谷呀？”苏朝卿发愁了，“我跟着于县令办事，没有俸银，仅够一日三餐温饱，连过年买件新衣服的钱都没有呢。”他一抖身上的衣服，“这衣服，还是我从山西来的时候置办的呢。”

明月默然了。她知道于县令是个一心为民的好县令，但手下衙役日子过得如此清苦，却是她没有想到的。她非常清楚，这“过礼”作为聘金的两千斤干谷如果不送去，父亲是坚决不会同意的。那样，这场婚礼只得告吹。想起要和自己钟爱的人分手，她心中不禁打了个寒噤。

“你不能想想办法吗？”明月问。

“能有啥办法?”苏朝卿愁眉苦脸。

“我们五朵金花姐妹，若是有困难，五个姐妹联合起来想办法，你难道没有朋友吗?”明月一句话点醒了苏朝卿。

“那我找金宝商量商量看。”苏朝卿回到县衙，立即把送聘礼没有干谷一事朝梅金宝说了。

梅金宝爽朗地说道:“这好办呀，我们县衙守备队共有六十人，只要其中二十人帮忙出一份，每人一百斤不就成了?若是有四十人帮忙出，每人只要五十斤。这一定做得到的，你就放心吧。”

“可是，可是我以后拿什么还这笔干谷呢?”苏朝卿又担心起来。

“先把聘礼交了，把明月娶到手再说。以后的事，何必多想?船到桥头自然直，不必多愁!”

果然，梅金宝跟兄弟们一说，大家十分热情。梅金宝带头出了一百斤干谷。很快这笔聘礼就送到了明月家。明月父亲见苏朝卿如期送来两千斤干谷，顿时无话可说，只得把女儿许配给他。

但在苏朝卿出门时，明月父亲又丢下一番话:“你要早些预备好封包和婚礼的酒席——人家阔气的办到一百桌，一百五十桌，你是县衙门的人，明月是远近闻名的‘五朵金花’中最出众的一个，你总不会要我家丢脸吧，一百桌总是要的!”

“我的天哪，要这么多!”苏朝卿一下子喊了起来，“我就是倾家荡产也筹办不起啊!”

“筹办不了就甭办!我女儿是只金凤凰，愿意献出金山银海来作聘礼的人家有的是。”

娶亲的日子越来越近。可是苏朝卿仅仅只预备了接亲时要带的封包（茶叶、盐、槟榔、压脚钱、辛苦钱、梳头钱等）及谷子、大米、布匹、猪肉、鸡、米酒等彩礼。办酒席的钱仍然还不知出在哪里。

看到他整日愁眉苦脸，心事重重，于县令问道:“你和心爱的姑娘马上就要喜结连理了，为啥反而不高兴呢?”

“我筹备不起婚礼宴席啊——要整整一百桌哩!”

一听此话，于县令不禁也呆了。他喃喃地说：“怎么要这么多呢?”

想了想，于县令又接着道：“我抽空跟银郎中说一下，叫他们格外开恩。”

很快，明月父亲顽石托人带话过来：“既然于县令求情，我给他一个大面子，那就减去四十桌，办六十桌算了。如果少于六十桌，干脆散伙！县令也不能以势压人，强迫我白送女儿呀!”

平心而论，六十桌酒席应是中等人家办喜事的标准。可对于苏朝卿来说，却是难如上青天！这六十桌酒席的价值，是“聘礼”两千斤干谷的六倍呀，这怎么筹措得起？于是，剑江畔响起了苏朝卿凄凉的歌声：

叹穷难，叹前叹后叹我难；
荒月常叹无米煮，腊月无衣抵冷寒。

他向心上人倾诉：

哥劝情妹心要明，我说贫穷是真心；
水中石沉情该断，劝妹寻富应丢贫。

为了打消情郎的顾虑，明月唱起了不怕穷，不怕阻挠，誓死不分离的歌：

嫁穷嫁富由妹定，别人有钱是人家；
家财万贯我不爱，只爱同哥住一家。

明月的坚定决心，令苏朝卿无比感动，但不听岳父的话，不好办呀，就无法把心上人娶过门呀!

明月突然说：“实在不成，你就入赘我家吧。”这话令苏朝卿很感动，同时也吃了一惊。明月能说出这句话，说明她对自己有海一般的深情厚谊。但是，这入赘着实令他为难哪!

他知道，仫佬族的“入赘”有两种情况：一种是男方带钱上门，不收女方的彩礼。这样，男方到女方家后，无须改名换

姓，并享有当家做主的权利。婚后，若与女方家属产生意见，可把妻子儿女带回男方家里。另一种，如果是男子家里实在太穷，自己又没有钱，不得不接受女方的彩礼，就必须写下纸约作为凭据。契约中写明，男方自愿终身为女方家效劳，并改名换姓——把男方本姓改为女方家姓氏。这样的入赘，在家中毫无地位，婚后一旦与女方家人合不来，女方可随便把他扫地出门。男方便只好一无所得，空手出门。而在入赘时，男方需等到深更半夜才能进女方屋。这让苏朝卿感到无比屈辱。

此时，苏朝卿耳畔不禁响起了那首凄凉得令人扼腕长叹的《入赘歌》：

怨我家贫难娶妇，无奈上门来求婚；
离乡背井别父母，改名换姓好伤心！
前门不开后门进，逢人强笑背人泪；
枉为男子受人欺，万事不如入赘悲。

想到入赘的屈辱，苏朝卿咬住牙，坚决地摇了摇头。

“你既筹备不起婚礼酒席，又不想差多（入赘），那你是准备与我分手了？”明月不禁冷笑起来。不料，这一笑，把她的眼泪也笑了出来。她饱含泪水，发火道：“既然如此，你为什么又要过礼，搞恶作剧，把两千斤干谷送到我家作聘礼，把我订为你的人，变成‘生是你家的人，死是你家的鬼’？你如果不送聘礼，我是自由之身，要嫁谁就嫁谁；可现在，弄得我半天挂木槌——上不去又下不来呀！”

“我不会与你分手的，我一定要娶你！”苏朝卿斩钉截铁地说，“你等着吧。”

明月露出了将信将疑的神色，顿时如同坠入云雾中。

很快，苏朝卿不见了，消失了——消失得无影无踪。

六、于县令被留省城的消息一传出，罗城百姓请愿团立刻连夜出发

这年七月中旬，于成龙忽然接到省城巡抚衙门一道指令，通知他充任乡试的外帘官员。接到指令，他迅速处理了县里几件重要事情，将县里事务托付给县尉，便带着被铺，和仆人兼向导老罗一起步行赶往省城桂林。

广西学政衙门前，省、道、府、县官员群集。因为是三年一届的乡试，比逢年过节还要隆重。他们都穿着华美衣服，衣服上纷纷挂着漂亮耀眼的珠宝、玉佩一类装饰，人人喜笑颜开。

忽然，众人瞥见远远的街巷上走来一个须髯长长的老年人。他身穿蓝色旧布袍旧裤，肩膀上斜挎一个青布褡裢，脚穿草鞋，咔咔有力地走来。一个清瘦的仆人，背着一床旧棉被，弯腰屈背紧跟后面。

这时，有个官员喊道："那是谁呀？叫花子还是收鸡毛的小商贩?"

巡抚卢兴祖肯定地说："此人必定是罗城县令于成龙!"他心里明白，于成龙十分廉洁，这副打扮别人是做不出来的，只有于成龙才做得出来。

"当县令的怎么还这么一副寒酸相，难道连件好衣裳也买不起？这是故意给我们当官的出丑，给大清朝廷丢脸!"有人道。这话引起布政使金光祖的认同。他心里嘀咕：这于成龙真是败坏朝廷纲纪!

"恐怕醉翁之意不在酒，想用装穷叫苦博取廉洁的口碑吧!"又有人尖酸地说，"这个于成龙可真有心机!"

来者正是于成龙。他上前向省府官员行礼，然后抱拳对各位县令道："诸位早，于某来迟了。"

当即有个肥头大耳的县令道："于老夫子，你这被子是访贫问苦得来的吧。这被子至少盖过两代人，很可能还盖过三代哩！"

此话不错，这正是于成龙父母留下的。于成龙父母一直盖着这床被，几个儿子都盖着这床被，直到长大了才独立分床去睡。故这被子确实是三代同堂之被。

"你是寻找这宝贝，才耽误了时间，才迟到的吧。"一个留着山羊胡的县令道。他把仆人背的旧被一捏，揶揄道："这被值钱呀，天下难寻哩！十两银子卖给我怎么样？"

有人连忙说："你拿十两银子给我，我给你一床崭新的被子。"

可山羊胡道："我不要新被子。一床新被我半两银子也不会出。我就要这床被，因为它是老古董呀！老古董才值钱哩！"一句话，引来众人一片笑声。

"于县令，你到省城出公差，住客栈可回县衙报销，还自己带被铺干啥？"有人很不理解。

"我们罗城山高民穷，又刚刚连遭瘟疫袭击，我们住不起省城客栈呀。"他从容自若道。

卢巡抚知道于成龙办事踏实，一步一个脚印，不比那些华而不实的人。别看那些人衣服穿得光鲜夺目，但大都金玉其外败絮其中，于是布置任务时，对于成龙委以重任。他知道于成龙操守好，从不徇私舞弊，由他把监试这道门最合适！于是说："于县令，此番准备派你任外帘官，负责发卷、提调、监试。这可是一个容易出事的关口啊！"

于成龙知道，以往乡试，常有监试官受贿或受亲友嘱托，结果监试不严，导致考生作弊，甚至出现通同作弊的丑闻。

"谢谢抚台对我的信任。我一定把好这道关，让大人放心！"然而，他的话刚说过仅几个时辰，便受到了严重挑战。

这天夜里，他和老罗正在学政衙门花园的凉亭里放下被铺，打开旧被准备睡觉，忽见有个人匆匆走来，问："哪位是于县令

于大人?”

于成龙站起身子，问：“你是谁？找我有什么事?”

借着淡淡的月光，于成龙看到对方是个胖胖的中年人。

这人连忙笑道：“我姓万，是东门开米行的。我有件事向大人禀报，想请您关照一下。”他拿出手巾，擦了擦脑门的汗水，“我有个亲戚，这次考试运气不太好，考号抽了个尾号，旁边恰好就是粪桶。他年纪大（已五十岁)，体格又不好，想请大人照顾一下，跟中间一百六十八号那考生对调一下。”他叹了口气，“这样原一百六十八号可能有意见，我们准备给十两银子的补偿。”说着拿出一封十两银子，又拿出五十两一大锭银元宝，“这点小意思，也请大人笑纳，行个方便。”

“为啥一定要与一百六十八号对换?”

胖子呵呵一笑：“这数字吉利——一路发呀!”

于成龙想了想，此人说起来这么轻巧，其实一定不会如此简单。他预料，与一百六十八号同号舍的考生，一定是个很有文采之人。于是这个新一百六十八号的老童生，就可以借助同号舍才人之力，双双跃上龙门。想到此，他冷冷地说：“这事我不能办!”

“这又不是违反禁令，大人何必这么认真?”胖子道。

“号位本已定好，现在要更改，你说违不违反禁令?”说到这里，于县令立即下了逐客令，“你快走吧!”

“请大人行个方便吧。”见于县令不为五十两银子所动，胖子又从布包里，拿出一个五十两一锭的大银元宝，说，“我知道大人上面还有总监试官，那就请把这锭银子给总监试官。”

“滚，给我滚!”他大喝一声，将那对银元宝和一封银子一齐往外面掷去。那人慌忙拾起银子抱头鼠窜而去。

第二天，乡试正式开始。

于成龙严格地清完场，然后紧紧地盯着每一个号舍。考生们果然老老实实，没人敢轻举妄动。可到了第三天中午，他巡视到

一处号舍，忽见有个已经交卷出来的考生，走到一处号舍旁，趁人不注意，手一扬，将一个纸团抛了进去。

他立即带人抓住那个抛纸团的秀才，然后打开那间号舍。只见一个青年考生正摊开那个纸团在拼命地抄。一见监试官进来，三两下便将纸撕烂，揉成一团丢到角落。

“你们两人已被取消乡试资格！”于成龙冷冷地宣布，然后从角落里捡起那团纸。

“于县令，我可没做啥违反禁令的事呀。”那撕纸的考生转过脸来，笑着说。

于成龙一见考生面孔，心里顿时咯噔一下，不禁呆了：原来此人并非别人，而是自己的顶头上司——柳州府同知的儿子，名叫邬文。

“于伯伯，原谅我吧。”邬文恳求。

“纵使我能宽恕，朝廷法度也难以宽恕。”他宣布，“你们两人都走吧，本场乡试已与你们无关。”

此时，有两个人急匆匆地走过来。其中一个是乡试总监试官。

“怎么回事？”总监试官问。

“报告总监试官，我没做违禁的事，于县令却要取消我的考试资格。”邬文强辩道。

“这两人是通同作弊，所以我取消了他们的乡试参考资格。”

“于县令，取消考试资格，是不是重了点？”总监试官用商量的口气道，“参考一届不容易，一错过就是三年啊。”实际上他知道，若做作弊处理，还得再罚一届不能考，那损失可就更大了。

“作弊，就应该取消考试资格，这没有什么可以犹豫的！”

听了于成龙斩钉截铁毫无商量余地的话语，总监试官心里很不舒服：我是堂堂提督学政衙门副使，是你的顶头上司，你竟然一点面子也不卖，你也太不把我放在眼里了！我跟你商量，是给你面子。你既然如此固执，我就不给你留情面了。另外他已接受过这位考生的请托，收受了此人父亲二百两银子的礼物。于是，他冷冷地对于成龙道："于县令，你能严格考场纪律，当然是好的，但我觉得作取消考试资格处理显然重了点。因此，我看还是作警告训诫处理比较妥当。你看怎样？"

于成龙道："作弊如此严重，处理却如此之轻，你难道不怕考场作弊成风吗？你这个放纵歪风邪气的决定，恕于某无法接受，也不敢从命！"

"现在我是总监试官，这里我说了算！"总监试官两眼冒火，如同大虫。他威风凛凛地宣布，叫那作弊抄答案的考生回到号舍里继续考试。他心想：你于成龙又没有证人，你即使闹也闹不出啥名堂。

"你是总监试官，你当然有权如此决定。但我不服！"于成龙两眼喷火，犹如一只决斗的雄狮，"我要上告，找学政，找巡抚大人报告，叫他们评评理！"他扬扬手中那一团废纸，对总监试官道，"你别以为可以一手遮天，你要为你自己的荒唐决定，为自己的严重包庇行为付出代价！"

总监试官问那作弊考生："你是不是有作弊的证据落在他手里？"

作弊考生哭丧着脸说："那页纸我已撕烂丢到角落里，谁知被他捡走了。"

"你这笨蛋！为何不吞到肚子里？"总监试官责备道，然后吼了一声，"你这是自作自受！此事我无能为力，你出考场吧。"说完，他立即匆匆赶去追于成龙去了。他知道，若是于成龙把此事上告到学政和巡抚那里，自己就是犯了包庇罪，很可能丢官。还是不要为那二百两银子冒如此大的风险吧。

此事震慑了整个考场。全体考生包括监试等官吏，知道考场里有个海瑞、包公式的硬头官，因此三场考试秩序井然。结果此次考试成为广西历届乡试中考风最好的一届。

卢兴祖巡抚高兴得啧啧称赞。学政见巡抚高兴，立即提议："何不把于成龙调到省城，担任学政衙门有关执法部门任职。"

卢巡抚点头赞许道："学台大人真是个伯乐，有眼光！"

乡试完毕，布政使（位居全省第二位）金光祖召集众官员开会。议题是时务、势务和事务。金布政使知道广西山高水险，民风强悍，经常发生聚众造反的事。他感到很头痛，很棘手。他想乘此机会，提醒各级官员务必高度重视这个问题，早定良策。于是，他首先提出一个问题：

"绿林草寇如何才能斩草除根？"

看到金布政使神色威严，目光如电，问的又是十分难答的棘手问题，刚才还窃窃私语、嘈杂一团的大堂顿时鸦雀无声。众人纷纷低下头，有的连咳嗽也不敢。刚咳出一声，连忙用手帕蒙住嘴巴，生怕金布政使点名叫自己回答。如果回答错了，给金布政使留下不好的印象，以后升官就难了。

金布政使扫视群官，想找个府道一级官员好好询问和考查一下，但看到众人都成了勾头大麦，不觉又好笑又好气。他感到很失望。忽然，他看到有个人抬起头，似乎有话要说的样子。他很高兴，但仔细一看，却是罗城知县于成龙。于是只得无可奈何地点了他的名："于成龙县令，你回答一下这个问题。"

在他的印象中，这个年近五十、胡子拉碴的县令，好像有点自傲，于是点了他的名，想试试他的货色如何，并杀杀他的傲气。

只听于成龙清了清嗓子，像叙述家常一般说了起来："国家树万年不拔之根基，是为百姓谋求长治久安之道。地方什么人是盗贼？盗贼即是百姓。百姓虽然无知，但绝不乐意做盗贼，必定是被饥寒或官府刑罚逼迫为盗贼。"

一席话，振聋发聩。众人纷纷抬起头，束束惊诧的目光一齐射向那个衣着寒酸如同叫花子的老儒。

于成龙指出了盗贼形成的根本原因，然后便指出根治盗贼的

方法：“因此其责任，在于官员清心寡欲。首先是提倡德化教育，以端正民风；接着组织保甲，以防不测事件的发生。官府不草菅人命，不盘剥民脂民膏，不耽误农时，及时组织百姓耕种，使百姓各安于其家，各爱恋妻子儿女。这样，何愁草寇不除？”

金布政使根本没想到，眼前这个貌不惊人、学历低下（全省官员数他学历最低）、老迈迂腐的县令口中竟能说出这番洞察分明、极有见地的话语，不禁暗暗惊讶。紧接着，他又提出第二个更难回答的问题：

“山河地理险要之处，如何屯兵防守？”

于成龙不假思索，脱口而出：“山河地理，或水或陆，没亲到其地，难以凭空设想具体防守之策。大致上，本省西部地势险要，民风强悍，屯戍之兵不可不设，而带兵之法不可不严。军队是用来保卫百姓的，但也有祸害百姓的；军队用来防备奸民，但也有做坏事的士兵。因此，屯兵设防，宁精而毋滥！”

“好一个宁精而毋滥！”金布政使从心底里一声喝彩。但他没有表露在脸上，他忽然想起广西众多驿站倒闭之事，便问道：“倒闭废弃的驿站，如何才能像当初一般兴盛？”

“驿站最让百姓苦累。当汤火初出之时，或许可慢慢商量复兴。但皇皇法令火牌勘合之处，必须严禁用驿站办私事需求索取等弊端。一年四季，设立簿籍检查核对，有司真心奉行，不要加以谴责。如此，则百姓和驿站都不受侵害，要重新复兴到当年的样子，也就不难了。”

接连三个问题，于成龙皆对答如流。这令全场府县官员惊骇不已。

金布政使不禁对于成龙有些刮目相看。他心中想：山西历来是屯兵之地，向来出大将，于成龙看来对兵书战策有所研究，我不妨考问考问其他事情。想到此，他又提出了一个令各级官员都感到棘手的问题：

“朝廷限期完成的差使，如何才能按期交差？”

这个问题涉及政治、军事、经济、刑事等，面很宽，是个包罗万象的问题。要让管理一县的县令回答这个问题，实在勉为其难。府县官员个个面面相觑。就连管一省刑狱的按察使，也觉得挠头。这正是金布政使感到头痛的问题。

但于成龙只迟疑了片刻，便胸有成竹地回答道："朝廷交代的差使，最是森严，各级官员怎敢不殚精竭虑？但广西与内地不同，因地险民穷，瘴疠遍地，故官吏仆役缺少。一两个经办人员要兼理六科，事多人少，案卷成堆。加之丈量土地，编审户口，催促垦荒，哪件事都称为重大，凭一两个书吏，虽日夜操劳，终因人手太少，事情必定拖延。"说到此，他停顿了片刻，加重了语气，"我觉得广东地区擅长书法和算学的人才多，若是招来使用，此事自然可以缓解。"

金布政使连连点头，心中不免暗暗惊讶，这于成龙怎会如此了解广东之事？看来，这于成龙胸中有一盘大棋，真是处处洞若观火啊。此刻，他忽然想到广西官员普遍遇到的头痛事，于是把考问换成了请教的口气："土司管辖的汉族和彝族交错地带如何立法，如何才能使边疆巩固，百姓相安？"

"自古以来，在少数民族设立土官，就是因为他们人地相宜，性情相似，以彝治彝，赐彝爵禄给土司以为朝廷所用，所以无反复之忧虑。如今彝族与汉族同处一地，残忍多乖。这都是因为土司官吏左右，没有正气之人教导，没有好的法度来约束，以致常常出乱。若是下令给以教导，选择合适官员奉公守法，使其内地和平，缴纳贡物和税收而不再苛求，自然可相安无事。"

金布政使早就听巡抚夸奖于成龙是一名廉洁奉公、政绩卓越、深得百姓爱戴的县令，心中有些不以为然。此时，便想考问一下面前这个"政绩卓越"的人到底有怎样的治县良方，于是接二连三地提出了几个问题：

"怎样清理刑事案件，使百姓无冤屈？"

"刑狱案件，是百姓性命攸关的事，宁可入狱少出狱多，不

可入狱多出狱少。如此，官员的好生之德，自然使百姓与官员关系融洽。告状打官司的事，与风俗有关。严禁教唆，接到案件，先审查体察原告的话语和神态，不滥准其词。如此，刁顽的风气便可以止息。”

“怎样召集流民，使他们参加垦荒?”

“战乱之后，百姓逃散，田地荒芜。只要免除徭役，休养生息三年，吏静民安，流民可不招自来，荒芜之地可逐渐得到开辟。”

“怎样审察剔除衙役? 惩戒贪官污吏?”

“贪官污吏，是害民害政的根源。但广西烟瘴肆虐，地疫民贫，因此官吏往往重性命而淡薄富贵。加上省里政令严肃，各级官员即使有不好的，也闻风而丧胆。因此，对百姓危害最大的，要数衙门里的坏差役。这些人狐假虎威，敲诈勒索。要审察剔除这些奸猾差役，首先，人员不可多派；其次，对派出去的差役严加审察；最后，对危害百姓的差役，严加惩处!”

听说于成龙无比清廉，到底是想博得清廉名声以求升迁，还是确实清廉? 于是，金布政使又提出一个问题：

“为官如何激浊扬清，做到清廉?”

于成龙微笑着，平静地说：“清心寡欲，不忘天理良心。”

至此，金布政使总算结束了对于成龙的考问。他心中升起了一种敬意和爱才之心。

忽然，金布政使看到了于成龙的破旧衣衫，想起不少府县官员对他的议论：“于成龙穿这破衣衫，简直是给我们官场丢丑，给大清朝廷丢脸!”他觉得于成龙的确做得太过分，实在有损官场体面，有标新立异之嫌。于是，他严肃地问：“于成龙，你为何来省城公干还穿着破旧衣衫?”

于成龙面有愧色地回答道：“卑职任职罗城已有三年，但百姓还没有丰衣足食。病灾瘟疫，夺取了不少人的生命，我心中很感惭愧。我既无功于国家，又无德于罗城百姓。范公仲淹教导

说，‘先天下之忧而忧，后天下之乐而乐’，如今，罗城百姓还缺吃少穿，若我穿上华丽衣衫招摇过市，这同侵害百姓的盗贼有何区别?”说着说着，他眼里竟闪烁着泪花。

于成龙这一番宏论，如长江之水滚滚而下，一泻千里，涛声不绝于耳。官员们个个听得惊心动魄，肃然起敬。当听到无功于国，无德于民，若华衣美服，与盗贼有何区别的话语时，不少人坐立不安起来，屁股如坐针毡，又痒又痛，面色红一阵白一阵。

有个知府不禁怒火中烧，骂起娘来：“你这山西老儒，骂我们为盗贼，你是何等人？你年将知天命，却只做到七品芝麻官，满腹牢骚，只好用骂人出气。你这死老头，今天恶语伤人，至少伤了一半的官员，看样子，你的官是当到头了！”

另一个知府立即附和道：“说不定一任未满，就滚蛋了！”

今天之事，大出金光祖布政使的预料。他接连考问了这么多问题，于成龙居然一个也没难住。如此博学多才，天下少有！忽然，他脑海中闪出一个人来：诸葛亮。诸葛亮未出茅庐而知三分天下之大势。眼前这偏居荒城的光杆县令于成龙，未出罗城，广西全省事务如在手掌之中。他心想，若是今天换个位置，由于成龙来问这么多涉及全省事务，且不少均可称为刁钻古怪的问题，自己就未必能回答出来。这么一想，他不禁对于成龙之才很是佩服，心中赞叹道：

“奇才，真是天下奇才！准确地说，应称为怪人奇才！这么个奇才，把他丢弃在小小罗城太可惜了！这是人才浪费！此人是做知府的料，是治理一省之才，若把他留在省城，将是我一个有力助手！”

于是会议一结束，他立刻向巡抚卢兴祖推荐：“卢抚台，罗城县令于成龙，不但清廉，且博学多才，精明能干，是个不可多得的奇才！把他放在罗城小县，太埋没人才了！应该把他调到省城，协助治理省域，将是我们一个有力助手。”

“那你说任命他什么官职合适？”

“按他的才学，让他当个省城桂林知府，估计完全能够胜任。但从七品县令，一下子提拔为正四品的桂林知府，连升六级，这对没有特殊政绩的他来说，不但难以服众，估计吏部也不会批准。”金布政使道，“可以委任为府通判。”

卢巡抚点头道：“这的确是一个品学兼优的人才。既然我们都有同感，那就先把他留在省城。至于具体官职，我们再商讨——看看哪个部门官员缺额？”

当跟随于县令去省城的向导兼伙头老罗背着旧棉被，垂头丧气地回到罗城，把于县令被留在省城，省里要重用他另委官职的事一说，罗城人个个惊得目瞪口呆，如同天塌地陷。

德高望重的吴教谕激动地说：“我们罗城从破败到如今复兴，离不开清正廉明、呕心沥血的于县令。他是罗城的指路明灯和中流砥柱，我们绝不能没有他！”

“那省里大官要留他，我们也没有法子呀？”有人哭丧着脸说，“我们又不能上省城去抢！”

这话如同火星，在吴教谕眼前一亮。他说：“若是真要于县令回来，我有个办法可以一试。”

此话一出，众人便紧紧地围住他：“老先生，快说办法！”

“组织三老、乡绅等一批人去省城要——去苦求！”吴教谕道，“事不宜迟，要快去，趁省里还没委任于县令新官职前赶往省城。否则，若等省里任命下达，那就黄花菜也凉了！”

于是，一支约百人的“请愿团”浩浩荡荡连夜出发，赶往省城。

一路上，他们饿了，就拿出自带的干粮吃；渴了，就喝山泉水；困了，就躺在露天的草地或稻草堆上眯一会儿。几个年过七十的老先生走不动，就被其他人轮流用滑竿抬着前进。结果仅用了两天两夜时间——赶在省里对于县令的新任命下达之前，到了省城桂林。

这天早晨，当巡抚卢兴祖、布政使金光祖和按察使、学政等

一班官员来到巡抚衙门，正准备研究于成龙的任职问题时，猛然见到抚衙门前那块草地上，黑压压地坐着一大堆人。他们不禁吃了一惊，以为是来闹事的。按察使准备下令调集大批兵丁前来护卫，被卢巡抚喊住了：“别慌，先看看再说。”

卢巡抚仔细一看，这些人脚穿草鞋，身穿蓝色土布衣裳，秩序井然。队伍中打出两条横幅：

“于成龙大人是罗城最清正廉明的县令，我们离不开他！”

“恳求巡抚、布政使大人，归还我们的‘于父母’！”

一见巡抚、布政使来到现场，罗城“请愿团”个个号哭：“大人，大人，可怜可怜我们罗城！”

顿时，巡抚衙门前一片涕泣之声。金布政使对众人道：“我们提拔于县令，也是为了让广西更多的乡亲受益啊！”可是无论他怎么说也不行，这些人十分固执地说：“他没来罗城前，你们为什么不提拔他？如今我们罗城刚刚开始好转，于县令要是一走，我们罗城再也找不到这样的清官，罗城要好起来，再也难以指望了！”

说着说着，众人扑通扑通纷纷跪倒在地，咚咚地叩头不已。几个老人的额头已经磕出了血。金布政使连忙道：“乡亲们快起来，别把额头磕伤了。”

可是老人们回答：“只要省里青天大老爷能把于父母归还我们罗城，我们就是额头变成烂柿也愿意！”

罗城“请愿团”当夜便露宿在巡抚衙门前。第二天又继续静坐在那里等候。不少年老体弱者昏迷过去了，亏得省里派郎中前来救治。但他们已横下一条心：“不放于父母回罗城，我们坚决不走！”

最后，卢巡抚没有办法，只得对布政使道：“放于县令回罗城吧，再继续下去，非闹出人命不可！”

听说省里同意放于县令回罗城，衙门前广场上顿时响起一片巨浪般的欢呼声。人们欣喜若狂，有人燃起了鞭炮。

于成龙热泪盈眶道："我有何德何能，竟受父老乡亲如此厚爱?"

金布政使看到这幕情景，感动地说："做官做到老百姓如此爱戴的地步，罗城何愁治不好?"

卢巡抚喃喃自语："于成龙如此得民心，又如此有才，前程未可限量，说不定能超越我也未可知。我以后应竭力推荐他担任更高一级职务，以树立楷模，推动全省。在朝中，也可得一个伯乐的美名。"

由于连日跋涉和劳累，老者和不少体弱者回程都走不动了。于县令便安排一些年轻力壮的小伙子用滑竿抬，或搀扶着他们慢慢走。他拿出一两碎银给他们作路上用，又买了一些罗城紧缺的纸张和药品一类东西，叫他们带回。自己则与几个青壮年乡亲快速往罗城赶。

"我这么长时间没在罗城，不知罗城啥模样了？我得赶紧回去处理!"于县令心急火燎地说。

第三天下午，于县令一行来到与罗城相邻的柳城县城郊。忽然，他见到两个男子抬着一个包裹着头巾的少妇在匆匆赶路。好像少妇有什么疾病，身上盖着一床大被。周围跟着三四个健壮男子。那少妇常常不小心会把被子弄开，跟随的几个男子生怕少妇被风吹了，不时地伸手为她掖被。

于县令对身边一个精明干练的中年人耳语道："这伙人很可能是强盗。你偷偷跟随，看他们落脚在哪个村庄？注意，千万别让他们发现。"

过了好一会儿，这个跟踪者回来报告：那伙人到了离这里五六里远的乌洞村。村前有一棵几百年的大榕树，有两个男人出来，把他们迎进了一个东头的院子。

于成龙连忙进城拜访柳城县令。此时，柳城县袁县令已调离，现任县令姓沙。于成龙对沙县令说："有一伙大盗已经来到城郊。望速派得力人员前往捕捉!"

柳城沙县令系两榜进士出身，向来瞧不起连举人也只中个副榜的于成龙。再说他境内出了一伙大盗，于他这个县令名声也不太好听。于是，他恼怒道："你别瞎说。本县经过几年励精图治，虽不能达到夜不闭户路不拾遗的清平世界，但大盗早已闻风丧胆，逃之夭夭，你别草木皆兵！"

于成龙不免笑道："好，这样就好！恕于某多嘴。"说完转身便走。可刚出县衙，忽见沙县令急匆匆面如土色般追上来。

他一把拉住于成龙："于县令，请您回县衙稍坐片刻。刚才沙某无知，言语冲撞，请县令切勿计较！"

原来，于成龙前脚刚走，县衙钱库头目就急急跑来禀报："钱库失窃白银一千两，赤金八宝玲珑塔一座，宋代青花窑瓷瓶一对！"

这一惊非同小可，沙县令不禁魂飞魄散，全身发抖。这一千两银子是省里刚拨下来的赈灾和造大桥款项。赤金八宝玲珑塔和青花瓷是县内最大寺院的镇寺之宝。因最近寺院拆建，怕不安全，故存放在县衙钱库。这三件，无论失去哪一件，都不好交代，也赔不起。追究起来，轻者革职，重者坐牢充军。

于是，他惊慌失措地拖回于成龙，一边好言道歉，一边派人茶饭侍候。十万火急，沙县令终于取得于成龙谅解，立即点起健壮士卒五十名，亲自率领，急急忙忙紧跟于成龙往城郊扑去。结果，当场抓获八个强盗，追回白银九百两（一百两已花天酒地花掉了）和宋代青花瓷瓶。接着又根据强盗口供，从强盗秘密窝点——一个古墓里，找到了玲珑宝塔。

这下真把沙县令感动得差不多要跪地叩谢。他十分困惑地问："于兄，您为什么一看到这伙人就知道他们是强盗？难道您像刘伯温一样能未卜先知？"

于成龙笑道："这道理很简单。你想一想，哪有少妇卧床而让多个男人伸手掖被的道理？这包裹着头巾的少妇，必定是假扮的，是个男子。这些人不断地掖被子，说明被子里肯定有名堂，一定有试图掩藏的财物。女人生病回到家，理应妇女出门迎接，可只见男子，不见女人，肯定有问题。加上两个强壮男子抬少妇，尽管匆匆赶路，但脚步小心翼翼，好像怕打碎什么东西。这说明被子底下有易碎的瓷器一类物品！”

沙县令恍然大悟，佩服得五体投地：“于县令真是用心细微，破案如神啊！沙某智力不及您老兄十分之一啊！”

于成龙临离开柳城县时，沙县令捧出一百两白花花的银子道：“感谢于县令大恩，这点银子略表谢意！”

“这是干啥？你库银还短少一百两呢。若我接了这一百两，你岂不要短少二百两？老弟，请收回去吧！”

“总管，你快去大富豪酒楼，订一桌酒菜，犒劳犒劳于县令和他手下的几位兄弟。”沙县令又对钱库总管吩咐道。总管正要出门，被于县令拉住了。

于成龙对沙县令道：“老弟，你的心意我们领了，这酒宴就别张罗了，我们还要赶路呢。”

“这不行！你们为我们县出了这么大的力，跑得饥肠辘辘，却连饭也不吃，我坚决不放你们走！”沙县令让手下死死抱住于县令不让走。

于县令叹了一口气，无可奈何地说：“既然这样，你就给我手下众兄弟，每人买五个烧饼带在路上吃吧。”

烧饼两文钱一个，五个，只有十文钱。总共五个人，也就是五十文。换成银子，只有半钱。太微不足道了！于是沙县令叫道：“这么寒碜哪儿行？”见于县令马上要走的样子，无可奈何地说，“好，好，恭敬不如从命，我依你。”于是命人飞快买来三十个烧饼。

“光烧饼，太干了，怎么吃得下？”沙县令一边说一边吩咐手下差役去买一个大西瓜解渴。

“买啥西瓜？一路上有的是山泉水，哪里会渴？”说完，于县令拔腿便走，快如一阵风。

望着于县令一行人远去的背影，沙县令不禁热泪盈眶。他喃喃地说：“这于县令，真是天下少有！”

于成龙智破大盗的故事很快在柳州府一带传扬，从此他便获得了“破案如神”的美名。这是后话不表。

话说于县令回到罗城，却找不到书吏苏朝卿和山泉。老罗报告说，山泉已回老家山西，苏朝卿有一封信转交大人。

于成龙拆开信一看，里面写道：

尊敬的于县令：

首先请您原谅我不辞而别。自从几次“走坡”，与明月姑娘恋爱后，我这个二十五岁的大龄青年，渴望能与她结为连理。我好不容易送了“聘礼”，定下亲事，却过不了娶亲前的最后一道关卡——办酒席。虽然在您的关怀交涉下，明月父亲减少了四十桌，但办六十桌酒席的重压，相当于聘礼六倍的钱数，仍像大山一样沉重地压迫着我，使我难以承受。我的聘礼——两千斤干谷，还是借的，是靠梅金宝等县警卫队数十兄弟合力帮助才得以筹措。我琢磨，若继续在县衙当书吏，即使再干上八年甚至十年，也难以实现这个办六十桌酒席的梦想。我既不想改名换姓，屈辱地入赘明月家，又不想放弃与明月这朵美丽聪明、情深义重的仫佬族中最漂亮的金花结亲。因此，我准备去努力挣钱——在春节前，挣到办六十桌酒席的银子，与明月成婚。于叔，请您保重身体！若有来生，我再到您这位人人爱戴的好县令手下效劳。

不争气的朝卿顿首百拜

读罢信，于县令百感交集，一阵心酸。

是啊，自己这个一贫如洗的官，连生活温饱也谈不上，手下

几个仆役就更不用说了。说来实在可怜，朝卿除一日三餐勉强能填饱肚子外，连过年做件新衣裳的钱也没有，哪里还有银子作聘礼？哪里还能办得起六十桌酒席？情况确实如他信中所言，即使再在县衙干上八年十年，也筹措不起娶妻的钱！

想到此，他感到很内疚也很无奈。他喃喃地说：“朝卿，我不怨你离开。相反，我还要请你原谅，你跟着于叔受苦了！”

山泉自从出天花成大麻脸后，每次一照镜子或是来到水边，总是又哭又喊，说自己这副丑脸怎么见人？怎么找对象？他回家也好，回去心情总会慢慢好起来。

四个仆役，两死两走，县衙只剩下于成龙一人理事。罗城多煤，三餐饭，他只是用碎煤渣和上泥巴，用陶罐熬点南瓜土豆粥充饥。

他一心扑在罗城百姓的富足上。他把罗城盐税减去三分之二。

于县令的脸庞更加消瘦也更加黝黑了。

“这样下去，于父母会病倒的呀！”不少百姓担心了。乡亲们非常揪心，因此，每天早晨出门干活，个个都绕道来县衙探望。他们纷纷带来钱物敬奉，要他改善伙食，把身体养健壮，但都被于县令一一退还：“你们买些酒肉侍奉好家中老人，你们的心意我领了！”

乡亲们含泪道：“于大人，你为罗城百姓操碎了心，难道我们敬奉一点钱物也不应该吗？”

于县令诚恳地说：“我为罗城百姓做事是应该的，因为我是罗城县令呀！再说我有朝廷发给的俸禄，怎能接受你们的财物？若我接受了，这与贪官污吏又有啥区别？”

于县令不收一点礼物，这可如何是好？众乡亲在想办法。

不久，他们终于逮到了一个报答的机会。

七、于公子探亲，众乡亲到县衙拜贺，见于县令拒不收礼，便想出一个妙招

一晃，于成龙到广西罗城任职已经三年有余。

一个秋天的黄昏，山西永宁州下昔乡来堡村。村头的千年大榆树下，有一个年过花甲、两鬓如霜的老妇人，正踮起脚跟，手搭凉棚，望眼欲穿地看着南面的大路。这就是把于成龙从幼年一手抚育长大的继母李氏安人。

近来，几乎每天下午，她总要来到村口这棵大榆树下，等候远离故乡去罗城任知县的儿子回来。她清楚地记得，儿子是五月初四离家出的远门，至今已整整三年零三个月。

“龙儿，你为啥至今也不回来呀？你把为娘的肚肠都愁断了！”这龙儿虽非自己亲生，但除了没有十月怀胎，其他都和亲生没有两样。是自己一把屎一把尿把他养大的。她亲眼看着龙儿在自己的怀抱中，由婴孩变成了儿童，再变成了少年，再到十八岁娶亲。自古道：儿出远门娘操心。龙儿去了远隔千山万水的广西，而且一去三年多，为娘的怎不思念？因此，每当大路上出现一个人影，她就要站起来迎上去看看，是不是自己的儿子？

但望穿秋水，也不见儿子的身影。

“龙儿，都说一任知县任职三年，你怎么至今不回？你人不回来，也该寄封信回来呀！”她喃喃地说。

大路上行人越来越稀少。忽然，天空那头飞来一行大雁。她忽想起古代鸿雁传书的故事。龙儿很可能写了信叫大雁捎回来呢。这么一想，她立即目不转睛地盯着从远处往自己头顶上空飞来的雁阵。一只、两只、三只……她一只只地数着那人字形的大雁。大雁一只又一只地飞过她的头顶。她立在原地，可最终也没等到大雁嘴里衔着儿子寄来的书信。大雁渐渐远去，很快便消逝

在西方的晚霞中……

天渐渐黑了下来，一弯镰月已挂在天空。“龙儿或许路上有事耽误了，要夜里才回家呢。”这么一想，她又满怀信心地等待下去。“这么长时间没回来，会不会出啥意外?”她担心道。

“娘——娘——”一阵焦急的呼唤，划破了村口的宁静。年将五十的于成龙妻子邢氏，和儿子廷劢从村口急急地来到榆树旁，发现婆婆李氏安人已经软倒在榆树脚下。

“快把奶奶背回家。”听到母亲吩咐，廷劢背起奶奶就走。

邢氏给婆婆端来一碗小米稀饭，里面放了红糖，还特意煎了一个荷包蛋。“娘，快吃下，补补身子。”她搀扶起婆婆，靠在墙壁上，温声软语地说。

“哎，你这么费事，又放红糖，又煎荷包蛋干吗?”李氏安人知道，自从龙儿去广西后，一家五口全靠大孙子廷翼一人支撑。他忙时种庄稼，农闲时卖炭维持生计。一家日子过得十分紧巴。尤其是跟于成龙去广西的天将和水牛两个仆役一死，更要了全家的命。家里所有值钱点的东西，都卖了或进了当铺，还低声下气说尽好话，廷翼下跪求情，方才了结人命之事。

“我吃不下。”李氏安人喘着气说，随即阵阵咳嗽声响起。

“娘，您老人家不是盼着成龙回来吗?你如此不吃不喝，万一身体垮了怎么办?还怎么见成龙啊?”这句话似乎对她有所打动。

她勉强喝了几口，然后吃力地说：“我再三思量，家里得去个人到广西探望一趟。不知成龙身体好不好，生病没有?这几夜，我老是做梦，总梦见龙儿生病了。”她喘着气，有气无力地继续道，“那个地方这么凶险，同去的人已经病死两个，连水牛这么壮实的身体都扛不住。成龙要操心全县的事，事务繁忙，能扛得住吗?”

自从这次从大榆树下回来，李氏安人就病倒了。“我不知道今生今世还能不能见到龙儿?”她两眼泪汪汪地说。

看到这种情景，邢氏连忙招来两个儿子商量。她担忧道：“你奶奶成天茶饭不思，想你爹几乎想疯了，这样下去怎么得了？会憋出大病的！”

“娘，我去广西探望爹！”小儿子廷劢自告奋勇。

“不成不成，你一个初出茅庐的后生如何去得？山西离广西千山万水呢！”哥哥廷翼连忙摇手，“还是我去吧，只是如果我去了，这秋收，家里忙得过来吗？”

“哥，家里的事，你甭操心，我十八岁了，已经是堂堂男子汉了。”廷劢挽手捋臂，豪气冲天地说。

“娘，我们商量过，准备叫廷翼去广西探望。”

听到邢氏这句话，李氏安人一骨碌从床上挣扎起来，坚决地说：“不成，我不让他去！去那里远山远水不说，还有毒气，有瘟疫，有豺狼虎豹，我不放心！”她带着哭腔，“现在你爹在广西生死不明，我不能叫我孙子再出危险。你是全家的当家人，顶梁柱，万一有个三长两短，我们一家如何是好？”话没说完，眼泪已成串地跌落下来。

“奶奶，不要紧的，我已经三十岁，身强力壮，经得起路上辛苦。到罗城后，我会当心瘴气。至于瘟疫，多少年来也只有一次，早过去了，不会常有的。我肯定不会有事的，您老人家就放心吧！”他故意爽朗地一笑，又添了一句话，“若是让廷劢去，更不放心呢！”

“娘，古话说，生死有命，富贵在天。你就叫廷翼去吧。”邢氏见婆婆总算咬牙点了点头，便吩咐儿子快做好动身前的准备。

邢氏卖掉了一些粮食和物品作为盘费。这天夜里，廷翼准备好十双草鞋和一大袋烙饼，一床被铺，准备第二天一早就动身。

忽然，年近八十的于族长拄着拐杖，在一个后生的搀扶下，颤颤巍巍地来到于成龙家。他抖抖索索地从长衫口袋里摸出一个红纸包，对邢氏和李老安人说：“成龙是我们于姓全族人的荣耀。

我们商量了，决定全族集资，出十两银子给廷翼去罗城作盘费。”然后对廷翼说道，“你一路不要过分俭省，该吃的吃，该住客栈就住，一定要安全去平安回。”

邢氏连声道：“这怎么行？这使不得！”

李氏安人也推辞道：“怎么好叫族人出钱呢？”

于族长见她俩如此见外，不禁生气地说：“这是大伙的一点心意。廷翼，快收着，莫辜负了族人对你们的希望。”他呼呼地喘了几口气，咳嗽了一阵，又说，“廷翼，你此番去还有一个重要任务——给你爹带去一道族令：你爹任满，必须离职归乡，侍奉老母。”

邢氏扑通一声跪倒在地：“牢记族长教诲，感谢族人恩德！”

于廷翼带着奶奶和母亲的嘱托，带着族长的指令，晓行夜宿，不知劳累地向广西罗城进发。经过两个半月的长途跋涉，终于来到罗城地界。

站在巍巍罗峰山上，望着莽莽苍苍、连绵起伏的群山，于廷翼两眼茫然。不知从何处走才是去往罗城县城的路。时已黄昏，行人绝迹。忽然，他看到大约数里外有一缕炊烟袅袅升起。有炊烟一定就有人家！他顺着山路往炊烟方向奔去。走到近旁一看，不是什么人家，而是一座小寺庙。

走进庙里，他看到大殿亮着一盏松明灯，上方有两座佛像：一座是普度众生的观世音菩萨，另一座长须黑髯，面目清瘦，额头上有一颗圆圆的黑痣，似曾相识。但他还是想不起究竟这供奉的是哪尊菩萨？正看着，忽然从厢房里走出一个中年男子。只见他一手擎着油灯，一手端着供盘，盘里盛着糯米粽、豆腐、猪肉、葡萄、金玉柚等供品。

“请问师父，上首坐着的两尊佛，那一尊叫啥佛？”他尽量说得慢些，用的是官话。不料这师父仔细地盯着他看了一会儿，见他肩背一条旧棉被，脚穿草鞋，衣衫有些破旧，便问：“客人从何处来？”

“我从北方来，到罗城投亲。”

师父见他不是本地人，便说：“观音菩萨旁的这尊，是当今的一尊活佛——就是救我们罗城百姓于水火的‘于父母’！”

“啥？——于父母？”于廷翼觉得很稀奇，“为啥叫于父母？”

“哦，这个父母，就是当今全县人人仰慕的罗城县令于成龙。因为他待我们百姓就像父母对待儿女，所以我们尊称他为‘于父母’。”

“观音菩萨大慈大悲，救苦救难，历朝历代传颂。可你们的于县令，能和观音相比吗?”

听了外地客人的话，师父连声道：“观音对百姓的好，我们没亲眼见到。可于县令的功德，我们亲眼所见，亲耳所闻。他在我们罗城免除火耗，减免大半盐引，使我们百姓吃得饱，穿得暖；他率领兵卒冒着性命危险闯进强盗窝，解救数百乡亲，夺回大批财物，杀掉强盗头，令罗城城乡太平；他指挥有方，日夜操劳，把全县百姓从两次大瘟疫中解救出来。他还修学宫，兴科举——总之，他的功德和恩情，三天三夜也说不完。你说说，这么大的功劳，该不该把他尊为救苦救难的活佛?”

客人道：“他待罗城百姓好，是应该的，因为他是罗城县令。你们说声他好就行了。可是把他塑像供奉，有些太过分了。”

不料此话一出，那师父顿时火冒三丈：“过分？一点也不过分！你说做哪个地方的官，就要待哪个地方百姓好，那天底下怎么还出了这么多贪官污吏？我看你这人，对‘于父母’很有成见。你是不是那次抢劫罗城百姓的落网强盗？——要不怎么敢贬低人人爱戴的‘于父母’?!”

说着瞪圆两眼，虎视眈眈地盯着于廷翼，同时拿起了门后的一根木棍。他厉声喝道：“你是哪里人？到罗城探望哪家亲戚？快说！老实说!”

见寺院师父把自己当作漏网强盗，于廷翼不禁吃了一惊，连忙解释：“师父，请别误会，我是山西人，来罗城找于成龙

县令。”

一听这话，师父脸色马上平和下来。

“这么说，你和于县令是亲戚了？”师父将信将疑，那根打狼棍还紧握手中没松开。

“实不相瞒，于成龙县令便是家父。”于廷翼说，“我名叫廷翼，是于县令的长子。父亲三年没回去，我奶奶和娘都不放心，特地要我来探望家父。”

“真的？”师父露出满脸惊喜。

他退后一步，仔细瞧了瞧于廷翼的脸和打扮，嘴里喃喃道：“像，真像于大人哩。”然后奔上前，双臂张开，一把抱住他，“我的小兄弟，你辛苦了！”说着，连忙一把拉起于廷翼就走。

到了厢房，把于廷翼背上夹被往床上一放，师父立刻从锅里拿出一碗豆腐、一盘肉、一碗土豆，再拿出一大盘粽子。“来，我姓严，我们先来吃晚饭。寺庙里没什么好东西，凑合着吃吧。吃完，再洗脸烫脚。晚上，就在这里好好歇一宿。明天吃过早饭，我陪你一起去县城。”

第二天吃过早饭，在严师父的陪同下，于廷翼向县城走去。

山路崎岖，若是没有严师父陪同，真要迷路。一路上，严师父向他介绍了罗城的风景名胜，介绍了“后生节”走坡和依饭节，还回顾了自己青年时走坡对歌找媳妇的往事，边讲边唱起来。于廷翼听了很神往。

严师父说：“我们仫佬族男女老少个个会唱歌，家家有唱本。”于是在路过一个村庄时，给他找了一本。于廷翼博学多才，一翻看就喜欢上了。

他们顺着庄洞、西华、有峒到达黄金乡。在这里，严师父带于廷翼到亲友家吃了午饭，再去乔头乡。由于沿路遇到亲友、熟人，严师父总要介绍身边这位尊贵的北方客人：“这位是我们罗城大青天——于县令的大公子。”于是，等他们一到县城东门镇，几乎半个县的百姓，都知道县令儿子到了罗城。

傍晚，他俩来到县衙。严师父告诉门房："于县令的大公子来了。"一听说于县令的儿子来了，门房十分高兴，连忙告诉说："于大人一早便去了怀群乡，听说还要去纳翁乡，看样子，今天是回不来了。"

"那就赶快安排于公子进衙门歇息吧。"

听了严师父的话，门房一脸为难："按理，你这么远来到罗城，我应该让你进于县令的宿舍住。但于县令向来规矩很严，公私分明。我现在仅凭你一面之词，又不认识你，还是不能留你在县署。里面有档案等机密，还有钱物，若出事情，谁担得起这个责任？再说，你又是私人探亲，我也不能安排在县衙客栈住。"

严师父一听，冒火了："于公子难道是假的，是冒充不成？"

"我没说他是假的，但也很难证明他是真的。这需要等于县令回来方能知道。"戴着老花眼镜的门房，一副不屈不挠、油盐不进的样子。"于县令没来之前，只好委屈你们一下啦。"

严师父气得面如土色。于廷翼知道办事极端认真、规矩特别严明是父亲的一贯作风，有这样的县令，就必定有这样的衙役。他连忙劝严师父道："不要为难门房先生了，走吧，我去找客栈住。"

但严师父死活不肯："到了我们罗城，何必再花这个冤枉钱？不是我吹牛，这罗城县城，到处都有我的亲戚朋友。再说，即使我不认识一个人，只要我说出是'于父母'的亲戚，千家万户都会争着让出好房好床铺，让我们美美地住上几宿哩！"

他的话果然不虚。当他把"于父母公子来罗城探亲，晚上要找地方住宿"的事一说，整条街巷的人顿时你争我夺，争得面红耳赤。于廷翼心里感到暖洋洋的，最后还是严师父出了一个主意，用抓阄的方法解决这个棘手的问题。

当一户谢姓人家抓到阄后，高兴得眉飞色舞："老天爷总算开眼了，我家的运气真好！终于让我家有机会向'于父母'表示一点谢意了。"原来这户人家的当家人谢富忠，在那场谈虎色

变的黑死病大瘟疫中，多亏于县令从柳州府城请来名医，并三天三夜没合眼指挥几个郎中，硬是把他和几位重症病号从死神手里抢夺回来。病好后，他曾拿了一挂猪肉（五斤）和一袋糯米去县衙感谢，结果都被退了回来。至今也没找到报答的机会呢。

“这下好了，总算可以报答‘于父母’的一丝恩情了。”全家人兴高采烈。宰鸡，包粽，炒花生，又把儿子儿媳睡的新房腾出来，给于廷翼和严师父住。

喜得严师父合不拢嘴：“于小弟，我这护林人也沾你的光，睡上富贵房龙凤床了！”

这天夜里，那些没有拉到贵客的乡亲都络绎不绝地来到谢家串门，拉家常，问这问那，亲热异常。一直到深夜，才依依不舍地离去。

“好玩好耍，东门四把。”第二天吃过早饭，严师父一边介绍，一边把他带到东门镇，看红瓦白墙的古民居。之后，又到离县城二十里的四把乡，参观丹凰衔书、两江印月、黄泥瀑布、北岭覆钟、中寨鸳鸯、孔雀开屏、双姑抱颈等著名景点。绮丽的山水风光，令于廷翼乐不可支，深深陶醉。

第二天傍晚，于廷翼从乡下回到县城后，与父亲在新县衙相见了。

说是新县衙，其实就是五间草房。年初，省里和府里拨了二百两银子，用于修建新县衙。说关帝庙太小，太简陋。拿到银子，县衙官吏一致想建个像样一点儿的县衙。于县令知道，这笔钱建几间砖瓦房行，但建像样的衙门肯定不行。官吏和乡绅纷纷说：“可以募集一些银两。”于县令严肃地说：“大灾刚过，百姓仅得温饱，需休养生息，我们就建草房吧。”于是花二十五两银子，建起了一座草堂。“这县衙太简陋了！”官吏们都说。于县令道：“草堂好，住草堂，我们可以时时感受百姓的疾苦，可以像诗圣杜甫那样，时刻不忘安得广厦千万间，大庇天下寒士俱欢颜的崇高情怀。”

“家里怎样？你奶奶身体还好吗？你娘身体怎样？”于县令接连问。

于廷翼对父亲说：“奶奶天天傍晚，到村口大榆树下遥望，哭泣；母亲日夜思念，为父亲忧愁，已两鬓如霜。”说罢，父子抱头痛哭。

廷翼道：“爹，我来时，族长送来全族人募集的十两银子，给我作盘缠，还给我带来一道族令，要你罗城知县任满，立即回家乡侍奉奶奶。”

“这个自然。”于成龙道，“一待任满，我即刻启程回乡，照顾你奶奶，和家人生活在一起，再不分离。”

说到这里，他突然一改温情，严肃地说：“昨晚我不在县城，你去哪里住宿了？”

“我被严师父带到一户熟人家去住的。”

听了儿子这话，于成龙立刻责备道：“你不可以随便去吵扰乡亲的。你这么一去，害得他们杀鸡包粽，腾新房换新被，搞得天翻地覆。你知道吗，这叫变相剥削百姓，敲诈民脂民膏！”

廷翼委屈地说：“我要去住客栈，可严师父硬是拉我去啊！”然后一股脑倒出了几年来的苦水，“你到罗城当年的十月底，当天将死于瘴气的消息传到家乡，因为这死讯是你写信通知他家，当时我们还不知情。一天夜里，突然天将家四个兄弟，号称四老虎，再加上一帮亲友，总共几十个人赶到我们家，向我们讨命。

“我们如晴天打下霹雳，吓蒙了。当时家里只有我卖炭挣来的六两银子，全部给了他们，又把仓里几千斤小麦、莜谷、小米都卖了，凑给他们。可他们还不答应，要娘和我，披麻戴孝，做孝子送葬，才勉强完事。当时这份屈辱，叫我们想死的心都有了。”

廷翼边说边抹眼泪：“水牛的死，搞得我们家更惨。去年腊月，我们正准备过小年，请天地，拜祖宗。谁知水牛一家，包括七大姑八大姨，一齐来了。一到我们家，说水牛健壮如牛，不会

病死，一定是你逼死他。于是，先是把我们家东西噼里啪啦砸个稀烂，接着从牛栏里牵走了耕地的水牛，从羊圈里牵走了所有的羊，还拖走了猪圈里养着、准备宰了过年的大肥猪，简直凶得跟土匪一样。

“我媳妇去拉，不让他们拖猪，被踹到地上，流了产……最后还是族长出来，说再搞，他就要报官，这伙人才扬长而去。结果这个年，冷冷清清，老少一齐哭。娘号啕大哭，奶奶也哭，我媳妇躺在床上默默流泪。娘哭的是别人家当官都风风光光，只有我们家做官，好像遭了大难。我的心里也在哭泣，爹这官当得窝囊——简直窝囊透了，家中没得到一丝好处，相反搞得倾家荡产，像遭了强盗洗劫！”

廷翼两手蒙住脸。此时，他再也忍不住心中的哀痛，一个三十岁的大男人，禁不住呜呜地大哭了起来。

于成龙见儿子一脸菜色，衣服打着补丁，想到自己到罗城后，把家庭重担全部抛给他，抛给家中唯一的顶梁柱，使家人遭了这么多罪，便不再责备。

“儿子，这几年，辛苦你了！爹只顾罗城，没照顾家庭，对不起奶奶和你娘，请你多谅解！”他动情地说，“罗城是一副烂摊子，贫穷、疾病，野兽昼夜出没，强盗肆意横行。可说是千孔百疮。这破烂程度，真令人难以想象！我既当县令，总不能一走了之，总得为罗城干出点业绩，让百姓道一声好，你说对吗?”

廷翼点点头。忽然他问：“爹，朝卿和山泉怎么没看到呢?”

“朝卿留下一封信，不辞而别，人也不知去向。他说在县衙干，娶不到媳妇，就走了。”于成龙长叹了一口气，“山泉出天花成了大麻脸，整日哭哭啼啼。前几日，他已回山西老家去了。”

廷翼一听，心中发愁道：“山泉此番回去，又不知要闹出啥事来呢。”

廷翼深知父亲在罗城做官的艰辛。父亲身边仆役一个个不是死便是跑，只剩一个光杆司令。仅三年多，他便鬓发全白。看到

罗城百姓对父亲的热烈爱戴，他心中的怨气顿时消了大半。

一天傍晚，于县令刚办完公事走出县堂，忽听县衙外人声鼎沸。

他不知出了什么事，不禁吃了一惊。出署一看，只见县衙门口人头攒动，个个手提肩背着东西。原来，于县令儿子来罗城探亲的消息，已在城乡传开来，于是乡亲们纷纷带着土特产和钱等礼物，成群结队到县衙拜贺。

于县令不禁呆住了，问："乡亲们，你们这是做啥呀？"

这时，只听乡亲们异口同声道："于大人，你待罗城百姓这么好，我们无可报答，现在带来一点小礼物，请于公子带回家，给家里人尝尝。请于公子一定得收下！"

于县令来到乡亲们中间，连连拱手，亲热地说："感谢父老乡亲的深情厚谊！你们的情意，我们已经收下。但我老家，距罗城将近万里，一个人怎么能够带那么多的东西返回？还是请大家带回家吧！"

在他和廷翼的反复劝说下，乡亲们才开始陆陆续续地往回走。可是，还有许多人无论怎么劝也不走，非要留下钱物。

于县令道："你们平常的日子也很困难，还是带回家买灯油，买食盐吧。"

一个中年妇女急急地说："我昨天傍晚发了点小财，自家田头抓到一只大甲鱼。一称，足有三斤六两，整整卖了两百多文。我家小儿子年纪轻轻，今年只有十八岁，就中了秀才，这都是于大人你费心教导的恩德。因此，这三十文请于公子一定要收下。"

话音刚落，有个白胡子老大爷嚷道："昨晚我儿子布下陷阱，捕到了一只老虎，整整卖了一千文。于县令把我从黑死病瘟疫中救出来，这大恩大德无以回报啊！这两百文给于公子做件小褂子。"

绰号"老吹"的精瘦后生说得更玄乎："我有个叔叔，少年漂泊南洋，一直没有音讯。谁想近日突然回了家乡。他现在已是百万富翁，一回来就给了我家三百两白银，还有金戒指、金项链。这三百两对我叔叔来说，是水牛背上拔根毛。可对我家来说，却是大救星，使我家一下子富了。于县令冒死从强盗窝中救出我女儿，我本想拿五十两银子作为酬谢，但又不敢送。知道于县令向来清廉，所以只拿来五两。”

听了乡亲们的话，于县令微微笑道：“你们的运气一个比一个好，我非常高兴。”他略一停顿，转身对白胡子大爷说，“你家捉的老虎卖到了哪里？带我去看看，我想要点虎骨泡‘虎骨酒’，治治我这膝盖风湿性关节痛。”

老大爷顿时面红耳赤。因为这钱是卖猪羊得到的，他只好结巴着说：“我们，卖了老虎，就，就走了，没问他们，是，是哪里的。”

于县令于是转身对瘦子“老吹”道：“你叔叔来得正是时候。既然你叔叔现在是百万富翁，我想以罗城县令的身份向他求助，请他在水牛背上再拔一根毛，慷慨解囊，捐助一百两银子，修建学堂。行吗？如果行，就请带我去见一见他。”

这一下，“老吹”不禁张口结舌。因为这钱是卖耕牛得来的。好一会儿，他才憋出一句话：“他说生意忙，已匆匆赶回南洋了。”

“各位乡亲，你们都不要瞒我了。你们的钱，都是卖粮卖牛羊卖土特产换来的。”于成龙眼含热泪，无比深情地说，“可你们卖了粮，自己吃啥呀？”说到此，他表情变得严肃起来，“我要是接受了你们的钱物，心里怎能安宁？那同强盗抢劫又有啥不同？”

说完，他用手一招，把两个衙役叫到身旁，对他们耳语了几句。

很快，衙役拉来了一手推车的东西。这些东西都是乡亲们丢的，查不到来历。乡亲们来送东西，于县令都叫他们当场拿回，但有的趁衙役不注意丢下就走，有的是夜里偷偷送来。他反复查

就是查不到来历。

于县令吩咐每人拿上一袋。他用坚决而又带点恳求的语气说："大家知道，我是从来不收礼的。所以就请众乡亲，一起帮我解决这个难题，解脱这个包袱吧！"

乡亲们走了，眼泪汪汪，一步三回头。他们哽咽着说："我是来送礼物的呀，怎么却拿了于县令的礼物呀？"

于县令退还礼物的事，让罗城百姓又一次感动不已。

为了表示对"于父母"的敬意和感谢，又一个主意在城乡百姓间酝酿。

听说于公子很快就要回山西了，乡亲们知道，送钱送礼物，于县令都不收。于是大家聚在一起商量怎么办？有人说：现在正逢立冬，我们何不举办"依饭节"，既庆祝罗城在于县令的统领下，五谷丰登生活大变，全县乡亲热闹热闹，又欢送了于公子，同时又展现了我们仫佬族文化，可说是一举多得。

"好，妙！"这个提议获得大家一致赞同。于是大家立即热火朝天地张罗起来，只用三天，就筹办起四年一度，已近三百年历史的隆重的"依饭节"。

依饭节，是仫佬族人最独特、最隆重的盛大节日。这天，东门镇最宏伟的古色古香的大厅里，设了高高的神坛。厅堂周围贴着对联，祭堂门外为"恭迎圣驾"。祭堂前为"依饭四年乐一举，轮成万户庆子仓"。横批是"五谷丰登"。门楣上贴着彩色条幅十张，祭坛上放供桌一张，上面依次摆放着三十六位神像的木制面具，大红蜡烛高照。

见于县令和于公子前来观看，顿时群情激奋，欢呼道："于父母好，于公子好！"

于氏父子频频拱手作揖："乡亲们好！"

仪式开始了，由宗族资历很老的人主持。只听他开头唱道："呼呀，嘻呀，初拜明香，呼弟坛前，烧香礼拜众神仙呀呼，烧香礼拜众神仙呀呼！"仪式分起坛（点名请参加"宴会"的众

神)、请筵、点牲（祭供)、劝圣、唱神、合兵、送圣（即散场）等程序。

廷翼觉得最有意思的是唱神、合兵。

唱神，由两位师公表演。一位身穿红法衣，脚穿草鞋，另一位身穿便服帮腔，唱到哪尊神，就戴上哪尊神的木质面具装扮该神，边舞边唱，依次唱完三十六尊神。在唱神中，最突出的是唱牛歌。只见供桌上摆簸箕一个，内装熟猪肉、糯谷穗、三碗饭、五杯酒，还有盐碟、红公鸡、白米等。扮牛郎的道师，手持金竹鞭，身背竹篾饭盒，边唱牛歌边绕供品舞蹈，请七圣牛哥为仫佬人保护耕牛。

廷翼兴致勃勃地看着。

仪式的高潮是“合兵”，即“集结兵马”。由师公拿红公鸡一只，咬破鸡冠，将鸡血滴进酒中，接着演唱起合兵。最后，道师拿着公鸡开始悬空翻起一个个的跟斗。

众人喝彩。于县令也频频鼓掌，于公子也连声喝彩：“好！妙！”

道师受到鼓舞，越翻越有劲，接连翻了十五个，就在翻最后第十六个时，大概是得意忘神，竟扑地一声掉下神坛，吓得众人一片惊叫。

于县令也惊得啊的一声霍地站了起来。

就在众人都为道师捏一把汗时，却见他猛地一个倒抽跟斗，重新稳稳地站到台上。众人的喝彩声、鼓掌声，如同暴风骤雨。

最后一道是“送圣”。只见师公挑两串纸钱，逐一念唱送诸神归庙。当送最后一尊神——梁九时，装扮梁九的道师，捏着一个吹得大大的猪尿泡，边向四边走动，边向围观者发问：“大兄弟，你知道我们仫佬族，最动情的是什么节？”

道师手指廷翼，向他发问。见廷翼回答不上来，便笑骂一句：“笨蛋县令公子，连男女相亲的走坡节也不晓得！”说着，扑地将大猪尿泡敲到他头上。

顿时引起众人一片善意的笑声。廷翼脸一红，也朗朗地笑了起来。

节日最后，梁九向族佬敬酒后，突然将坐椅推倒，将猪尿泡放地上，只听啪的一声爆炸。廷翼吓一跳，一看原来是梁九踩炸了猪尿泡。顿时又引来一阵笑声。最后梁九将芋头、糯谷，分给各家各户，人们喜气洋洋。此时，喜庆气氛达到高潮。

依饭节这天，家家户户包粽子，杀鸡宰鸭。各家亲友携儿带女，把五色糯米饭和各种熟食装在竹篮里，回娘家和亲朋好友团聚。

银郎中自从鼠疫时期受于县令委托，在城关东门镇开设诊所，救治全县危重病人，已把家安在东门。这天，他从乡下出诊回来，忽听说于县令大公子来罗城探亲，很高兴，马上对孙女明月吩咐："快去县衙邀请县令和于公子来我们家做客。"

明月一愣："我，我合适吗？我跟于公子从未谋面，羞人答答的。"

银郎中道："我们家和于县令关系非比寻常，亲如一家，没关系的，人家不会说长道短的。"看到明月仍有所顾虑，便道："那就叫你妹一道去吧。"

姐妹俩没有邀请到于公子。原来是梅金宝弟弟英超把他带出去玩了。

因梅金宝担任县城守备队长，在这四年一度的盛大的依饭节中，要履行警戒和保卫城区安全的职责，抽不出时间，就把陪伴于公子的差使交给二十岁的弟弟英超。英超在县学读书，不久前，已经考中了秀才。依饭节第二天，英超忽然对于公子道："大哥，我带你去一个好地方，让你开开眼界。"

"开啥眼界？"廷翼好奇地问，"有啥好地方看？我已参观过剑江、四把一带的迷人风光呢。"

"去看走坡对歌。"英超欢快地说。

一听说走坡对歌，廷翼也来了兴趣。他自拿到严师父给的歌

本后，很有兴趣，很快便把那对歌歌词藏在了肚里。但他不知实际场面如何，因此也很想实地感受一番。于是跟着英超来到秀丽的山峰和树荫下。

只见青年男女三五成群撒满一条山谷，竟有上千人之多。那歌声此起彼伏。

英超心痒难禁：“走，我们也去走坡对歌！”说着，一把拉起廷翼就走。这时，他看到对面有对美丽姑娘，便情不自禁地放开歌喉唱了起来：

今日有幸来走坡，歌场巧遇好娇娥。
唱句山歌试问妹，妹若有心就搭歌。

很快，在那走动的姑娘队伍中，有个年轻俊俏的姑娘走出人群，亮开百灵鸟一般的嗓音，唱了起来：

听闻人唱我但唱，听闻人歌我也歌；
十字街口买麻团，问哥有心是无心？

英超听到美人响应，十分高兴，于是继续挑逗：

今日出门面向东，坡上巧遇妹英雄；
妹是有缘哥有福，有缘有福才相逢。

姑娘见小伙子夸奖自己，也很兴奋地搭歌：

今日时到运也到，江边杨柳遇春风；
有缘千里来相会，无缘对面不相逢。

双方一来一往唱和了几支。

忽然，英超对廷翼道：“于大哥，你也来对几支。”

廷翼连忙摇头：“不行不行，这走坡对歌是后生和姑娘的事，我这个三十岁的人凑这热闹干啥？”

英超道：“在我们仫佬族，男女老少都会对歌。大哥正值盛年。今天又逢依饭节，正该快乐热闹一番。”

忽听对面有人唱起一支凄凉的歌：

高山滴水润石崖，石崖滴水润花开；
正是花开哥不到，如今花谢哥又来。

这歌唱得动人心弦，歌声中似乎带着哭腔。透过这歌声，似乎看到一个女子掩面而泣。听到呜咽的歌声，英超不禁呆了。他感到不对，这声音不是刚才那位无忧无虑的姑娘，却像一位饱经风雨沧桑的女子。

英超的猜测没有错，原来唱这歌的人是明月。自从苏朝卿送聘礼后，至今如同上天入地一般消失了踪影，搞得她想死的心都有了。因此，逢今天这场合，这情景，这歌声，勾起了她对往事的无限回忆，她怨恨苏朝卿：你既然要当逃兵，却为何当初哄我上树？结果弄得我骑虎难下！

这歌声，令廷翼受到了强烈的感染，于是一支仫佬族歌情不自禁地从他口里飘了出来：

当初同妹刀切藕，如今同妹刀切葱；
刀切藕断丝不断，刀切葱断两头空。

明月听了，伤感不已，口一张，又呜咽出一支歌：

百鸟林中都成对，叹我单身不成人；
我是单身来连哥，盼哥连我得成人。

廷翼见对面唱歌的人天生丽质，聪慧非凡，心想这样的女子怎会二十多岁还没人求亲？他既怜悯又可惜，于是接腔道：

思量去了又思量，低头相思又逢娘；
睡梦得见阿妹面，醒来我又在他乡。

此刻，小月对姐姐明月道：“姐，我们过去，同对面那两个对歌的后生去走坡吧。我看你应该重新找一个。”

“那怎么行！我都是接受过聘礼的人了，以后不管那个人是生是死，我注定都是他的人了。”这么一说，她不禁哭泣起来。

“姐，这么说，要是那个苏朝卿五年不回来，你就五年不能再找人；要是一直不回来，你就一辈子不能找人了吗？”

明月紧咬嘴唇不开口，只是沉重地点了点头。她怕一开口，就要号啕大哭。

“这太不公平了，太亏了！”小月不禁喊出声来。姐姐可是全县有名的五朵金花中最漂亮的一朵，却居然要守寡终生。这太残酷了！忽然，她想起不久前，县衙好像发过一个通告，其中称："男女结婚后，若一方死亡或失踪五年，可再婚配。"姐还没成婚，更有重新选择的权利。

想到此，她心里说，我要叫姐趁这次走坡对歌的机会重找一个。主意已定，她如小鹿一般奔到刚才与自己对歌的那个小伙子——英超前面轻声打听："跟你同来的那人，是哪个乡镇后生？我怎么这么面生呀？"

"哦，他，就是于县令的大儿子，叫于廷翼。"

小月一听，抬头瞥了廷翼一眼，发现于公子个子挺拔，浓眉大眼，很是精神，不禁心中一喜："如果姐姐和于公子去走坡，撮合他俩成功，这倒是好事。"这时，她见父亲匆匆走来，立刻跑去把这意思一说。

父亲道："我赶来就是为了这件事，想叫你撮合你姐和于公子。"

小月说："于县令这么清廉，于公子没有钱呀。咳，恐怕连爸爸你要的两千斤干谷也出不起，更不要说办一百桌酒席哩！"

"只要他答应，我不要他出聘礼，也不要他办酒席，我情愿倒贴。"

听了父亲的话，小月感到奇怪了："为啥？"

"因为他爹是罗城大清官，全县百姓爱戴，名声好听。"说着，他似乎沉入了美妙的梦境，"只要你姐做了于家媳妇，全县哪个不来巴结？乡长镇长见了我都要点头哈腰，结婚时送礼的人会踏破门槛，只怕礼物多得没地方放呢！"

但顽石的如意算盘没有打成。因为廷翼说自己家有媳妇，拒绝了。这是后话不提。

正当明月和于公子对歌时，有个人躲在高岩的树荫下远远地望着他们，心中似有千言万语需要倾诉。

这人就是苏朝卿。自从那天，他放弃了县衙书吏职务出走

后，他果真到了一个与世隔绝的世外桃源。可这里不是一个充满诗意的地方，而是整日与死神打交道之处，是和阎罗王做邻居，与地上几乎两个世界的地下。确切说，他是去了煤矿。他觉得，要想挣够办六十桌酒席的钱，除了去煤矿，别无办法。这里虽然危险，但收入比种庄稼不知高出多少倍。数个月的矿工生活，让他这个从文的青年，很快瘦了一圈。除了劳累，这矿井还险象环生，随时都有生命危险：瓦斯中毒，塌方，他整日命悬一线。在地底下的日子，他无时无刻不在思念明月，但他不能与她相会，因为他还没挣到足够多钱——还只挣到一大半钱。现在，离过年只有两个月了，他要在过年前挣足钱才能回来。数月的劳累，思念，使这个整日生活在暗无天日之中的他几乎要发疯。他想出洞，到那广阔的天地去透口气。这天，忽听说四年一届的盛大依饭节来临，他实在熬不住了，便偷偷来到明月山的树荫下，感受人间欢乐，排遣心中寂寞。当听到心爱的人那悲伤欲绝的歌声，他不禁泪流满面，扑倒在地……

依饭节一结束，廷翼便动身回故乡。为怕惊动乡亲，这天一早，天刚蒙蒙亮，他就背着一摞草鞋，一床旧被，悄悄地走出了县署。

但他的行踪，还是被早起磨豆腐的店家发现了。店家在去县衙送土特产时见过他，在依饭节上也见过他。见于公子回家乡，立即舀了一碗豆腐花，亲热地说："你爹不准我们乡亲送东西，吃碗豆腐花总可以吧！"

"我已经吃过早饭了。"

廷翼的话刚一出口，店主便生气地说："你若是连这碗豆腐花都不接，我可真的要生气了！"没有办法，廷翼只得接过吃了。

他刚拔腿准备走，不料隔壁的王大妈起来了，她拿出一提五个糯米粽，热情地说："于公子，这肉粽是过依饭节刚包的，昨夜煮了，这点东西不成敬意，给你路上当午饭。"

廷翼坚决不收。大妈执意逼他收。"你要是连这点小东西都

不肯收，我就不让你走，要你中午在我家做客，吃了粽子才放你走！”说着，死死拉住他的衣袖，怕他真的走了。

无奈，廷翼只得说：“那我只拿一个。”说完，拿了一个。王大妈方才露出了笑容，放他走。

“于公子今天回山西——”

“于公子不收礼物，顶多只收一样食品。”

消息很快在沿路街道里巷传开。人们纷纷拿出各类食品，有白糍粑、豆腐圆、水园、粉蒸肉、扣门（烤红薯）、门啊（精致红薯干）、板栗、花生、麦芽糖。最多的是糯米粽子。因为刚过完依饭节，家家户户都有新包煮的粽子。于是，你家送一个，他家送一个，竟有七十二个之多。这些粽子，形状各别，有长米粽、大肚粽、三角粽，还有状如枕头，重四五斤的枕头粽。

“哎呀，这么多粽子，我怎么带得了？”见于公子叹苦，送枕头粽的老大爷，捋捋胡子，笑眯眯地说：“大兄弟，你甭发愁，我派二小子送你一程——直到吃了我这个枕头粽。”他将脸一板，“可你不带走我这个粽子不行！那就是瞧不起我这老头子！”实在没办法，只得从命。

两个月后，廷翼终于回到山西老家。他动情地告诉家人说：“罗城山清水秀，欣欣向荣，没有了瘟疫，没有了野兽在城关出没，社会十分安定。罗城百姓都叫爹为‘于父母’。”

李氏老安人和邢氏听了，高兴得流出了激动的泪水。

八、罗城任满，
于成龙正要告老还乡，却被怀疑私吞国赋

康熙六年（公元一六六七年）七月，经过了六个年头，于成龙终于在罗城任职满期。他为这一天终于到来而高兴。此时，他疲惫的全身和高度紧张的神经方才松弛了下来。

此刻，他站在明月山上遥望北方，恍惚已经回到故乡永宁州下昔乡来堡村。他看到两个儿子小老虎般奔向自己，争着抢着自己的行李，把三个月来背在肩上的沉重包袱，一下子解除了。那村口的大榆树下，日日焦急张望的白发老母，满面春色，颤颤巍巍地向自己走来。他叫了一声“娘”。娘就亲热地搂住自己，只叫了一声“龙儿”，便喜极而泣，涕泪横流。他接着看到妻子邢氏喜笑颜开、满怀深情地望着自己。小孙子，一边呼喊“爷爷——爷爷”，一边像小鸟一般飞快地向自己奔来，一下子扑进自己的怀抱……从此后，自己可以早晚侍奉经常卧病在床的娘亲，为她递汤送药，竭力尽孝。从此后，自己可以在家担当起家长和男子汉的责任，为瘦弱的妻子遮风挡雨，稍稍弥补外出整整六年对妻子的亏欠。从此后，自己可以用那份俸禄补贴家庭的经济，让全家从六七年的赤贫饥荒中稍稍得到改善。从此后，自己可以利用还乡后的安闲日子，督促小儿子学业，并对小孙子进行启蒙，力争将他培养成国家的有用之才。

于成龙想起六年的日子终于熬出头，想起罗城在自己的操劳下面貌大变，百姓生活蒸蒸日上，他美美地笑了。

他整理好簿籍账册，准备与新县令一交接完毕，便马上启程返乡。这中间还需要三个月才能到家呢，他想。如果一路顺利的话，赶在冬季到来之前就可以回到家了。那时，住进暖和的窑洞里，生起煤炉，与家人在一起和和美美、其乐融融。爱喝酒的自己，在炉上炖壶滚烫的酒，每日喝一壶山西杏花村出的名酒——汾酒，那情景，真是陶渊明笔下的世外桃源生活……他被眼前这幅美妙的图画陶醉了。

但他太乐观了，高兴得太早了。此刻，他一点也不知道，一股阴风正向他扑来，一场厄运即将降临到他的头上。

当时，正逢吏部考察派到外地任职的官员。新任的米布政使召集全省各府知府到省城训示。布置时，交代各地知府：“此番京察必须严格把关，严查账目，即使平日口碑很好的官员也不例

外。有的可能是表面现象。”他举了一个例子，“某地有个县令，平时穿的是打了补丁的旧衣，吃的是粗茶淡饭，众人都以为他是清官，结果一查，却是个大贪官。”他告诫，“因此，即使对传得神乎其神，仿佛一等廉吏的官员，也不能放松警惕，要严查!”

米布政使的话，令柳州邬知府如获至宝。他就是三年前的府同知，是乡试作弊考生邬文的父亲。

此刻的他十分兴奋。有了米布政使这把尚方宝剑，自己就可以报仇雪恨，惩治罗城那个不知天高地厚、从不敬重自己、一副清高之状的于成龙了！这人不但从没送礼给自己，就连自己到罗城视察，也从不出城迎接。招待时，只用两三个蔬菜应付。更可恨的是，将自己的儿子以“严重作弊”情节，取消两届乡试资格，以致到如今还不能参加乡试。

想到可报当年一箭之仇，他很兴奋，于是和同来考察的郎编修，一同马不停蹄赶到罗城。

见知府和京官来到罗城，于成龙叫伙房老罗烧了三个蔬菜，一个汤，一壶酒（这比自己平时吃，已多了两菜一汤)，算是招待。这三个菜是：一碗土豆、一碗豆腐、一盘苦瓜。外加一个菜汤，一壶当地土制的番薯烧酒。没猪肉没鱼，更不要提鸡鸭。

京官郎编修一看到这几个菜，便紧皱眉头，心中冒火了：“拿我当叫花子看待吗？这分明是瞧不起我这个七品小京官呀!”

他此番下来考察官员，所到之处，哪一处不大操大办？条件好的地方，山珍海味加美酒，还送上一笔丰厚的礼物。就连最穷的地方，也杀鸡宰鹅，置办起琳琅满目的一桌酒席，送各种土特产，还送几两车马费，竭力逢迎。可罗城这地方却如此怠慢，真可恶！但恼火归恼火，为此事又不好发作，只好把怒火压在肚里。

“我们罗城穷乡僻壤，没好东西招待，请两位大人原谅!”于成龙举起劣质烧酒，算是打招呼。

“于县令是清廉典范，可敬可佩!”邬知府道。几个菜吃得

两位上司兴味索然。那土制烧酒度数高，一喝到嘴里，火辣辣的，令人不敢下咽。尤其那碟苦瓜，更令人眉头紧皱，苦不堪言。

匆匆吃过饭，于成龙便让出自己在县署的寝室，作为客房让上司住。郎编修一看黑咕隆咚的草房，旧被，烂竹席，如同乞丐住的地方，连忙道："这是于县令的宝舍，我们怎好掠人之美？我们还是去客栈住吧。"

当邬知府在罗城最好的酒楼——剑江春大酒楼把自己和郎编修安顿下来后，两人便有了一番倾心长谈。

"罗城这地方物产很匮乏吧？"郎编修问道。

"猪肉、鸡鸭、鸡蛋这一类东西不缺。"邬知府道，接着他火上浇油，"罗城是山区，山高林密，因此，野猪、飞禽，猎户很容易得到，还有珍贵的鱼中珍品——娃娃鱼，延年益寿的山龟……"

郎编修越听越来气："这么说来，于成龙是有意把山珍海味藏起来，不让我们吃啰！"

邬知府不置可否地一笑："谁知道呢？如果把这些珍品给我们吃了，恐怕要影响他著名廉吏的美名吧！"

"他廉吏的名声从何而来？谁封他为廉吏？"郎编修紧皱眉头问。

"从罗城百姓而来。有一次，省里想留他在省城当个七品小官，谁知罗城上百人去省城巡抚衙门前请愿了两天，说他是罗城有史以来最大的清官。于是前任布政使，现任巡抚金光祖就称赞他为一等廉吏。"

"这完全是精心预谋，自我标榜！"郎编修一拍几案，杯里的铁观音茶震得溅了出来，"你想想，他见省里没提拔他，便搞百姓上访，给他脸上贴金，把自己打扮成一等廉吏。这种把戏不新鲜。原来有个县令，任满时，也是几百人给他送'万民伞'，结果一查，那是个鱼肉百姓的贪官！"

“是啊，我们对于成龙的经济问题，很早就有怀疑。”

“你们有哪些怀疑?”郎编修认真了。

“于成龙有侵吞国家税收的重大嫌疑!”邬知府斩钉截铁地说，“据府通判多次反映，罗城六年来，上交国家的财赋总共只有八九两，还不足十两。每年只有一两半，这个数字，还抵不上许多县一个乡镇的上交款。你说这可信吗?这简直是天方夜谭，这百分之百有问题!”

“罗城有无出产，比如矿产?”郎编修又问。

邬知府明白地告诉他：“罗城地方虽穷，但矿产却异常丰富。有金、锡、铁、钨、重晶等二十多种，素有‘黄金’、‘宝坛’之称。至于煤，更是质量好、数量惊人。罗城县城和四把一带百姓，几乎都用煤砂罐煮饭，炒菜，还用煤烧地炉呢!”

邬知府一番话，更让郎编修怒火中烧：“如此富有的地方，竟拿这种破饭菜来糊弄上司，装穷叫苦，以博取清廉名声，真是可恶又可恨!”他问知府，“府台兄，你们以前查过于成龙贪污受贿的问题没有?”

邬知府摇摇头，一脸无奈道：“我们府里虽一致怀疑，但他是省里高官表彰过的廉吏典范，谁敢拿他开刀?投鼠忌器呀!”

邬知府对于成龙之气，另外来自对现任巡抚金光祖的怨恨。去年，按理自己可提拔道台，却被人家顶了。他对其恨之入骨，却无可奈何。若能打倒于成龙，又可构成对金光祖的侧面攻击。若是查出两人有幕后重大经济交易，更是刺向金光祖的一把利剑。

“只要有问题，就一定要查个水落石出，不管他有多大的后台!”郎编修豪气冲天地说，“谁庇护，谁倒霉!”

邬知府连忙附和道：“对，平时我们不敢查。此番借京察东风，有你们京官撑腰，我一定紧密配合你们彻底查。省里米布政使在全省会议上，也要求我们不要手软，要一查到底!”

一听新任米布政使也持这个态度，郎编修更加高兴。他知道

这次京察，是吏部统一部署，不要说巡抚，就是两广总督也不敢庇护贪腐官员。如今省里又有米布政使大力支持，更使自己如虎添翼；此人背景不小，来头比金光祖大。他暗想：米布政使能说出这么强硬的话，恐怕巴不得查出于成龙的贪污受贿问题，以便将金光祖赶下台，取而代之吧。

于是，他立即对知府道："我们要抓紧时间查，只要查出大问题，谅金光祖也不敢保。若敢保，"他一拍胸脯，"我干脆一并连他也参了！"他虽是七品官，但谙熟翰林的拿手戏——长于用笔刀杀人。再说翰林是皇帝的文学侍从，见皇帝一面比巡抚更容易。

邬知府得意地笑了，于是说："只要有您京城大才子支持，我还怕啥？我就彻底地查！"

于是，罗城县衙中堂便成了这两位上司审案的大堂。他们立即查封了罗城六年来县衙的簿籍账册，拘押了县衙库吏和苏朝卿等一帮办事人员，每天勒令他们交代问题。于成龙也被通知：不得离开县衙，不得外出，接受调查。

"于县令，此次京察，由郎编修和我们来考核。你的政绩有目共睹，也有口皆碑。这些，我们都已汇报上去，上司都已知晓。"邬知府首先微笑着开言道，"下面，你就谈谈，在罗城六年，经济上有无越轨行为，比如说挪用，假公济私等问题？"

于成龙道："我来罗城六年，夙兴夜寐，虽罗城落后面貌有所改观，但由于能力有限，还存在不少缺陷。至于经济上的事——"他一拍胸脯，"不是我于某自夸，我内心无愧。国家、公家的款项，我一分一厘也没染指！"

"别说得那么肯定，时间这么长，哪会一笔笔全记得清？即使有，也没关系，只要讲清楚就行了。"郎编修开言了，"有些事，只要说清楚就行；若是考核时不说，等查出来，性质就变了。"

"没有就是没有，我不能凭空捏造，你们说对吗？"于成龙

理直气壮地说。

"好，既然如此，我想问你：六年来，罗城为何上交国家财赋只有区区八九两银子？你说，这难道正常吗？"邬知府决定单刀直入，打对手一个措手不及。

果然，于成龙说话慢了下来："罗城户口少。我刚到罗城时，整个县城仅六户。后来虽大大增加，但征收财赋仍相当有限。而少数取之于民的赋税，又用于修建城门、县堂、学宫和养济院，救治大瘟疫病人，因此，上交的赋税极其有限。"

"你们罗城盛产煤，光煤矿，一年收入也相当可观呀。"郎编修骨碌碌地转动着两只凸凸的滚圆的大眼珠。

"煤矿收入，有朝廷专派的矿监等官员管理，与我们地方衙门无关。"于成龙此话刚出口，郎编修立即道："那金矿、铁矿、钨矿呢？"

于成龙觉得好笑："这些矿藏还没开采，怎有财赋收入？你不觉得查这些，有点荒唐吗？"

郎编修恼羞成怒："没办的事，你说没收益；办了的事，你又推托不归县里管，真狡猾！"他火了，拿起案桌上一块木头啪的一声，"于成龙，你老实交代！抵赖抗拒都没用，只能加重你的罪责！"他气势汹汹地吼了起来。

于成龙吓了一跳。他万分委屈地说："数年来，我在罗城的一举一动，原来并非为功名富贵，只想不昧天理良心。几年来，不要说贪污盗窃吞没国库的事我丝毫不做，就连自己的俸银，也赔贴了不少呢。你们若是不相信，搜我宿舍，看有无五两以上的银子，或值钱东西？"

"傻瓜才把贪敛的钱财放公署里呢。"郎编修冷笑道，"可以掘地藏匿，也可以托人带回家呀。"

这时，邬知府不失时机地插了一句："你大儿子来过罗城探亲，你的一个仆役也回了家。你又怎么能证明他们没带钱财回家？"他冷笑了几声，阴险地说，"有人反映，你派仆役回家，

你儿子探亲，都是为了转移钱财呢！”

于成龙张了张口，说不出话来。

有这两个狠毒的小人在搞自己，这回恐怕凶多吉少了。他心头掠过一阵寒意。

“从今天起，你停职反省。”邬知府宣布。

于是，于成龙被软禁起来。不准外出，不准离开县衙。三餐饭派人送来，连上厕所也有人监视。

不提于成龙遭怀疑被软禁。此刻，郎编修跟邬知府正紧锣密鼓地策划下一步计划：“将于成龙手下的亲信，得力之人拘禁起来严审，不怕他们不交代！”

于是，县衙总办书吏苏朝卿、吴教谕，甚至连烧火的老罗，都被扣了起来。苏朝卿是首当其冲的一个。

“苏朝卿，于成龙的问题很严重。”邬知府道，随后抛出一根橄榄枝，“只要你说出内情，我们不但保你无事，还可以保你继续为书吏，甚至越级提拔。”

“于县令是天底下第一个清官。做他手下的仆役，没有一点意思，连自身温饱也解决不了，俸禄更是一文没有。我不做这书吏，现在脱下这身差服就走！”说着，真的就脱下外衣差服。

“大胆狗奴才，你给我老老实实坐着！”邬知府一拍惊堂木，把苏朝卿吓了一跳，“你不说清楚，休想走！来人——”他一声吆喝，立即出来几个凶神恶煞的差役。这些人是他从府里特意带来的。“这奴才如此无法无天，先给他一点苦头尝尝。”说着一支火签便“啪”的一声掷了下来。苏朝卿还未明白是怎么回事，早被按倒在地，褪去裤，露出赤裸的屁股，噼里啪啦吃了四十杀威棒。这货真价实的棍棒，顿时打得他皮开肉绽。

“说！交代于成龙贪污受贿的事实！”知府如老虎般吼叫。

“他没有，你们——叫我说啥？”苏朝卿忍住疼痛回答。

“不给真正苦头尝，他是不会老实的！”郎编修道。他在翰林院很少有机会看到审讯，更没机会亲自参加主审。现在有这样的大好机会，他岂肯放过？于是吩咐："该给他换种花样，让他清醒清醒！"

于是，飞蛾吊来了。苏朝卿的两手被反绑着，哧溜一声被悬吊到半空。他只听得骨头嘎嘣一声，便痛得两条手臂如同被绞断一般。我今天若是无中生有胡乱招了，便会祸害到于县令。他不但清名败坏，还会革职，甚至坐牢、充军！想到这里，他咬紧牙关，不肯招认。

见他不招，又换了坐老虎凳。随着膝盖下的砖头一块一块垫高，疼得他大汗淋漓。事到如今，只好胡乱招了吧，不然，这些歹毒的家伙会要我命的。这念头一闪出，马上便被另一个念头吞没了：做恶狗乱咬，固然能逃避一时，但逃脱不了永久。我今天乱咬一气，害得于县令坐牢，今后如何做人？即使我出去，也要被罗城百姓的口水淹死！到那时，我成了过街老鼠——就连妻子明月，连郎中爷爷都不会原谅我的。我一辈子成了罪人！再说，我若咬了于县令，我自己很可能仍有牢狱之灾。与其毁掉两人，得罪全县百姓，不如拼上我一条命，博得一个好名声！

想到此，他便咬紧牙死死坚持，直到咬破嘴唇。第四块砖头垫上去，他仍紧咬牙关不吭声。待到第五块砖头一垫上，只听得一声撕心裂肺的号叫声，如狼一般，他昏死了过去。他被当头一盆冷水泼醒，仍不开口。掰开他的嘴巴，发现舌头已经咬烂了。

"这书吏，是于成龙从山西老家带过来的贴心人，自然是他的心腹！"郎编修道，"我们还是从罗城选个人下手吧。"

邬知府点头称是。于是，吴教谕便被押到衙门。

"吴教谕，最近京师来人，要彻底追查于成龙贪污、受贿之事。刚才审问书吏苏朝卿，他已交代出一些。听说于成龙在修学宫的账目中做了手脚。现在，你说说其中有哪些违法之事？"

"乱弹琴！于县令是最清的官，你们听谁说他贪污受贿了？叫出来让我看看，是哪个没良心的血口喷人，像疯狗一样乱咬一气！"吴教谕是耿直之人，一听于成龙如此清廉的县令竟遭污蔑，不禁气愤得大叫。

但他这话找错了对象和环境，立即便遭到训斥。

“大胆奴才，跪下!”邬知府喝道。

吴教谕朗声道：“我不是奴才是教谕，不是狗是人，请你们说话斯文些!”

看他仍立在原地，邬知府一声大喝：“来人!”立即上来两个如狼似虎的差役，一把打掉他头上的秀才顶，一脚把他踹倒在地。

但死硬的教谕偏是不跪：“要打要杀都由你，叫我下跪决不能!”

知府和编修都大怒：“抓住他，偏要叫他跪!”于是上来几个差役，硬是把他按倒在地。为了教训这个狂妄的教谕，还将碎碗片垫在他的膝盖下。他痛得钻心，殷红的鲜血渗红了裤子，渗湿了地面。后来，他仰面朝天，奄奄一息地倒在地上昏厥了过去……

老罗看到苏朝卿遭大刑，立即趁给衙役做饭的机会，偷偷跑出来，赶到银郎中那里送信。银郎中感到问题十分严重。“三十六计走为上策!”于是两人跑了。

明月见丈夫去县衙后，两天了一直没回来，也没一个消息，一时慌张起来。正在此时，听到老罗来送信，苏朝卿被抓到县堂审讯，因为不招供，已被打入大牢。明月一听，立即装了几样饭菜，往县衙里闯。差役不让进，她就拿起大鼓槌，不管三七二十一便擂响了那面大鼓。

当时，知府和编修正在县署研究对策。

“索性一不做，二不休，写好供状，让书吏和那个老顽固按上手印!”郎编修的话，让知府感到为难：这么一搞，若是以后两人醒过来喊冤翻供怎么办？一翻供，就得重审，重审露出马脚，就难下台了。到时成了诬陷，成了制造冤狱，自己这个知府就当不成了。

“干脆将那书吏灭掉，以后死无对证，就没法追查了。”

“杀人，可有天大责任啊！”知府担心。

“这有何难？只要说他自杀或染病身亡，便一了百了呀！”

两人正在密谋，忽听到外面鼓声大作，正暗自惊讶：“哪个如此大胆？”

只见一个差役匆匆进来禀报：“一个妇人击鼓鸣冤！”

“带她进来。”知府吩咐。

两人来到县堂，只见进来的女子虽然鬓发散乱，但仍掩不住她美如天仙的容颜。她怒气冲冲，更如带刺的玫瑰；双目一急一怒，更如流星闪烁。两个官员顿时怔住了。

郎编修说话结巴道：“小姐，你，找哪位？”

“我来找我丈夫！”明月杏眉直竖，两眼冒火。

“谁是你丈夫？”郎编修摆出一副关切的神情，“他叫什么名字？”

“叫苏朝卿，是县衙书吏。”

邬知府一听连忙道：“他还没交代清于成龙的罪过，不能放！”

“于县令有什么罪？做他的书吏，连成婚的聘礼也送不起。这样的县令，若是有贪污受贿，其他的官吏，岂不都成了大贪官！”

她平息了一下愤怒心情，提出：“我现在要见朝卿，你们为啥不放人？”

看到面前这个千娇百媚的美人，两位威风凛凛、杀气腾腾的官员，顿时没有了主意，不约而同地说：“好，好！”

他俩吩咐狱卒：“带她进去。”

明月一见苏朝卿，倒在地上，身上血迹斑斑，不禁扑上去抱住丈夫，大哭：“你怎么这样倒霉啊！”接着又骂道，“这两个狗官怎么这样狠呀！”

苏朝卿微笑道：“你不要为我难过。我尽管受尽刑罚，但我

没做软骨头。你放心，我绝不会做对不起于县令的事，绝不会做对不起全县乡亲的事，哪怕是死!”

“好样的，我的爱人!”明月给了苏朝卿深情一吻，然后跌跌撞撞走出县衙。

此时，于成龙整个人几乎要崩溃了。

六年来，自己一心一意为民，兴生产，战瘟疫，修学宫，深入虎穴捉强盗……可说是夙兴夜寐，鞠躬尽瘁，终于形成了罗城五谷丰登，社会安定，百姓生活如芝麻开花节节高的可喜局面。可是上司却视而不见，非但不表彰，相反还无中生有，污蔑我贪污。这实在不公啊！老天怎么不长眼睛啊！更令人痛心的是，跟着自己做事的几个人，都受到牵连，遭到折磨。他知道苏朝卿受到严刑逼供，也知道吴教谕已被拘禁，受到残酷体罚。夜里，每当听到县堂传来毛骨悚然的哀号，他整颗心都提到了嗓子眼。他几乎从头顶凉到了脚跟。跟自己的这些仆役，待遇可以说是最差的。跟自己数年，他们仅仅生活得以温饱。别处的县衙书吏，衣服光鲜，生活富足，娶个媳妇如探囊取物一般容易。想到此，他感到心中一阵内疚。而吴老先生，为兴学宫，教授童生，可谓赤胆忠心，却也遭此非人折磨。

大堂里的哀号声一阵接一阵传来。若是他们受不了酷刑，屈打成招怎么办？那自己此生的清名便毁了，前途也完了。自己很可能将在牢狱中度过余生。想到此，他不寒而栗。

此刻，他犹如牢笼中的困兽，出不去，更无法解救手下仆役。他心头悲凉极了，绝望极了。

数日来，他蓬头赤脚，不戴帽不穿鞋，坐在屋里两眼发呆。实在饿得不行，弄点剩汤冷饭，胡乱吃一点。夜里买四文钱一壶的酒，没有小菜，不用筷子，喝着闷酒，他微微有些醉意了。忽然，他念起一首悲怆的唐诗：“前不见古人，后不见来者，念天地之悠悠，独怆然而涕下。”忽而，他又愤懑地吟诵起了那字字泣血的元曲《窦娥冤》：“地也，你不分好歹何为地！天也，你错勘贤愚枉做天！哎，只落得两泪涟涟。”

他痛哭流涕：“老天爷，还我清白，还我手下仆役的自由！”

此时的他，真想一死了之：如此辛苦，如此清廉，反遭怀疑，遭软禁，声名遭到如此的损伤，头上戴着贪官的帽子。如此屈辱，如此痛苦，真不如一头撞死在县衙那石碑上算了！

他满地打滚。他忽地站起身子，正要拿头往石碑上撞，猛然一激灵：不能，千万不能死！我若是自杀，岂不正中了那些视我为眼中钉肉中刺的人的诡计？岂不成了名副其实的贪污犯？这样，自己跳进黄河也洗不清冤屈了！

邬知府见他整日疯疯癫癫，怕他自杀，自己要担责任，便吩咐差役不用监视，让他去疯，最好是醉酒后跌进河塘里或是粪池里淹死。

于成龙满腔怨愤无处发泄。忽然他跑进了关帝庙。看着白发白须的城隍老爷，手拿记事簿，双目清澈，一副善恶分明的模样，他立即上前，一边拍打着城隍老爷的塑像，一边声嘶力竭地哭诉：“城隍老爷，你是管一方的菩萨。我一到罗城，就住在你身边，你最了解我。六年来，我为罗城百姓，所做一举一动，都在你的掌握之中。你看得一清二楚。我没有做过任何亏心事呀！你为啥不站出来，替我说句公道话，让我从眼前的苦海中解脱？让我手下仆役不要受到非人的折磨！你快些开口呀！你怎么不说话呀？你快些帮我脱离苦海吧！我要早日回到家乡和亲人团聚，侍奉老母，抚养孙子，享受天伦之乐！”

城隍依然微笑着，用明亮的双眸看着，没有说一句话。

夜深了，他坐在巍巍的大榕树下，伤心地说：“大榕树啊大榕树，你冠盖如云，浓荫匝地，为啥不帮我遮风挡雨？”抬头望，北斗七星闪闪发亮，他喃喃地说：“北斗星啊！你为啥不为我指一条光明之路？”

榕树无语。北斗闪烁仍沉默着。他简直要发疯了。

此刻，从山西跟他来的书吏苏朝卿死了。

他受尽酷刑，在坐老虎凳后，还受过灌辣椒水、手指钉竹签。每当施酷刑时，他都拼尽九牛二虎之力，咬紧牙关，忍着撕心裂肺的疼痛，甚至咬烂了自己的舌头，始终不招供。渐渐地，他意识到，这次他若是不招供，还有更多的酷刑在等着自己。他不知道，这些灭绝人性的瘟官，接下去还会施展啥损招？人的忍受力是有限度的。此时，他觉得自己的忍受力已到了极限。他知道，只要再加一点点，再来一次酷刑，自己就会因忍受不住而招供。他知道拷打成狱，酷刑可以制造冤屈，把白的打成黑的道理。唐朝著名酷吏周兴不是把人塞进热瓮中，使再坚强不屈的英雄好汉也招了供吗？以后，他的继任来俊臣不是又同样用“请君入瓮”的方法，轻而易举地让杀人不眨眼的魔鬼周兴乖乖地招了供吗？想到这些，他不禁阵阵后怕。与其招供苟活，不如一死清白！于是，便趁深夜看守松懈之机，撕破衣服当绳子自缢了。

而在另一处监牢的吴教谕，面对跪地的屈辱，和逼他招供的折磨，同样以一个撞向石案桌的悲壮之举，为自己的生命画上了句号。

这是一个风雨交加之夜。天上雷鸣电闪，风狂雨暴。那雷，崩山裂地；那风，呼啸拔树；那雨，如江河倾泻。

邬知府和郎编修，面对两具尸体，在这天崩地裂如山洪暴发的雷电风雨中，不禁浑身发冷，阵阵战栗……

两人的死，哀天动地。罗城的百姓激愤了。成百上千人奔向省城。他们又一次来到巡抚衙门前，那块三年前他们来过的芳草地。愤怒的喊声如大海的怒涛。他们跳上那块高高的垫脚石，拿起大鼓槌，擂响了为“于父母”鸣冤的大鼓！鼓声咚咚，如战斗的号角。群情激愤，如火山喷发：“惩治贪官，解救清官，还‘于父母’清白！”

巡抚金光祖、总督卢兴祖都被惊动了。直到此刻，他们才知道罗城发生了颠倒黑白的一幕，才了解到罗城出现了惨绝人寰的事件。

他们被震撼了。他们愤怒了。巡抚受总督之托，亲自带着人马，快马加鞭，赶赴罗城。

他们看到，罗城的山水是那么的秀美，罗城的田野丰收在望，罗城的城乡生机勃勃。然而，由于那股妖风，这块和平美丽的土地上竟笼罩在腥风血雨和死的沉闷中！

金巡抚严厉责问邬知府：“你们查到于成龙什么了？”

邬知府张口结舌，无言以对。

“你已被撤职。”金巡抚威严地说，“接受查办！”

邬知府随即被扣留起来。

接着，金巡抚又对满脸尴尬的郎编修道：“你颠倒黑白，逼死人命，等着听参吧！”

郎编修面如死灰。想到下半辈子要以监牢为家，他吓得一下子瘫软在地。

金巡抚和乡亲们在四处寻找于县令。最后，在关帝庙后的那棵大榕树下，发现了须发皆白、衣衫褴褛，如同叫花子一般的罗城于县令。

此时，他已奄奄一息，僵卧在地……

“贤县令，你受委屈了！”金巡抚搀扶起于成龙，亲切地说。

于成龙一见面前是金巡抚，扑地一声便跪倒在地：“谢谢大人恩典！”他仅说出一句话，便禁不住泪如雨下。

巡抚金光祖对于成龙充满怜惜道：“你的清廉，罗城百姓有目共睹！我们深为感动。你是广西最清廉的官员！”

很快，他与总督卢兴祖共同会衔上奏：

> 罗城处群山怀抱之中，地瘦民贫，民风强悍。于成龙任县令以来，夙兴夜寐，兴农业，战瘟疫，建学宫，创养济院，冒死率众入强盗窝解救百姓。于成龙廉洁爱民，办事精明而有魄力，政绩声望有口皆碑，被罗城百姓称为“于父母”。特此举荐于成龙为全省卓越之官员，请朝廷施恩给予嘉奖。

于成龙终于获得平反昭雪!

接着，罗城开始为两个被逼致死的忠烈料理后事。

吴教谕年过七旬，既是高寿，又是冤屈而死，仫佬族族人按仫佬族的丧礼习俗为他举行了隆重的葬礼。

于县令亲自为他书写了对联（后来刻在坟面上）：

才高八斗执掌全县教化

义薄云天堪称罗城楷模

横幅：德高望重。

苏朝卿的葬礼，则遇到了一个棘手的问题。他入赘仫佬族，理当是仫佬族人。可是，按仫佬族的丧礼习俗，他和吴教谕显然大不相同。吴教谕是高寿，其阴魂就称为家仙，名字可以列在祖宗灵位上。而三十五岁以下的人死了，属于非正常死亡，其阴魂都属野鬼。野鬼的名字不能列在祖宗的灵位上。因此不能用大棺材，只能用木板拼成简陋的四方小棺材。下葬时，也不能用两根木杠抬棺材，只能用独杠抬。而因事故死亡的尸体入棺材后，则在死的地方就地掩埋。

苏朝卿的葬礼，引起罗城百姓极大关注和反响。人们七嘴八舌地议论开了。

“朝卿是为了保护于县令的清白而死，他的死比明月山还重!”梅金宝队长代表青年激动地说，“这样的好人怎么能做野鬼呢？这也太不公平了!”

“对！朝卿是罗城的光荣，是千万青年的楷模，是罗城百姓的好儿子。他绝对不能做野鬼，应该做家仙!”

“是啊！朝卿是一个铁骨铮铮、顶天立地的英雄！他是为国为民献身的，如同战场上为国捐躯的勇士，我们应把他列为家神!”

德高望重的族长召集仫佬族二十四个首领举行投票表决，一致通过一项决议：将苏朝卿列为“为国为民捐躯”的英雄，按家神规格祭丧，名列祖宗灵位上，与祖宗同等地位。

夜幕降临，一阵撕心裂肺的海螺声，呜呜地响起。紧接着，各种乐器齐奏，节奏凄悲。三岁的孝子跪在亡人灵位前。守孝的妻子明月在苏朝卿灵前大声痛哭。道公们也用哀悼的声调，念起经书：

青天明月尚亏圆，人生哪能有十全；
本道百年应五福，谁知一旦赴黄泉；
满堂儿女肝寸断，合孝亲眷涕泪涟；
仅凭善士参宝偈，荐此亡者超生天；
释迦牟尼佛——本师释迦牟尼佛……

接着，以沉重悲痛的心情，反复念唱《哭丧歌》：

千不回来万不回，送到坡中作坟堆；
年年清明去挂纸，坟头只见纸飞飞。

又转向可怜的小男孩：

你父死了不转回，门前生草又生苔；
门前青草丛丛起，大门关紧无人开；
西方路上一只船，流流浪浪在江边；
不渡金来不渡宝，只渡你父往西天……

唱完，男女老少佩戴白布巾，在堂屋祭丧。

“大唱先生”致词：昊明不吊，哀痛灵魂，祭奠开始，大爱肃立。

祭丧后，开始“呼散”（出殡）。

猪头、猪肉、全鸡等祭品摆了上来。先做了一番祭奠。接着，道公身着袈裟，头戴法帽，手拿宝剑。一群道徒敲锣打鼓，吹唢呐开道。三岁孝子在其母怀抱中，捧着灵位。引路幡，耸入云天。送葬队伍，个个手拿着两尺长夹着纸钱的芦苇，头戴白巾，随后大哭。沿路鞭炮声不断，哭声连天，纸钱纷飞。

在送葬队伍中，走着面黄肌瘦的于成龙县令。他一边抹泪，一边自责：“朝卿，朝卿，是我害了你呀！”

银郎中和儿子搀扶住于县令，对他说：“于县令，朝卿是好

样的！他若是地下有知，看到平反昭雪的今天，看到有成千上万的人为他送葬，他也可以瞑目了。”

明月披头散发，哀转久绝地走着。她口里一遍又一遍地呼唤着：“朝卿，你怎么不告诉我一声，就这么不声不响地走了？如今，丢下孤儿寡母，叫我们怎么活呀？”

听着这如泣如诉的话语，于县令心都碎了。

送葬一结束，于县令便对明月说：“姑娘，你若是愿意，我认你作干女儿吧。”

明月收住了眼泪。接着，只见她扑通一声跪倒在地，情不自禁地喊道：“阿爸……”

两年后，当于成龙从家书中得知，次子廷劢媳妇难产而死的消息后，要廷劢娶了明月。这是后话。

第二章　合州“于爱民”

一、借盲人之力，方才到达合州上任

冤情平反后，于成龙立即发出一封快信，告诉家人：我将于近日启程回山西，十月底可以到家。接着，他开始收拾行李，准备告别罗城，退休回乡，侍奉老母，安度晚年。

忽然，一骑快马奔到县衙，一个公差进了县署，急急地问：“哪位是于县令？”

“我就是。”于成龙回答，“请问有什么事？”

“省巡抚衙门有一道公文。”公差说着从肩头解下一卷公文。

于成龙打开公文一看，是一道升职任命：

> 罗城县令于成龙，任职六年，治理有方，政绩卓异，清廉卓绝。经报吏部批准，简拔为四川省重庆府合州知州。

内有金巡抚短信一封：“赴川之前，望来省城一会，有事相商。”

接到这项任命，于成龙不禁愣住了。他为金抚台对自己的厚爱提拔激动不已。他眼里流出了喜悦、幸福的泪水。

第二天一早，于成龙便在老罗、梅金宝等人的陪伴下，急急赶往省城。

金巡抚亲切地接见了他，语重心长地对他说：“藩台将你的

考评淡薄了一些，使你受了委屈。本院知你甘于淡薄，治罗有方，清廉卓绝，特与卢总督联合上疏朝廷。全广西，只举荐你一人为卓异。”他动情道，“目前，康熙帝亲政，国家正值用人之际，你就去吧。舍小家为国家，才是仁人君子的正道。”

说到此，他停顿了一下，补充说：“我知道你清贫，已给你准备好上任的盘费。并给你修书两封，一封给四川总督，一封给巡抚。希望你按照治理罗城的样子去做，切莫辜负了我举荐你的一片苦心。”

于成龙连忙鞠躬道：“感谢抚台和总督大人的举荐，我一定不辜负你们的栽培，立志干出新成绩，报答厚恩!”

说完，准备就此告辞。忽然，金巡抚又开口了：“别急着走呀。你看广西这副烂摊子，收拾好很不容易，而我们这些身居上层的官吏，又往往孤陋寡闻。望你上任之前多留些条陈，作为本院励精图治之用。”

金巡抚在驿馆给于成龙安排了一个雅致的房间。户外有桂花树，微风过处，桂花香气袅袅。这是他有生以来从未享受过的待遇。有人服侍，吃饭有人送，茶汤有人端，还能天天洗温泉澡。于是，他美美地在温泉里泡了一个澡，香甜地睡了一觉，舒解了半个多月来的疲劳。然后，便聚精会神，开始写起给巡抚的条陈——治理广西的条陈《陈粤西事宜》。

他首先想到了塘兵的骚扰问题。这是对百姓很大的祸害，于是提笔写道：

“一、骚扰的塘兵应该全部裁撤。塘兵驻扎在百姓村里，因有司放纵，胡作非为，必须裁撤。”

突然，他的笔停住了。他觉得自己提的问题太尖锐，用词也太触目了。看到这样的条陈，“有司”必然会把自己看成眼中钉，肉中刺，无形中又给自己树了对头。这对自己今后可是很不利的啊。我应该把话说委婉些才对。这个想法刚一冒头，他就为自己的自私而羞愧。金抚台对我如此厚爱，如此信任，他为了国

家，为了全省百姓，我岂可患得患失？我应该吐出肺腑之言，以供他参考。

想到这里，他继续提笔毫无顾忌地刷刷写了下去：

“二、应酬过往仕客的陋习，应严查，不许吃喝下层百姓。

“三、收缴钱粮，宜采用部里颁发的砝码，公平收缴钱粮。如地方官员用自制砝码收银以及书吏兑平的，允许百姓赴省控告。

“四、缴纳银子和粮食应快速，征收粮食的票单应早早发放。如今，堂官懒惰，不能随到随收，以致百姓排队滞留，甚至整夜等候，使百姓辛苦不堪。此种状况应严察。

“五、四月和九月的新例限期，应该加以通融变化。四月正是耕种忙季，九月正是收割时期，若以四月、九月作为限期，必然影响农业生产。”

有关“益民”的意见，已经提得差不多了。接下去，于成龙又再提起有关官吏的事：

“六、知府之权太重。因布政使和按察使远离各县，知府便成为最重要的官职。知府权重，知县等官吏的贤明，地方的是非，都凭知府的主观说了算。因此，地方官敬畏知府，超过省里主管官员。地方官吏对知府竭力逢迎，而省里又极力为知府庇护。此风危害全省吏治。

“七、地方官应树立廉耻观，对百姓泣诉之事，应详查。官员和百姓犹如父子，父不慈则子不孝。官员不清廉，则百姓不良。……”

洋洋洒洒，于成龙提了十条建议。

接到这份用正楷字誊抄，一针见血、颇有见地的条陈，金光祖巡抚拍案惊叹道：“于成龙心中时时处处装着百姓，装着国家。这样清正廉洁的官吏实在太少了。若是地方官吏都像他，何愁一县一府治理不好？即使再穷再落后的地方，也会面貌大变的！”

于成龙启程赴四川的日子，已经不能再拖了。

八月初，于成龙终于告别罗城乡亲启程。他牵着一头毛驴上路了，脚穿草鞋，挑着一床旧被，还有六双草鞋。

罗城百姓举城相送，夹道呼号。

“于父母，一路顺风!”

“于知州，去四川别忘了咱们罗城，抽空回来!”

有的则牵衣顿足，号啕大哭：“老天爷，这么好的官，为啥要把他调走啊!”

于成龙扬起右手，频频挥着：“乡亲们，再见!”

可是乡亲们一路跟着他，追着他，簇拥着他，过了一弯又一弯，一山又一山，一直送了几十里，仍紧紧相随，不肯离去。

“请回吧。”于成龙又一次举手告别，“乡亲们，都请回吧，不能再送了。”

这里已是罗城与宜州交界之处。于成龙站在高高的山头上，与罗城父老乡亲作最后告别。

于是，众人停住了脚步，含着热泪，依依不舍，万分无奈地与他们尊敬的“于父母”告别。

于成龙牵着毛驴，迈开大步往坡下走。

匆匆走了几里路，又爬上一座山，于成龙忽听后面有脚步声，不紧不慢地跟着自己。他不由得感到惊讶，回头一看，原来是那个瞎了右眼，一路相送的年近六十的老人。

“许大哥，你怎么还不回去呀?”

“我再送送于县令。”老人道，“你在罗城时，待我多好呀，把我当成亲人。”

于成龙很理解老人这种感情。此人膝下无儿无女，是个鳏夫。平日为人占卜算命，靠邻里接济度日。总是饥一顿饱一顿。于成龙到罗城后，逢年过节，总要抽时间去看望他，给他带去柴米油盐一类东西。设立养济院后，便把他接进院里安度晚年，使他免除了生活的后顾之忧。

又送了五里，于成龙催他回去，他不回；又送了十里，再催

他回去，仍是不回。

于成龙道：“老哥，送君千里，终有一别，你还是回去吧。否则，天黑了就回不去了！”老许摇头，依然紧紧相随。

于成龙苦笑道：“那你想送我到哪里？”

“四川合州。”老许左眼闪烁着光芒，毫不含糊地说。

于成龙惊讶了：“我身上有盘缠，又有脚力毛驴，老哥，你就放心吧。”

“哈，放心——叫我怎么放心？”老人眉头紧锁，左眼布满愁云，忧心忡忡道，“阿爷为官清廉，没多少积蓄。我估计阿爷身上的盘费，最多只能行千里。罗城到合州，将近两千里，阿爷怎么到达？”他越说越动情，“小民有看相算命、看风水的小小技巧。我随您一同前往合州赴任，待盘缠用尽时，我凭自己一技之长，赚点小钱，定能将你安全送到。若是阿爷不嫌弃我身份低微，我愿竭尽余生，和您相依为命。”

一番话，说得于成龙热泪盈眶。

他不忍心再加拒绝，不忍心拂却老人一片赤诚之心。于是说：“那好，老哥，我们一同走。”说罢，便将老人搀扶上毛驴。

实际上，此时的于成龙根本不相信凭金巡抚准备的盘缠自己会到不了目的地。他知道，金巡抚给他准备盘缠时，一定是通过测算，并稍有余头。他相信，只要自己不大手大脚，俭省点用，到合州应该没问题。他只是不忍心打击老人一番好意罢了。

从此两人一路同行。老人肚子里故事多，古今中外，皇宫民间，遗闻逸事。两人谈天说地，颇不寂寞。晓行夜宿，只用了半个月，便来到贵州省遵义。于成龙暗暗估算，已经走了一千数百里，用不了半个月，就可稳稳到达四川合州。他心中一阵高兴。

住了一夜，休息了一下，第二天早晨，正当他牵出毛驴准备动身时，一场秋雨飘飘洒洒地下了起来。这正应了一句老话：“天有不测风云。”

他俩只好眼巴巴地坐等。等了一上午，不但没有停歇，反而

越下越大。第二天，仍是接着下。这雨接连下了五日，直下得江水横溢。到了第六日，雨虽然停了，但到处水流滔滔，根本无法迈步。他们只得又待了两日，才重新起程。

这时，盘缠已所剩无几。于成龙一脸阴云。

“阿爷不必忧虑，有我呢。”

时间已是傍晚，眼看太阳就要落山，于成龙心里很是忐忑不安。面前的松次是个古镇。因在两省接壤地带，是物品集散地，人烟众多，热闹繁华如同县城。但这个时候，要摆摊看相算命已经太迟。

村头是一座又长又宽的石拱桥。七八个半月形拱门下，河水哗哗地流淌，一帮大姑娘小媳妇在桥下洗衣服，裙摆飘飘，倒映水中，十分好看。

忽然，他们看见桥上摆放着两条龙——长长的红鞭炮。他俩走过桥，只见这鞭炮长龙，就像两条红绸，向前面延伸飘动。

“这是哪家在办喜事，如此财大气粗？”老许问一个当地人。

“冯员外家双喜临门——小儿子中举，今天新屋又落成！”

“阿爷，我们过去看看——”不等于成龙答话，老人便迈开大步，沿着这两条红绸铺成的道路，一直往前面走。很快，红绸尽头，是一幢气派豪华的楼房。大门前，左右各立着一只高大威武的石狮子。冯员外喜气洋洋地在门口迎候客人。

“恭贺冯员外家人才辈出，少爷前程无量，祝早登皇榜！”老人拱手向前，对冯员外道，“鄙人因送表弟去重庆府上任，路过此地，恰逢员外双喜临门，特前来祝贺！因无准备，未备礼物，请恕罪。”

“请问客官来自何方？你表弟去重庆府任何官职？”员外家与重庆接壤，也有亲友在重庆，因此十分关心。

“我们从两广而来，我表弟就任合州知州。”

听老人一说，员外立即问：“你表弟如今在哪里？”

老人用手一指大门口外的于成龙。

冯员外一看，那人穿着旧衣服，虽貌不惊人，但气度不凡，连忙道："哎呀，快快请他进来喝茶吃点心。"

于成龙不肯进客厅。因为自己身无分文，不愿做叫花子白吃白喝。可冯员外哪肯让他们走，和几位亲友连拖带拉，把他拽进客厅。

老许道："表弟，既然员外这么客气，你就客随主便，喝杯茶解解渴再走吧。"

于成龙无可奈何，只得坐下，但如坐针毡。

"员外，请你叫出小官人让我瞧瞧。贫道懂得相术，想看看小公子功名和前程如何？"

小公子出来了。只见方形大脸，额宽颧高耸，右眉间有一颗大黑痣，一对大眼睛闪烁，鼻梁挺直，鼻头丰隆圆大。

见老人盯着儿子眉上那颗黑痣专注地看，冯员外不禁摇头叹气道："哎，小儿面相都很好，只可惜右眉中间有颗黑痣，难看了。要是没有这缺陷，就完美了。有相面先生叫我们把它用药物点掉，但这么大一颗怎么去得了？"

老人连连摇手道："不可，千万不可！这眉上有黑痣，是指'出山'，是能获得高位的象征；一去掉，运气就会大跌。"说到此，他停了一下，喝了一口茶，"不过说到缺陷，你这房屋大门倒真是一个缺陷。它会大大影响你全家，影响公子的前程。"

"什么缺陷？先生快给指指。"听说房屋要影响儿子的远大前程，员外急了。

老人看了看周围许多人，员外会意，便把客人带进里面小客厅。"请先生不吝赐教。"员外着急道。

"你这大门虽气派，但朝向有大缺陷。"老人徐徐开言，"主要是朝向不对，它阴气太重。"

"那怎么办？"

老人斩钉截铁："把大门改成朝东，一来避开那股妖气，二来让东面的紫气冲散它，这样就好了。"

正说着，突然有一个人急急地闯了进来。他是一个和尚，这个大门就是他看的风水。此人姓张，号称张天师。“员外，听说要移这个大门，谁出的馊主意?”张天师咄咄逼人。

他一见老人，立即劈头盖脸地喝道：“你是从哪个地方冒出来的?”

老人看了看眼前这个人，问：“员外，这个大门是这位师傅选的吗?”见员外点点头，便严肃地回击道，“你选这个朝南偏西的大门，才是地地道道的馊主意!”

和尚发怒了：“你是从哪个地洞冒出来的?竟敢班门弄斧。”他振振有词，“古话讲，有福没福，朝南造屋。朝南之屋冬暖夏凉。既然是朝南造屋，自然大门也是朝南最好!”说完他立即反问，“你把朝南改为朝东，有什么好?”

“你知道这朝南的大门是对哪里吗?”见张天师眨眨眼睛，一脸茫然，老人便说，“这正门对着一道阴气——很邪的阴气，如同一道黑雾。这不利于主人家，更要影响下一代出人才。”

“你不要无中生有!瞎说!哪里有妖雾?你是故弄玄虚，好挣点银子吧。”

张天师的话，立刻遭到老人的反击：“据我判断，那黑雾刮来的方向，必定有一个很大的墓群，里面葬着很多蒙冤受屈的人。”

这时年将八十的族长插话道：“对对，松次的南面，离这里大约三十里的地方，正好有一个古墓群，叫夜郎古墓。那里埋葬着一个大家族，足足有一百多人呢。据我父亲说，是明朝朱元璋处死胡维庸党羽而杀的。”

老人点点头：“这就对了。”

张天师恼火道：“你这是瞎猜瞎蒙，瞎猫碰上死耗子罢了!”接着开始炫耀自己的身份：“我堂堂张天师，是从著名的九洞天下来的。你一个无名鼠辈，有何本事敢在我面前说三道四?你拿出度牒给我看看。”说着，他从大和尚袖里取出一张度牒，果然上面赫然写着：九洞天张天师，级别七品（相当于县令）。

冯员外一看也懵了，不知这大门是改还是不改？

老人哈哈大笑："只要看得准，有无朝廷颁发的度牒有什么关系？"

见到张天师在嘲笑，周围人在观望，老人便慢慢从衣襟里摸出一个小包打开，"不知我这张能否有用？能否和张天师那张相比？"

张天师一看，顿时呆了，脸色发白。

只见上面写着：江西龙虎山许真人。级别五品。

江西龙虎山，这可是中国道教的发源地，是全国各地道教的祖师爷。那里的天师才是货真价实。自己跟他斗，简直就是以卵击石！想到这里，张天师嘴上说："好好，等我上趟茅房，再跟你理论。"说着一溜烟跑了。等了好久也不见张天师回来。

"请，许真人，请您务必留下！明天我家改大门楼。"员外恭恭敬敬地邀请，并立即吩咐把两人接进客厅，设专宴招待。

第二天，许真人向员外派来的一帮工匠指示交代了一番，便准备上路。

冯员外死死拉住不放。"真人，我还有一事相求。家父病故已有两年，按当地风俗摆放在后宅，还未安葬。先生到来，天赐良机，索性再为我选一块吉地安葬如何？"

许真人只得点头答应。于是，在员外及其家人仆役陪同下，许真人忙碌了两天，终于选定了一处高山的"凤眼"吉地。"这山的两翅微微张开，正准备起飞。过几年，一展翅高飞，令公子必定高中进士点翰林，飞黄腾达！"一番话说得员外满心欢喜。

回到家，冯员外对老人道："真人再留两天如何？我岳父家还想请您给看看吉壤风水。"

老人坚决不肯："于知州上任有日期限制，恕不能从命。"

员外无法继续挽留，只好作罢。这天夜里，他把老人叫到客厅，问："许真人，这两天劳您大驾，您说说，我家需付你多少

酬劳?”

老人道:“我非为钱财而来,只是偶然路过,因见你员外仁慈,公子聪慧,才破例停留。不然,若是那品德低下之人,即使给我再多的银两,我也不会动心。既然你非要表示心意,数字就由你决定吧,多少都无所谓。若是手头紧,不给也没关系。”

员外连连摆手道:“您这么辛苦为我操劳,不给怎么行?”说着,从箱子里拿出一个包,“真人,我家因刚造了屋,银子已基本用完,也不富裕,我只能表点心意。”此话一出,老人心里猛地一沉:若只拿二三两银子就倒霉了,到合州盘费恐怕还不够。当员外拿出银子,他一看,却是二十两白银,不禁心中一喜。但他仍平静地说:“既然你一定要表示感谢,我也只好收下。若是像张天师那种人碰到这种事,非狮子大开口不可。”

“对对,是这样。”员外连连点头,“修这大门看风水,我给了他三十两,他不满意,硬是逼着要去五十两呢!”

第二天一早,老人和于成龙早早上了路。有了这笔银子,他们的日子过得滋润起来,行程也变得从容起来。

于成龙感到好笑:“昨天亏得你有一张王牌,否则,九洞天的张天师怎能让你占领他的地盘?”然后问,“许大哥,你啥时搞到一张龙虎山的度牒?”

老人道:“这份度牒,数年前,我就有了。为了得到这张度牒,我付出了沉重的代价——搞得妻离子散,还弄瞎了一只眼睛。”

“为啥?”

听了于成龙的话,老人沉默了一会儿,似乎陷入了沉思。过了好一会儿,他才说:“往事不堪回首,提起令人悲伤,还是不说了吧。”

两人行了数天,这天傍晚来到重庆府。这重庆府果然与众不同,只见人烟稠密,一副繁荣景象。

住了一宿,第二天吃过早饭,于成龙说:“许大哥,我去府里拜见上司，换取公文，你就在客店里歇息一天，将息将息身体吧。”

于成龙前脚走，老人就盘算开了：此去合州还有好几天的路程，现在所剩盘缠还不够富裕。趁此机会再去摆摆摊，化一些缘，才可以高枕无忧。想到此，他立即拿起看相的旗和牌子，往繁华处走。“今天，我只要再搞到四五两就足够了——就可顺利抵达合州了。”

然而，就在这一天，他遇到了大麻烦。

他在朝天门码头这繁华地段摆下摊子。当他一打出“江西龙虎山许真人看相算命，卜未来祸福”的招牌，正逢黑压压的人群下了船，走上码头，立即将摊子围了个严严实实。人们争着上前看相。

一个身体似乎有些单薄的老头，急急上前问道：“真人，我要问寿命。”他眼前有些小病痛，担心自己活不长。

话音刚落，许真人抬头只看了一眼，见他鼻梁高直，侧面秀美，立即道：“老先生，您放心，眼前这些小病痛不算啥，您可享高寿，至少在七十五岁以上。”

老人听了很高兴，连忙放下五钱银子，喜洋洋而去。

接着，他对一个大腹便便的生意人道：“员外，你要当心，很快就有灾祸来临。”因他见此人鼻梁上现出纵横交错的深纹。

生意人连忙道：“谢先生指点。”放下半两银子匆匆而去。

还有一个是三白眼男人。老人一见便道：“足下长着一双狼眼，必然克妻。你这只狼，已经吃掉两个女人了！不过你不用害怕，第三个只要你待她好，就可以白头偕老。”此人见如此一说，愁闷情绪全消，留下几钱银子。

此时，有个年约三十的漂亮后生前来看相，话语斯文：“我为哥哥去京都会试，不知此届能否高中？我一直等待皇榜，焦心不已，难以成眠。”

许真人一见此人眉眼风流，皮肤白皙细嫩，知是女扮男装前

来为丈夫算命。见她鼻梁上深纹密布，便道："你家哥哥此番前去功名大利，可一举登科。"女子一听很高兴。"但他一回来，就会不认你这个妹妹了。你要当心！"

女子羞红了脸。因她前几年，丈夫在外游学，她经不住当地县令威逼利诱，也耐不住寂寞，已红杏出墙。丈夫不久前已从京师有信来，要与她断绝关系。

"先生，可有解救唤回之法？"

许真人微微一笑："带孩子赶往京师，侍奉哥哥。以心换心，重建感情。"

女子连忙拿出二两银子，放入老人褡裢中。

忽然，上来一位三十来岁的英俊读书人："先生，我来看个相，探未来功名运程，望先生指教。"看他一副斯文样，谈吐高雅，气度不凡，且有点官绅气派，但神情有点郁闷，许真人道："你是举人，在此候补知县吧。"

此人一听惊了一跳，连声道："先生神相，晚生的确如此。"

"你有如此学问，应在科举功名上大展宏图，不宜候补一个破知县！"他看到此人鼻梁平直、饱和、圆润，毫无瑕疵，便道，"你可享绝佳之运，不但会一举荣登进士榜，而且将会名列三鼎甲，名扬全国！"

"真的吗？"此人筹措了一笔银两，准备打点上司，谋求个实职县令，听了这话，连声道，"好。我听先生的！"说着，连忙拿出一封十两的细丝白银，"晚生今后若有大发之日，定当报先生恩德！"他又问了真人的姓名、道号、住址，连鞠三躬，兴高采烈而去。

然而，当他两年后高中探花，重新回到重庆府合州打听许真人时，人们告诉他，当年朝天门码头看相的许真人，已撒手西去。他不禁哀伤不已。

今日出门，可谓满载而归，共得到十五六两银子。许神相非常高兴。他想，有三四两，就可以勉强到达目的地。如今竟然得

了这么多，他高兴极了。看看日头已离山不高，便一边收拾摊子，一边唱着家乡罗城的走坡情歌：

“黄昏鸟儿叫连连，我俩话头说不完；世上三年逢一闰，为何不闰唱歌天？”

此时，他根本没料到一场灾难正向他逼近。

正当他收拾好摊子，准备走时，忽听有个声音在后面不远处响起：“真人慢走，也给我们看看相。”

他回头一看，只见有个穿着短袖绸衣，臂刺一条缠金龙，年约四十的光头男子，皮笑肉不笑地走了过来。身边跟着两个随从模样的后生。这光头特别大，白晃晃的，在阳光下闪闪发光。两道板刷眉，如两把短剑在额下，透出一股杀气。那个朝天鼻如野猪鼻。两个随从都光裸着上身，一个胸前绣了一只张开血盆大口的猛虎，另一个胸前绣一只隼鹰。

老人心中一惊道：“不好，碰上地痞流氓了。”他一边说：“天不早了，我不看了。”一边转身想走，却不料已被拦住了。

“你给三教九流的人都看，却不给我们看，是不是怕我们付不起看相的钱？”说着，光头一把从身上拿出一锭二十两的银元宝，“快给我看。我有话在先，若是看准了，这锭银子就是付你的看相钱，若是看得不准……”他鼻子里哼了两声，“那就对不住，你得倒赔二十两银子！”

没有办法，老人只好重新摆摊，坐下给这光头看相。他知道这几个人是找碴子来的，目的是为了讹钱，连忙道：“我现在的确有事，想早点回去，我有个亲戚还等着我去旅舍付住店钱呢。”他拿出一两银子，说，“这点银子，就送给几位买杯酒喝吧！”

“不行，你今天非得给老子看！”光头吼道，然后补了一句，“若真的有事，一定要走也可以，你留下二十两银子走人！”

老人想，那就说几句吉利话打发他们一走了事。于是看了光头一眼，这个人虽然红光满面，但鼻子上满布毛孔，如同一只烂柿，可见是个酒色之徒；鼻梁低落，且歪向一侧，这是短命之

相。但若如此直言，人家不打死你才怪！于是说：“兄弟红光满面，显示财运旺盛，婚姻美满——”

话音未落，便被打断：“停，停下！你说得不对！我财运虽不错，但婚姻并不美满。我想了王百万家千金已有三年，肚肠也愁没油了，还没想到手哩！”他大摇其头，“不准，不准！你自夸什么许真人，能断生前死后事。现在，你连眼前的事都断不了，还摆什么看相摊？快快赔二十两银子吧！”

“我今天总共只得了五两呢。”老人隐去十两，心中一横：还是舍出五两买个平安吧。说着摸出一些碎银，凑齐五两。

“你不要蒙骗我们了。我们看到你最后一笔就得了十两大银呢。”光头眉毛一拧，“看你年老又瞎，我们放你一马，少五两，只要拿出十五两，你就走人吧。”

“强盗，真是强盗，要把我今天的银子抢光哩！”老人心头冒火，倔劲上来了，“我出五两已是大价钱，白白送你五两，你还不满意，你们也太不讲理，太不通人性了。人家强盗也只要买路钱——可你们连人衣衫也要剥光呀！”

“你这个老东西，敢骂我们是强盗！”朝天鼻左手抓住老人的衣领，右手抡起大巴掌，噼里啪啦就打了两巴掌，然后一脚将他踹倒在地。两个狗腿子上前夺了他肩上背的褡裢。

老人眼见自己辛苦得来的银子白白遭抢，又气又急，这回真的骂开了：“强盗，贼坯！你们总有一天，会遭天打雷劈砍脑壳戳尸，不得好死！”

朝天鼻本准备走，听到老人的骂声，又返转身子，蹦上前，朝老人肚子上又踹了两脚，直到老人口里涌出一口鲜血，才狞笑一声，扬长而去。

围观的人敢怒不敢言。等几个地痞走了，才有几个人上前来搀扶许真人。

傍晚，于成龙去重庆衙门办好了相关手续，回到客店。不见了许大哥，他立即问客店老板。老板告诉道：“他拿着算命招牌，去朝天门码头摆摊了。”

于成龙一听，立即赶往朝天门。

只见码头上围着一大堆人。

有人说：“那些王八蛋也太狠了吧，把一个算命的打成这个样子！”

于成龙奔上前，分开众人，果然见到是许大哥，奄奄一息地躺在地上。头被一个老者抱在怀里。老者想搀扶他，但搀扶不起来。

“这是谁干的？哪个畜生干的？”

有人告诉于成龙：“这人是当地一霸，其父是重庆县县令。”

听到于成龙的声音，老人微微睁开眼，挣扎起上半身，断断续续地对他说：“于大人……还有十两……没抢走……我藏在……贴身……裤袋里……”话未说完，便昏了过去。

于成龙的眼泪猛地涌了出来。他紧紧抱住许大哥，在他耳边道：“老哥，你放心，我一定为你申冤！”

看到许大哥伤势不轻，于成龙立即对众人道：“这位是我大哥，请哪位朋友帮我一下，把他抬到药店。”有几位连忙上前帮忙，七手八脚把许大哥抬到不远的药店。

郎中看了病，开了药。于成龙立即雇了顶小轿，把许大哥送回客店。

老板见上午出门还是生龙活虎的许神相，如今竟然奄奄一息，吃了一惊：“怎么回事？”

当得知是在朝天门码头被三个地痞恶棍打伤，老板愤愤不平道：“那人专门欺男霸女，是当地一霸。这祸害不除，不知道有多少人要遭殃呢。”

第二天一早，于成龙给许大哥喂了稀饭，吃了药，便骑着毛驴急急来到重庆府衙，重重地擂响了那面告状的大鼓。

“状告重庆县知县牛某宠子不教，儿子牛小宝抢劫行凶！”

重庆县知县是重庆知府属官，但因位置特殊，是重庆府首

县，因此与府同知和知州同级，处理权限在省不在府，这叫知府难办。

“请府台立即派人拘捕牛小宝及同伙。”听了于成龙的话，知府只好派了两个衙役去朝天门调查。查到牛小宝抢劫伤人属实，而且民愤很大。

“若府台不处理此事，我就上省城控告，直到讨回公道!”于成龙说了狠话。

知府感到棘手，于是派人招来牛知县，把于知州的状纸递给他看。牛知县看后，骂道：“这畜生，到处闯祸!”他还不知道这件事。

他立即带着衙役回家，亲自把儿子押进府衙监牢里，然后对知府道：“请大人按罪定刑，牛某绝不姑息!”并来到客店向于成龙道歉，“许大哥的医药费等一应开支，全部由我来出。”

于成龙见牛知县如此态度，无话可说。

这样折腾了两三天，许看相伤情好转，已经能下床了。他说：“于大人，我们快走吧，合州还等着您去上任呢。快把毛驴牵出来，我们走!”说完，一瘸一拐地出了房。于成龙只好把他扶上毛驴，往合州走去。

九月初六，于成龙终于到达合州。

然而，当他刚把家安顿下来，许大哥便卧床不起了。

他上吐下泻。于成龙连忙找郎中诊治。但吃药如泼在水里不见一点效果。于知州急忙又派人找来合州最有名的郎中前来救治。

郎中静心把脉后，直摇头：“已病入膏肓，药物很难治好。”

许大哥边喘气边道：“阿爷不用再为我医治了。我知道病根。我原本就体弱，因长途劳累，水土不服，加上这次毒打，元气丧尽。”说到此，他露出了无比欣慰的笑容，竭力道，“我生前能为阿爷这样的清官，做一件有益的事，我死得不冤，我这一生值了!”说完，一仰头，便辞世而去了。

葬礼上，于成龙连连拍打着灵柩。他一边拍打，一边声嘶力竭，一遍又一遍地痛哭流涕："许大哥，你是我的命中贵人哪！你怎么不等我报答分毫，就走了呀！"

众人纷纷落泪。

这天清早一起来，于知州就对书吏道："走，带我去看看三江合流。"

在广西出发前，他就通过巡抚衙门搞到一份历史资料，一路上进行了详细研究。关于合州的历史，此时他已是了然于胸。

合州之名，来自涪江和嘉陵江交汇于城区，渠江、嘉陵江、涪江汇流境内。故合州有"枕嘉涪渠三江之口，当川东北众水之凑"之称，历史上称为"蜀口形胜之地"、"巴蜀要津"。早在战国时期，巴国曾在合州城南铜梁山下的巴子城，建立国都，史称"临江故城"。到了唐朝，这里已成为川东重镇。唐朝著名诗人陈子昂、王维、杜甫，都留下了脍炙人口的不朽诗篇。杜甫的"江花未尽会江楼"名句，至今仍在此地传颂。

州署到江口很近，约三里路。他俩沿江而行，很快就到了。站在江口用巨石砌成的高台上，于成龙看着城下宽阔深绿的涪江，与从远处蜿蜒而来的浩瀚的嘉陵江，在眼前交汇融合，留下一道分明的清浊界线。他被这雄奇壮美的景观陶醉了。

"大人，嘉陵江对面是八角亭，往中间是白塔坪，再往东，远处是九峰山脉。"书吏介绍。

"钓鱼城在哪里？"于知州迫不及待地问。

"八角亭下面的山，叫钓鱼山，钓鱼城就在钓鱼山上。"

于成龙知道，南宋理宗淳祐三年（公元一二四三年），为抵抗蒙古军队，合州军民在钓鱼山上筑城，把合州及石照县治迁到钓鱼城上。宋元战争时期，合州军民凭借钓鱼城天险，独钓中原，以弱兵抵抗强敌，坚持抵抗三十六年，历经战斗二百余次，多次打败强敌，并击毙蒙哥大汗，一举折断"上帝之鞭"，使钓鱼城震惊中外……

面对如此壮美景色，面对如此历史名城，一股豪情从于成龙胸中奔涌而出。

这里完全不同于偏僻贫困的罗城。这里是古代国都，川东雄镇，巴蜀要津！这里位于四川盆地，大片沃野。唐代名相张柬之，曾任合州刺史，政绩卓著……我应该像当年张相一样，为国家为合州百姓作出一番业绩！他暗暗下定决心。

他绕合州城区走了一圈。很快他心里便凉了半截。他看到，房屋残破不堪，全城居民少得可怜。一问，仅剩一百四十多人，且个个瘦骨伶仃。

“全城一年财赋多少?”于成龙问。

“正赋（田赋和丁银）总收入仅白银十五两。”书吏回答。

于知府心中不禁一沉。

“全州人口多少?”他又着急地问。

“只有五百零七户，共一千零一十三人。”

于知州又是一惊。看起来，这里虽三江合流，沃野数百里，地肥物丰，但穷困情形与罗城却是惊人相似：荒原茫茫，居民稀少，地方残破，百姓贫困。他不由得长叹一声：“这里又是一个罗城啊!”

一群穿着破衣烂衫，脚拖着肮脏不堪的破鞋的叫花子，一边沿街乞讨，一边唱着一支当地歌谣：“千里做官只为财，谁到合州谁倒霉！……”这歌声，在踢踢踏踏的鞋拖伴奏下，在苍茫的暮色中，显得那么凄凉。

此刻，于知府感到心头异常沉重。

然而，他一想到唐朝名相张柬之当年曾在此地任刺史，为国为民做出了一番不平凡的业绩，又一想到金光祖巡抚对自己的推荐和嘱托，便不禁心头热血奔涌：“在罗城那么个穷乡僻壤，又遭到几回瘟疫袭击，我都能做出业绩，这里有如此好的地理环境、自然条件，我一定能做出更大的业绩!”

“为啥如此好的自然条件，居民却如此少呢?”夜深了，他

仍在衙署深思。他决定近期做一番深入调查研究。查出原因，方能有的放矢采取措施。

正当他准备深入城乡调查之际，突然一桩离奇的命案，打断了他的工作部署。

二、智破命案

这是合州辖下铜梁县发生的一桩命案。

县城有一个富豪，名叫朱波。一天，他带着大笔金银，和家丁金忠一道出远门做生意。出门不到半个时辰，家丁匆匆返回家中，对朱波妻子秋霞道："夫人，员外叫我回家拿棉袍，说坐船冷，怕冻出病来。"

正当秋霞翻箱倒柜找棉袍之际，忽见摆渡的船夫急急来到门外，高声催促："朱夫人，朱夫人，快叫你家朱员外出门登船！我的船马上要开了。"

秋霞感到事情有点奇怪。丈夫不是早就出门了吗，为何到现在还没上船？她连忙找家丁金忠询问。

金忠答道："我和员外走到渡口，他见风大，便吩咐我赶快回家拿棉袍。其他事情我一点也不晓得。"

秋霞顿时慌了。丈夫突然失踪，如今活不见人死不见尸，这可如何是好？

想到此，她立即报了官。

面对这件奇怪事，浑知县略一沉吟，便拍案道："船夫来家催促，分明朱员外不在船上，也说明了船夫肯定不是作案人。朱员外与家丁一起出门，说明秋霞肯定与命案无关。这样，有疑问的必然是家丁金忠。此人跟主人一道出门，中途又折回，必定是他见财起意，中途找个冷僻地方暗害了主人，又谎称取棉衣，开脱自己的嫌疑。这是谋财害命，杀人灭口！"

于是拘捕金忠，严加审讯。

“大胆狗奴才，快把你如何谋害主人，夺取钱财一事如实招来!”浑知县一拍惊堂木，吹胡子瞪眼吼叫起来。

“大人，我奉主人之命回家取衣服，之后再也没有见到主人。的确不知主人分手后的去向，望大人详查。”

“事情一目了然，却要抵赖。如此刁民，不动刑罚如何肯招?”浑知县大怒。

先是四十大板，打得金忠皮开肉绽，鲜血淋漓。见他不招，又施以“老鹰飞”酷刑。随着他那被反绑的双手被快速悬空高高吊起，只听得“哎哟哟”一声令人毛骨悚然的叫声响起，他整条臂膀像快断了一般，痛得豆大的汗珠一粒粒直往外冒。他痛得快受不住了，准备招供了。但想到只要一招供，就要承担谋财害命的滔天大罪，会遭杀头，他又咬紧牙关，死不开口。

第二种酷刑又来了。用烧红的烙铁，烙他的皮肉。只见烟雾腾起，一股焦煳味弥漫。那烙铁一接触皮肉，他疼得撕心裂肺地号叫了一声，便昏死了过去。

但很快他又被一桶冷水泼醒。“你招还是不招?”

他知道如果不招会继续动刑，如此折腾，自己很快会被折磨死。与其这样被活活折磨死，还不如爽快地招了，一刀砍头比这痛快。于是他说：“我愿招供。是我中途见财起意，杀死主人，劫夺金银。”

“你劫夺的金银现藏何处?”浑知县劈头盖脸，接连问道，“你把朱员外谋杀后，尸首丢弃何处?”

金忠张口结舌：“藏……藏……”接着又连连摇头否认，“我，我没杀主人。员外不是我杀的。我冤枉哪!”

浑知县大怒，又将家丁金忠高高吊起。于是金忠大叫：“我招，我招。”

就这样，知县动大刑，家丁就招；一放下来，松了绑，他又高喊冤枉。

但他还是被定为死罪，打入死牢。

一接到这桩命案，于成龙觉得奇怪，立即重审。这回，家丁金忠见于大人不动刑罚，更是鸣冤叫屈：“大人，我没谋财害命，我是被酷刑屈打成招啊!”说着泪如雨下，“若是将我杀头，我死不瞑目哪!”

于知州先传来朱员外妻子秋霞，细问：“家丁金忠平时为人怎样?”

秋霞实话相告：“他来我家多年，平时忠厚老实。说他谋财害命，我很难相信。”她摇了摇头。

夜深了，秋虫唧唧。于成龙慢慢地逐页逐页翻阅案卷。他看一段，认真地停下来思索一回。突然，他目光如电，紧盯着船夫催促秋霞的那句话：

“朱夫人，快叫你家朱员外出门登船！我的船马上要开了。”

他闭目沉思片刻，猛然一拍案子：“这是一起大冤案!”于是立即升堂，派通判亲自带领八名捕快，连夜火速赶往河头村查抄船夫河狼家。

谁知，这一抄，竟然搜出了朱员外当日携带的一百两黄金，三百两白银，一对玉镯，还有穿在身上御寒的貂皮短袄。

人赃俱获，船夫百口莫辩，哑口无言。

浑知县与秋霞万分惊讶：“船夫怎么会是杀人凶手呢?”

“你还是老老实实招供吧。”于知州一拍惊堂木，双目怒视，如同发威的猛虎，“否则，我就要动大刑了!”

河狼全身一震。他无法抵赖，只得招出了犯罪经过。

朱员外来到码头搭船。这船是他独个人雇的。船夫见他带着大笔金银，顿生歹意：“若是劫得这笔金银，下半世可以吃用不愁，快活到老。”但碍于虎背熊腰的家丁一步不离，紧紧相随，不好下手。

我得使个调虎离山之计，把他撵走。于是装作十分关心的样子，对朱波说：“员外，你此番远行江浙，尽是水路，加上夜里

行船，风大浪急，你需带上棉袍才行，不然冻出病来可就麻烦了。”

朱波一听有理，一边说：“感谢船家阿哥关心，”一边立即吩咐家丁，“你快回家，向主母取棉袍来。”

船夫见家丁急匆匆地走了，喜不自禁：“这真是天助我也！”此时夕阳西下，夜幕降临。朱波坐在船头，焦急地等待着家丁的到来。这船是他独自包的。因为想到自己行李沉重，带着大笔金银，怕搭船人多不安全，便租下这条船，准备待明天一早赶到奉节再上大船。

他没想到，恰恰是这个自以为万无一失安全保险的“包船”计划要了他的命！

“朱员外，你看那边谁来了？”船夫哄骗朱波刚转过头，便挥起船桨，狠敲在朱波的脑壳上。朱波来不及哼一声便扑通一声软倒在船头舱板上。河狼连忙将尸体捆绑起来，系上大石头，沉入河底。然后急急上门，催促朱波快快登船，以此掩盖谋财害命的真相……

通判不解地问道：“于大人，您为何能立即判定船夫即为杀人凶手？”

于知州捋捋胡须，笑道：“我是从船夫去朱波家催人所说的那句话判断出来的。你们想，既然朱波是搭船客，船夫为啥不直接催促朱波出门，反而催朱波妻子放人出门？可见当时他已经知道朱波不在家中。这种贼喊捉贼的伎俩，岂不正好说明他是制造命案的杀人凶手吗？这个破绽虽小，但恰恰是关键所在。”

通判大为叹赏：“于知州真是神人——是包龙图再世啊！”

浑知县惭愧道：“卑职糊涂断案，见船夫去朱波家打听，便立即把他排除在凶手之外，结果造成冤案。卑职以后一定接受教训。”

于知州严肃地说：“审案要重证据，重调查。你滥用刑罚，搞逼供信。要知道，严刑之下，必多冤案！”接着，他决断地说道，“你以为还有下次吗？你此番罪责严重，等着听参吧。”

浑知县很快被革职。另外，于知州判定：从船夫的财产中，拿出一部分作为家丁金忠的赔偿金。

一时间，于成龙断案如神的名声迅速在合州传扬开来。

此案一破，于成龙紧张的心情为之一轻松。但随着一封函件的到来，他的心情不禁又沉重起来。

这天，刚一进公署，他便接到重庆府衙门的一封小帖：

望于近日，准备鲜活鱼两担，活虾一担，送交府衙。

合州处三江流域，水路纵横，地肥物丰。因此上司常来索要物产。

看到知府这个小帖，于成龙十分反感，恼火地说：“合州地荒人稀，你们上司不知道体察百姓疾苦，相反还乱加摊派，伸手向下级要这要那，是何道理？”于是，当即回了一封书信给知府：“合州百姓穷困到极点，民脂民膏早已刮尽。你们上司不知爱惜百姓，却热衷于要百姓孝敬东西，于心何忍？”

知府接信，很不高兴：以往每年，不用等府里催，合州都会主动把最肥美的鱼虾送到府里。如今出了这个刺头知州，真想把他叫到府里训斥一顿。但一想到于成龙，是作为广西全省唯一卓异的清廉官员，被荐升迁为知州，心中便有了一点顾忌。觉得为这不大听话而训斥，未免小题大做。再说这封信，义正词严，无可指责。若闹到省里，自己未必占上风。于是只好咽下这口闷气。他心中冷笑一声：哼，我倒要看看你以后的举动是不是真正清廉？若是找到你的毛病，到时再新账老账一起算！

于成龙给知府写完信后，还不解气，听说以往仕客来来往往，应酬不暇，当即作出一道规定：上司到合州，一律不设宴，只以温饱为限。他自己以身作则，带头遵守这一规定，每到下属各县巡案，一律如此。

处理了一些紧要事务，他准备下乡调查考察。

这天早晨，他刚走出府衙大堂，便见大门口聚集着一大群人，排列着八人抬的大轿、旗帜，还有“肃静”、“回避”、“合州正堂”等牌匾以及两对铜锣。

他正莫名其妙，忽听同知李参上前禀报：“于知州，我已准备好出巡的仪仗，请快上轿吧。”说着，一顶八人抬的大轿威风凛凛地来到面前。

霎时，州官出巡的仪仗队全部行动起来。打头的是几面鲜艳的旗帜；接下来是两面闪亮的大铜锣，准备鸣锣开道；紧接着是几副红底黑字、威严醒目的官牌：肃静，回避，合州正堂；再接着是八个剽悍的护兵；然后才是八人抬的大轿；最后面是一队护兵。

于知州沉下脸来。“把仪仗全部撤去！”他命令道。

“大人，这是朝廷的规定。”同知连忙道。

“百姓如此穷困，我们还摆这种臭架子干吗？”于知州有些愤怒了。

他断然吩咐：“以后，从我开始，州里的仪仗全部裁撤掉！”然后对一个衙役道，“快给我找头毛驴或不能耕田的老马来。”

不一会，果然牵来了一匹又瘦又弱的老马。

“哈哈，这不是很好吗？”他一下踏上马鞍，跨上马，说了声，“各人都去忙自己的事吧。”只带了一个仆役，便踏上了下乡之路。

走出城，往城郊而去。一路上只见大片的土地荒芜，他心中揪紧了。

忽然，他见到几个老人，一边坐在屋檐下晒太阳一边议论。于成龙连忙下了马，将马交给仆役，走到老人身边，问：“几位大哥，这里大片的好田地，为啥没人耕种呀？”

一个瘦长如竹竿的耄耋老人开口道：“明末清初，清军与明军打仗。百姓为躲避战乱只得四处逃亡。”

“如今不打仗了，天下一统了，为啥还不回家乡呢？”

听到客人这话，有个花甲老人走到于成龙面前，仔细瞧了瞧，问：“你从哪里来？到这里有何事？”

听到眼前这干瘪老头说是“外乡人，到这里探亲”后，便道：“既然你不是本地官府的人，我告诉你也无妨。”然后有些愤慨地说，“这要怪原任合州那个恶知州。战乱后，乡亲们纷纷返乡，但原任州官强迫百姓分立门户，然后登记造册，征收赋税。这样，有三个儿子的家庭，赋税是过去的三倍，百姓交不起沉重的赋税，只好再次逃走。没有返乡的乡亲，见到这种情景，也不敢回来了。”

他吸了一口烟，补充道：“有些男子少的家庭，虽分立门户对他们没有十分大的影响，但因为流落到外乡后，耕种了土地，因此不等租期满就不能回来。”

那个一直没开口的老人，见大家纷纷议论，也禁不住开口说：“还有一些乡亲，被土司头人扣留着回不了家乡呢。”

这话引起了于成龙的关注：“大哥，你说详细些，土司头人为啥要扣留乡亲？”

“因流民为避战乱，或沉重的赋税，逃到土司头人管辖的边远偏僻地界，充当土司的奴隶，一进去便如鸟入笼子，兽落陷阱，遭土司扣留而不得返乡了。”

此时，又有人道：“有些流民躲在外乡，实际上是为了躲债。他们原是官宦人家的仆役，又欠了别人的钱债，他们害怕债主讨债，只得躲在外面。”

了解到这么多情况，于成龙高兴地跟大家告别：“各位大哥，你们可以把自己的想法和建议，向现任于成龙知州提出来，他一定会认真听取的。”

有个老者哈哈大笑：“知州这么大的官，怎么会听我们这些平头小百姓的？不要说知州，就连我们这里的官吏，也不会理睬我们哩。”然后开玩笑地加了一句，“要是你是知州就好了，就能听我们的意见了。”

“真是痴人说梦，堂堂知州大人出行，有鸣锣开道，八面威风，不会骑这等破马!”

于成龙一路继续向前，边走边打听。饿了，吃点自带的熟红薯、玉米饼充饥，渴了向村人讨点水喝。经过几天考察，终于掌握了致使合州荒残的根由。

当务之急是必须使百姓早日返回家园，恢复生产。他心里暗自盘算着。怎样才能使他们早日返乡呢？他与同知、通判等官吏，经过一番商讨，研究出一系列对策，然后，州衙门在各地贴出通告。

凡入大清版图的州民，都是朝廷赤子，回合州必受皇朝恩惠，官府保护，因此特作如下规定：

一、合州荒地，属于开垦者所有，以插草标然后耕耘为标志，后来者不得争论。

二、耕种合州土地者，免征三年田赋和徭役。

三、无人居住之屋，限主人速回登记；过期不登记，谁先修理居住的，就为谁所有。

四、凡回合州垦荒居住者，官府贷给耕牛和种子。

五、凡回合州者，官府不强逼分立门户。

……

“合州来了新知州，是个清廉爱民的好官。”

“回乡种田，三年不收赋税，不征徭役。”

“谁开垦荒地，就属谁!”

人们奔走相告，一传十、十传百，如同春风迅速吹遍大地。流民激动了，于是纷纷扶老携幼返回家园。

仅仅十日，回合州人口就有上千户。几个月下来，就达数万户。大家耕田种地热火朝天，全州出现了村村闻鸡鸣的新气象。

于成龙看在眼里，喜在心头。

三、寡妇被逼走绝路，于知州严惩地痞流氓

一天，于成龙骑着老马，刚从乡下回到州城。

忽然在苏家街的大黄角树下，有个青年女子头发散乱，一边绕树徘徊，一边哭泣：“我的天哪，你叫我怎么办啊！”她走到高高的大坝边，探头望了望滚滚而去的江水，摇了摇头，然后又发愣。

不好，此人可能要走绝路！于知州连忙跳下马，奔上前，问道：“妹子，你为啥在这里哭泣？”

女子抬头看了看面前这个白胡子老头，牵着一匹瘦马，不禁哭得更厉害了。因为她知道面前这老人根本奈何不了自己的对头人。

“你有啥委屈，有啥难处、苦处，说出来听听。我或许有办法替你解决。”老头道，“我认识新来的知州。”

女子一听，边擦眼泪，边说：“老伯，我不想活了！”接着，她边哭边诉说起来。

原来，这妇女名叫刘素贞，三十多岁，丈夫前几年死于战乱。最近，见乡亲纷纷返乡，便带着两个幼小的孩子回到合州故乡。她东挪西借，央亲托友，好不容易修好一所破房，又开垦了一块地，却不料被恶棍王大元盯上了。

王大元整日游游荡荡，不务正业，常聚众生事，是个地头恶棍。他见素贞生得明眸皓齿，风韵动人，又聪明贤惠，不禁垂涎三尺。他大献殷勤，自带农具、耕牛为她耕种田地，还挑来大米、白面、被子和冬衣接济她。

她说：“这使不得。”

可王大元说：“邻里相帮，完全应该。再说自己只有兄弟，没有姐妹，就认你为干妹，相互有个照应。”说得刘素贞眼泪都

感动出来了。

谁知很快麻烦事来了。一天，一帮不三不四的地痞流氓来到刘素贞家，说这房子是他们的，刘素贞开的地，也是他们的。刘素贞没办法，情急之下，只得找恩人王大元为她主持正义。

这干哥哥也果然仗义，一拍胸脯："此事包在哥哥身上，谁欺侮干妹子，老子与他们拼到底!"通过他出面，那帮流氓果然屁滚尿流地走了。实际上，这伙无赖就是王大元手下的一帮烂兄弟。王大元又摆起一桌酒菜，为她压惊。谁知此时，他露出了真面目——将刘素贞领到房里，强要刘素贞做他的小老婆。

此时，刘素贞方才如梦初醒，知道自己上当受骗了。王大元此刻早已急不可耐，要将面前这想了好久的鲜桃摘了。刘素贞假意道："哥哥，你若是真心想娶我，必须先找媒人说媒，然后备齐银子等一应聘礼，用轿子迎娶。若是偷偷摸摸苟合，叫我这个寡妇以后如何做人?"

听说刘素贞愿嫁自己，王大元很高兴。他于是放刘素贞回家照料孩子，准备第二天约媒人上门提亲。

想到第二天那恶棍要上门，刘素贞立即胡乱收拾了一点衣物之类的东西，带着两个孩子，趁夜晚逃了出来。逃到这里，她忽然呆住了：自己一个弱女子，又带着两个孩子，能往哪逃？逃得再快，也逃不出王大元的手掌心啊！她绝望了。

"我想留在家乡，又无立锥之地。再说恶霸王大元凶恶异常，怎肯罢休？我想死，可又丢不下两个孩子。左思右想，没有办法。"说到这里，她把两个孩子揽进怀里，哭得更加凄惨，"真是要死不得，要活不能啊!"

"你不用哭，随我到州衙。我替你想办法。"于知州带着她回到州衙，立即派人前去调查。果然发现王大元是个无恶不作的害群之马，而且已致多人伤残。于是立即派捕快将王大元和手下几个无赖一齐擒拿。

这天傍晚，于知州正在衙署吃饭，忽见仆役匆匆进来禀报：

“梁一氓员外前来拜访。”

请进来一看，原来是合州闻名的梁百万。他在重庆府开绸缎庄、茶庄、油坊，是个响当当的人物。只听他开言道：“于大人，合州穷困，衙门残破，城墙倒闭，学宫破旧，流浪要饭人不绝。我愿捐助五百两银子，大米二十石，帮助于大人解困。”说着，叫随从拿出二十五封白花花的细丝白银。

于成龙大喜。有了这笔银子，城墙、学宫都可以得到修复，衙门面貌也可大为改观，还可办起一个粥棚，给流浪人要饭人施舍粥饭。想到此，他连忙感谢道：“梁员外慷慨解囊，令于某感激不尽。”说着吩咐衙役，“快去炒几个小菜，买壶米酒，我要和梁员外喝一盅。”

谁知梁员外连忙摆手道：“大人不必客气。我因有要紧事，需马上赶回重庆，恕不奉陪。”然后道，“我还有一个请求，我有一个外甥叫王大元，听说他不学好，欺男霸女，被大人拘拿。我想把他带往重庆进行训导，以免祸害合州百姓。不知大人能否看我薄面，格外开恩？”

“原来，你是想拿重金贿赂我，叫我贪赃枉法呀！”于成龙火了，“王大元无恶不作，该判重刑，可你却要我放他一马。老实告诉你：休想！”说着，两手抓起那一封封白银，噼里啪啦一齐向梁百万掷去，“滚，快滚！”

梁百万和随从匆匆拾起银子，抱头鼠窜。

很快，王大元便被抄没家产，分给新户。又将罪状牌挂在王大元脖子上，由两个差役押着他，叫他整日敲着锣，走村串巷游斗。半个月后，王大元被判监禁八年，充军黑龙江蛮荒之地。其余流氓均判刑。

但重庆府复审时，对王大元作了改判：判刑三年，因痨病严重，监外保释。但从此不得出现在合州，被驱逐出州境。

于成龙虽然气愤，却也无可奈何。好在此尊瘟神已送出合州，不再危害本地，心中稍感宽慰。

王大元一伙被处理，地痞流氓闻风丧胆，纷纷退还霸占的田产。有的死不悔改、继续作恶，便被于知州抓起来判刑坐牢。

为杜绝此风再起，于知州将重要的条款刻在各乡村路口上，让村民皆知，路人皆晓：“开垦之田，属开垦者所有；插标修理之宅，属修理者所有。若违反此条令，欺霸者，从严处理，绝不宽恕！”

从此，合州社会秩序井然。

一天傍晚，于知州走到苏家街，忽忆起在此悲痛欲绝的刘素贞。处置了王大元，虽然刘素贞的问题得到基本解决，但孤儿寡母，以后的日子怎么过？天下最苦莫过于寡妇；伶仃无靠莫过于孤儿。看起来，寡妇幼子应该得到抚恤，更要紧的是，应让寡妇们能有再嫁的自由。

想到此，他连忙到衙署挑灯夜战，拟定一个通告，规定：“允许寡妇改嫁。有公婆的，改嫁由公婆做主；无公婆的，听凭本妇自己做主。不许奸民逼婚，若发生逼婚，一经查实，绝不轻饶！”

此令一出，许多年轻寡妇改嫁。

刘素贞也在于知州的撮合下，由一个因家境贫寒，年过三十未曾娶妻，刚考中举人的英俊青年娶为妻子。她感激涕零地说：“于大人真是我们孤儿寡母的救命恩人哪！”

从此，寡妇们都在家奉于成龙的长生禄牌位，早晚参拜。

四、驻军胡作非为，须用釜底抽薪之计

一个冬日的下午，于知州骑着瘦马，带着巡捕和书吏，来到辖下的铜梁县暗访。

他正在一条横街上走，突然前面鸡飞狗叫。几个当兵的已抓住了那只大母鸡。忽地一道白光一闪，一条狗扑地应声倒地。

老婆婆苦苦哀求：“我祖孙俩，就靠这只大母鸡下蛋买油买盐哪，请你们高抬贵手，还给我吧！”

当兵的笑道：“老子为你们守县城，辛苦得很，难道不应该慰劳慰劳？”说着，拎起大母鸡便大摇大摆地走了。

老婆婆跺脚咒骂：“贼坯强盗，你吃了这鸡肉，总要得鼓胀病死！”

于成龙气坏了。他正准备跳下马管管这事，忽然不远处一条船上传来喊“救命！”的声音。

原来，护城河里撑来一条船。那撑船的姑娘与护城河两岸的奇花异树构成了一道美丽的风景。船上飘来一阵女子柔婉的歌声，道是：“二月里来好春光，家家户户种田忙。”

此刻，有个当兵的被这姑娘的青春美貌和甜美的歌声吸引住了。当船刚撑到一处水埠头，他就噌的一声跳上船，一把背起这姑娘就走。

姑娘连喊：“救命！”

一个老妇人——她母亲顿时哭天号地……

于知州将马一横，挡住这当兵的去路，喝道：“青天白日之下，谁敢如此大胆强抢民女？”

这当兵的放下姑娘，抬起牛眼，乜斜了于成龙一眼。见是个瘦老头，骑着匹瘦马，不禁声壮气粗道：“你这死老头，管得着吗？快滚一边去，免得坏了老子的好事！”

于知州大怒，立即吩咐手下那名合州名捕：“将他绑了送县衙门！”

于成龙一进县衙，立即吩咐知县：“快集合县城守备队！”话音刚落，便听到县堂门口，响起阵阵急促暴躁的击鼓声、呐喊声。

出堂一看，只见县堂门口，聚集着三十多名全副武装气势汹汹的清兵。

知县问击鼓者：“击鼓为何事？”

击鼓者是这队清兵的把总，他气昂昂地说：“听说有个老东西，把我部下一个兄弟捆绑送进了县衙，我特带领众兄弟来此讨还！”

于知州怒斥：“你纵兵强抢民女，胡作非为，该当何罪？”他两眼使劲一瞪，两道剑眉一竖，如同两把宝剑出鞘，怒喝道，“将他绑了，重打四十大板！”

“谁敢？”把总一声吆喝，“弟兄们，快上！”

众清兵刚拿出刀枪，准备动手，忽听喊声四起。伏兵从周围树丛里跃出，四面黑洞洞的枪口，一齐对准了他们。

于知州威严地喊道：“我是知州于成龙！谁想造反，就地正法！”

众清兵顿时呆了，木了。

“将他们缴械！”

众清兵乖乖地被解除了武装。

然后，于知州下令：“将把总绑了，杖责八十！”

把总立刻被按倒在地。一阵暴风骤雨般的板子，打得他哭爹喊娘，不一会便皮开肉绽，血肉模糊。

于知州当即宣布：将把总和强抢民女的士兵收监，听候处理。其余清兵集中县衙，闭门思过，交代所做的违法乱纪之事。

他指派这队清兵中一个长着曹操胡，名叫卫清的兵士担任把总。他观察过，刚才在把总指挥兵士准备哗变时，只有此人站立不动，没有举枪，还劝说其他人。

当县令在县堂重新坐下，给于知州斟茶时，于成龙责备道：“这队兵士胡作非为，难道你不知道？知道了，为何袖手旁观，不顾不问？”

县令一脸为难：“本县城仅九户人家，而驻兵却有三十多名。他们平日白吃闲饭，且无事生非。这些兵士本县毫无节制权。因此，只要他们不做出杀人放火等极端行为，本县只能不顾不问。”他停了一会儿，对于成龙道，“知州大人，这批刺猬兵，不但本

县不好管，恐怕对您也是个大难题呢。”

知县此话不假。这支兵是数年前清朝大军进攻明朝最后一个皇帝朱由榔时，遗留下来的一个大问题。当时，大批清兵驻扎在合州。如今，朱由榔早已被吴三桂杀死在昆明，清兵虽已撤走一批，但仍有不少兵驻扎在合州。军队没仗打，无事可干，于是搓麻将赌博，偷鸡摸狗，欺男霸女等事屡屡出现。县官毫无办法。

“据说州城郊外的钓鱼城，也由留守清兵控制起来，据为己有。门口设有哨卡，上山参观须交五钱银子呢。”县令又冒出一句。

“有这等事？”于成龙吃了一惊。他知道，这批兵不要说县令管不了，知州管不了，就连重庆知府也无权调动节制。他的指挥权在省，受省八旗都统直接指挥，连省城的按察使、布政使，甚至巡抚也没有直接指挥管理权。

他没有回州城，而是直接去了一趟钓鱼城。

钓鱼城是合州的名胜古迹。他来合州任职后，因忙于政事，缉盗，没有空余时间来此游山玩水。此番到此，一进谷地，果然见到此山好个山势，一座高山突兀而立。他正想上岭，却被两个带枪的士兵拦住了：“要上山，须先付上山费五钱！”

这两个兵虽拿着枪，却衣衫不整，一副吊儿郎当的模样，尤其门口那个收“上山费”的小头目，三角眼，手拿一杆老烟枪，两只脚搁在面前的案桌上，摇晃个不停。他边喝茶边抽烟，烟雾缭绕，一副悠闲的神态。

“不交银子，不准上山！”两个兵凶神恶煞般对骑在瘦马上的于成龙喝道。

“上山要收费，这是谁规定的？”

见面前这个瘦老头质问，两个兵士蛮横地说：“我们收费，你管得着吗？”

“不得无礼！这位是合州于知州。”于成龙手下捕快连忙喝道。

见说是知州，两人不禁一愣。

随即一个光头道，“知州又怎么样？他又没权管我们！”

“这里谁带兵？你们去把头领找来。”

那个当兵的随即走了。

收费站里依然烟雾袅袅，三角眼双脚摇晃，还唱出一曲淫荡小调：“妹是牡丹花一丛，哥是一只采花蜂；蜂叮花心尽情采……”

不一会儿，那位小头目在两个扛枪士兵的护卫下大摇大摆地走了过来。他是一名千总。

“谁找我？”他牛声牛气地问。

于成龙开言道：“看钓鱼城要收上山费，这是谁规定的？”

千总理直气壮地回答：“我们防军保护了钓鱼城，出了力，费了神，自然应该有点回报！”

“你们防兵有米粮、服装等军饷保障，为何还要收上山费？”于成龙严肃地质问，“要收也得我们地方官府收，你们没有这个权力！”

千总沉默了片刻，自知理亏，但仍辩解道：“如果没有我们军队保护，你们地方哪得安宁？若是被强盗土匪占领，要出杀人放火大事哩！”

“你们是防兵，没有设卡收费的权力！”于知州一番话让千总一怔，尴尬在那里。

但随即他又道：“于知州，要不，我们和州里合办，这里收的钱，二一添作五均分。”

于成龙冷笑道：“州衙不要均分银子，我要你们立即撤销哨卡，让百姓自由进出！”

千总一听，随即甩出一句硬邦邦的话：“这个我不能做主。我们收费，是经省都统将军批准的！”

于成龙不禁眉头一皱，对衙役道：“走，我们上山看看。”

钓鱼城坐落在合州城以东约十里的钓鱼山上，山势突兀耸立，高有百丈。

登上山顶，只见山下嘉陵江、渠江、涪江三江汇流，南北西三面环水。外城筑在悬崖峭壁上，地势十分险要。

于成龙心胸为之一振。此刻，前人刘泰三的诗句跃上心头：

宋元往事付东流，寂寂空城莽莽秋。

草木尚存天地色，江山不尽古今愁。

据内室史料介绍，公元一二三五年，蒙军在西起川陕，东至淮河下游的数千里战线上，同时对南宋发动了大规模进攻。公元一二四零年，四川制置副使彭大雅在赶筑重庆城的同时，派部将甘闰到合州钓鱼山开始修筑钓鱼城，作为重庆屏障。公元一二四二年，南宋理宗又派遣名臣余玠任四川制置使兼重庆知府，主持四川防务。他采取“择险，任人，积粟，驻兵，徙城”之策，在四川依山凭险修筑史称“川中八柱”的八座山城，钓鱼城是其中之一。城修好，移州县治所于山上。

“这钓鱼城有着辉煌的历史。”书吏如数家珍地向于知州介绍起来，“南宋理宗宝祐六年（公元一二五八年）秋，成吉思汗的孙子蒙哥大汗，发动了灭宋战争，亲率四万蒙军主力，分三路攻打四川。相继攻占剑门苦竹隘、长宁山城、蓬州运山城、阆川大获城、广安大良城等坚城，逼近合州。

“兴元都统兼合州知州王坚见蒙军三路进兵，来势凶猛，立即调集石照、铜梁、巴川、汉初、赤水五县十七万军民，大力修固钓鱼城，加高加固城墙城门，筑一字城，迁合州百姓于钓鱼城内耕种，屯兵积粮，使城池成为坚固堡垒。

“公元一二五九年二月，蒙哥率军抵合州，然后从鸡爪渡过渠江，扎营于城东的石子山。在王坚、张珏指挥下，他们用飞石击毙蒙古骁将汪德臣。蒙哥在东门外瞭望楼瞭望敌情时，被城中宋军炮火击中楼台，身负重伤。数月后死于温汤峡（今北温泉），蒙军兵败钓鱼城。”

书吏说到此，语气陡地一转，口气十分自豪：“钓鱼城之战，是中国古代以少胜多、以弱胜强的光辉战例。它使南宋政权转危为安并延续了近二十年，缓解了蒙古势力对西亚、东欧等地的威胁，其影响远远超越了中国范围，在世界史上占有重要地位！"

书吏的介绍，把于成龙带入了古代那场惊心动魄、可歌可泣的大战，也给了他以坚定的信念：合州民众是勤劳、勇敢、智慧的，在他们的努力下，一定能建成繁荣昌盛的新合州。

他正沉浸在历史的烟雨中，突然，一片嘈杂之声在耳旁响起。一看，只见一帮兵士押着两个男子，来到亭旁。然后，将两人绑在亭柱上。一群游人围上来看热闹。两个兵士挽袖捋臂，拿起鞭子，正要抽打，猛地被于成龙喝住了：

"你们为何吊打百姓?"

"这两人犯了禁令，偷偷溜上山，没付上山费!"兵士瞪起眼凶狠地说，"不守禁令，就得教训教训!"说着，又举起了鞭子。

"放下!"于成龙威严地说，"你们没有处罚人的权力！这山也不准你们部队管，归合州衙门管!"

"嘀嘀，一个破老头子，管得倒宽。你快给我滚一边去！把我惹火了，连你这死老头一起收拾!"说着，兵士又扬起鞭子。

但很快被捕快一把夺了下来，喝道："休得无礼！这位是合州知州于大人!"

听说是知州来到，这伙兵一哄而散。

两个上山客，被松了绑，随即叩头谢恩。

于知州来到石照县县堂。这是南宋时期留下的老县堂，像这样完整的老县衙，全国少见。只见大门口一面大鼓高架。

于知州想上去看看，不料大门紧闭，不开放。他刚走下台阶，准备看看前面那巍峨的石牌坊，忽听见里面隐约有女子哭声。

他侧耳细听，原来是从老县堂的后院——小花园里传出，声音一高一低，似有两个人。

他感到很奇怪。难道是千总的家眷？但随即被他否定了。因千总是不能带家眷的。到底是啥人呢？他吩咐捕快潜入后院墙根下偷听。这一听，便听出了蹊跷和秘密。

只听一个女子的声音道：“把我们禁在这里好几个月，不知何时才能出去？”问另一个道，“千总是怎么把你弄到这里的？”

另一个道：“我听说钓鱼城景致好，便来这里看。但到山口，说是要五钱银子。我一听这么贵，就往回走。不料被千总看到。他一见我想上钓鱼城，便免了我的上山费，还说领我观看，免得山岭太陡出危险。就这样，我被他骗上山，骗进县衙。他说要我做小妾，我不答应，他就把我关在这里。他说给我两天的时间考虑，说要是不同意，就把我哥抓去做挑夫，把我爹抓去服徭役！”

说到这里，她不禁哭出声来：“我去年已经订了婚，准备今年过年结婚。现在，若是给这禽兽糟蹋了，我这一生就毁了。”她咬牙放低了声音，“要是他敢强逼，我就跟他拼了！”

忽然，响起一阵脚步声，接着传来一个凶神恶煞般的声音：“不许说话，不许啼哭，不许交头接耳！否则，看我怎么收拾你们！”说完，果然听到一阵噼啪的鞭声。一切又归于寂静。

这千总竟然金屋藏娇，一藏就是两个。真是无法无天了！活脱就是一个采花大盗！我得设法救她们。现在不救出她们，这刚来的姑娘就完了。另外那个女子也插翅难飞。想到这儿，于知州便对捕快道：“我把看护的人和千总引到正门，你带这两个女子从后门下山，我们在山脚的村庄会合。”

于是，于成龙敲响了县衙大鼓，说合州知州来此视察。

门一开，于成龙便对这名守卫的兵士说：“快带我去见千总，我有要事。”

不一会儿，见到了千总，于知州道：“你集合全体兵士，我要训话。”

正当于知州面对全体官兵，大讲如何守纪爱民，与官兵约法三章时，捕快早已翻后墙进了县衙，打开门，带着两个女子在苍茫暮色的掩护下逃走了。

等千总哼着小调，来到县衙准备与新来的美娇娘成好事时，却发现两个美人已无影无踪。他顿时气得七窍生烟。想到于成龙到过县衙，他便明白此事一定和这老头有关。他冷笑道："说你是清官，谁知你也是好色之徒，待我今晚下山探听，等你们入洞房时，老子非将你劈了不可，看你还逞啥威风!"

怎样才能彻底解决驻军骚扰地方胡作非为？

于成龙一回到州衙，就陷入了深思。必须报告朝廷，由朝廷下旨才能制约都统，使那个气焰熏天的八旗将军乖乖听命。对，这才是釜底抽薪之计！但我一个小小的五品知州，位微言轻，朝廷能听我的吗？必须由巡抚、总督出面上奏。

想到此，他立即连夜起草给省里督抚的呈文，揭露合州驻兵的违法乱纪行为，要求将相关不法人员加以严惩，并将驻兵归各地府州县管束。督抚向来对八旗都统飞扬跋扈不满，对驻军的胡作非为早就有所耳闻，只是忌惮都统的赫赫威势不敢摊牌。如今见硬老头于成龙掌握了驻军严重扰乱地方罪行的有力证据，提供了向都统轰击的炮弹，立即联合上奏朝廷（附上于成龙呈文）。

朝廷接到督抚奏章，十分重视，很快下达"各地驻兵均交地方管束"的谕旨。

于是，都统只好作出了两条决定：

一、各地驻兵均交地方管束，若有违法乱纪行为，可由地方官府处置；

二、千总纵兵违法乱纪，强霸民女，革职驱逐回籍，永不录用。

接到督抚批文，于成龙立即将合州留守清兵集合在州城，让他们开垦种植，不许胡作非为；违者，军法民法一并处治。并当场将那个青天白日上船强抢民女者，斩首示众，将把总撤职充军，将其他违法乱纪官兵严肃处治。

从此，合州社会稳定，一片安详气氛。

五、寒冬腊月，突然接深山伐木命令；为百姓免死，于知州提出令巡抚大为惊叹的主张

康熙七年（公元一六六八年）十一月二十五日，于成龙忽然接到四川巡抚佟凤彩的指令：于成龙知州，着你火速前往四川、云南交界的武隆、彭水一带，采伐楠木，以备运往京师。事关皇上旨意，非同小可，望勿大意。

于成龙大惊失色。如此寒冬腊月，大雪纷飞，滴水成冰，却要百姓到深山老林砍伐楠木。这怎么能完成伐木任务？这不是要他们白白送死吗？想到此，他立即向巡抚呈上《采楠木详》，禀明实情：

“今年水旱灾害接连而来，天气变化异常。大兴土木，劳民伤财，惊扰四方，成龙实在为此担忧。四川向来产名贵楠木，历来已有定案。但今日之四川，已非往日全盛时期可比。如今田地荒芜，人烟断绝，户口册上的人口和赋税徭役，屈指可数，即使有一两个男子在，也是惊魂未定。如今忽遇到此等特大徭役，谁去砍伐？谁来运输？这残破的疆域，必然造成官吏与平民都死！从此，流民裹足不前，不敢来此地落户，居民也因此惊怕而四处逃散。如此，财赋充足的四川，到头来将成为空虚之地。我扪心自叹，不禁痛哭流涕。”

接着，他用自己由广西到合州，一路上的亲身经历为例，说明正值腊月，大雪封山，驱民入山采伐楠木，无异于投民于死地。

“成龙由广西路过湖南、贵州，亲眼看到深山峡谷之中，云树参天，日光不到。这些原始森林，即使夏秋之交，也有冷气逼人。如今寒冬凛冽，冰雪覆盖，大树之中，林薄叶密，藤萝缠结，虎豹成群，人迹罕至。要伐木，首先必须斩伐藤萝荆棘，开

出路径，供人行走，带上火炮刀枪防止猛兽伤人。而且四川居民与别省不同，平常既无皮袄，又无棉衣。驱赶这些啼饥号寒的民众去服徭役，无衣无食，怎么防冻？其结果必然是冻饿而死。这是第一层忧虑。如果见到有人冻死，四处居民必然闻风而逃。这样，尚未开工而百姓已经惶恐不安。这是第二层忧虑。隆冬天气，民众无依无靠，必然聚集一起干一些坏事，这是我最担忧的啊！”

虽然替民众说了话，但他知道，自己是朝廷命官，必须执行朝廷旨意。既然不能派百姓采伐，那怎么办呢？他忽然想到，用官吏衙役和兵丁，即动用官府力量，完成钦派的工役。于是，他向巡抚建议：

“文官和衙役，自备刀斧钩镰，开山辟路；武官和兵丁，带上火炮刀枪以防猛兽。文武官吏和兵丁衙役，自带帐篷，住进深山采伐，以免进出浪费时间延长期限。如此，不用民间一夫，地方自然安静无惊。”

佟巡抚接到于成龙的呈文，见他竟然提出带领官吏兵丁衙役进山伐木的主张，先是一愣，大为惊奇：这主意从没人提出过，也没人实行过，但确实是执行朝廷旨意，解决目前紧急采伐楠木难题的最好办法！不禁赞叹道：“于成龙，你真是爱民如子的好官呀！”

于是立即批准他的建议，令他火速查找楠木，尽快采伐。

接到指令，于知州立即抽调州衙官吏衙役二十名，兵丁五十名。所属的铜梁、安居、大足，每县兵丁三十名，官吏衙役十名，将近二百人，浩浩荡荡地向深山老林进发。

于知州将这些官吏衙役兵丁分成组，展开采伐竞赛。于是沉寂了几百年的森林沸腾了。

经过几个月苦战，大批楠木被砍伐。放眼望去，到处是一堆堆整齐的楠木。

年关，是在紧张的采伐中来临的。

除夕这天早晨，于知州一起来就想：大战了这么长时间，大年初一得放放假，让大伙休息休息。今晚除夕夜，得给大伙改善一下伙食，买些酒肉犒劳犒劳。他拿起褡裢，全部搜寻遍了，也只摸出一两碎银。一个月来，大伙几乎天天吃青菜、土豆和萝卜，没有一点油水。见大伙如此辛苦，于知州便拿出节余的、原准备寄回老家的几两银子，隔三差五地为大伙买点肉和豆腐，改善一下伙食。如今只剩下这一两银子，用来买两大坛老酒足够，但买肉的钱从哪里来呀？这不是几斤、几十斤能解决的，若按每人半斤的定量，需要上百斤呢！

他绕着住宿的破庙周围一圈又一圈地转，苦思冥想。

好像是为了回答他提出的问题，突然，他的小腿被什么东西猛地撞了一下。他回过神来一看，原来是一只野兔从身边溜了过去，然后蹦蹦跳跳地跑了。

于成龙一拍脑袋：这不是现成的肉吗？这大森林里，兔子多得是！除了兔子，还有野猪、麂鹿呢！想到此，他顿时兴奋起来，立即对仆役吩咐道：你去物色几个枪手。今天，他们的任务，就是多打一些野兔、野猪，今晚除夕夜，好好改善一下伙食。

仆役兴高采烈地走了。不一会儿，官兵中挑选出几个神枪手，组成打猎队。听说能发挥自己特长打野味，神枪手们顿时来了劲。他们各显神通，弹无虚发。大约到了下午三点光景，便已硕果累累：野兔二十一只，野猪三头，麂两只，还意外地猎得一头鹿。正当他们收拾猎物，哼着山歌，志得意满地准备走出那个神秘的千伏山野猪谷时，危险来临了。

一只金钱豹突然出现在前面。它瞪圆了眼睛，旁若无人地看着他们，似乎对挂在人们肩头的火铳视而不见。它傲视众人，威风凛凛。众猎手顿时紧张起来，一时竟手足无措。

打猎队队长意识到眼前处境已极端危险，若这猛兽一扑过来，那就完了——必定有一个人会粉身碎骨！他马上下令：立即

疏散，藏到隐蔽处；上足火药和大号铅弹！

正当金钱豹虎视眈眈，威严地一步一步向一位猎手走过来时，一支枪先响了。它射中了豹子，但没伤到要害，只打到它的屁股。

金钱豹发怒了。它不知道枪弹是从哪里射来的？它瞪大那两只带黄光的眼睛，没发现前面射来的方向有人。忽然，它看到另外一个方向，有个人正躲在大树底下，拿枪瞄准了自己。这下，它勃然大怒，张开口“昂”地吼了一声，立即风驰电掣般奔了过来，眨眼间已到跟前。枪手用枪本能地一挡，金钱豹的大口已将枪死死咬住。猎人扣动了扳机。

枪响了，但只打穿了金钱豹的口腔。金钱豹更加愤怒，一爪打掉了前面这个敌人的火铳，然后张开血盆大口，就要将眼前这个人吞噬掉！

这枪手吓得面无人色，手足冰凉。弯腰拾枪重新上弹药已不可能，他自知必死无疑，于是两眼紧闭，浑身瑟瑟发抖。

“跑，快跑！”看到眼前这险境，打猎队众人惊呼起来。

然而，怎么跑得了？金钱豹的大口已伸出尖牙利齿，往枪手的喉咙咬去。

“砰！——砰！”就在这千钧一发之际，同时响起两声枪声。只见两道火光一闪，两粒铅弹正好全部击中金钱豹的头部。它全身剧烈地抖了抖，头一歪，便扑倒在地上，剧烈地挣扎了几下，便不能动弹了。

清点人数，人员无一伤亡。一称金钱豹，有一百多斤。

除夕傍晚，大锅大锅的肉和着土豆烧起来了。这肉是按照每人一斤的分量烧的。日头还未落山，收工时间还没到，肉却烧熟了。这大锅里，有野兔、野猪、鹿、雉鸡，有豹子，还有大补身子的鹿肉。大锅周围香气四溢，馋得人直流口水。还有那架在灶火上的大铜壶，远远就飘着酒香。

夜幕降临，一堆堆篝火燃起来。柴火噼啪地响着，烤得人寒意全无，浑身暖洋洋的。放眼望去，森林上空一片火光。这大概是森林千百年来没有过的壮丽景观吧！

于知州领着州县官员来到现场，轮流到官兵和衙役中间敬酒。

他激动地说："诸位兄弟，为完成朝廷钦派工役，大家抛家别子，战冰雪，抗严寒，吃了大苦，流了血汗。现在，春节也不能和家人团聚。我于某特向大家致以诚挚敬意和深切谢意！等砍伐任务完成，我为你们请功！"

停顿了片刻，他深情地说："有的人家中老母病重，只买了几服药交给妻子就奔赴深山，"他从包里拿出一只鹿角，喊出那个名叫忠孝的中年人，把鹿角交给他，"这鹿角请你带回家给老母，祝老人家早日康复！"

拿到鹿角，忠孝流泪了，他哽咽道："于大人——"他想说，"于大人，您自己身体也不好，哮喘得厉害，应该您自己留着用啊！"可此刻，他已说不出话，只是泪流满面。

此时，于知州已拿起一碗酒，高声道："别的就不多说啦，今晚的菜肴虽然种类少，但绝对是山珍美味。请大家放开吃，酒尽量饮。让我们为伐木的辉煌成果干杯！为新年的日子如芝麻开花节节高干杯！"

顿时，山林中响起一阵阵叮叮当当的碰碗声。人们大口大口地吃着美味无比的土豆烧山珍，痛快地喝着滚热的糯米酒，就着刚出锅的热气腾腾的白面馒头。忽然，负责伙食的书吏不知从哪里搞来了几大饭蒸热糍粑。这时，有人用筷子敲起酒碗，唱起了一支民歌："南津关一过就过了关，三溜子上水是一长潭；下面就是纱帽山，芝麻绿豆我们一齐办，整几碗水酒好弯船……"

夜深了，饭饱酒醉的伐木队员们在简易的帐篷里沉沉地进入了迷人的梦乡。

可是，于成龙却怎么也睡不着。

朔风阵阵呼啸，乌江水在奔腾咆哮。这江水，夜里听起来，是那么的震撼人心，简直如同天边滚过的阵阵闷雷。细听，又似乎夹杂着妇女和儿童的声声悲泣。此刻，他不禁百感交集，一首七言律诗脱口而出：

驱驰王事入彭川，旅舍神宫辞旧年。
七载罗阳梅弄影，三冬蜀道柳含烟。
石龟气负星文灿，林鸟声催草木鲜。
忽忆家乡思对镜，明晨霜鬓独凄然。

这风如此之大，大伙儿冷不冷？他返身从稻草堆和破草席上爬出来，巡视如大蘑菇般开在老林里的一顶顶帐篷。他顺着七高八低的路和遍布的藤萝荆棘一步步向前走去。好几次绊倒，手划破了，膝盖也磕伤了，但他没有停留。他交代各位头领，注意警戒，烧起几堆火，防止猛兽袭击。

林间零星地挂着几盏灯笼，如同黑洞洞的林子张开的几只眼睛，又如同绿色地毯上几颗闪烁的星星。在微微闪耀的灯光中，于成龙看到那高深宽阔的乌江仿佛一条巨龙在游动。他心中不免喃喃地赞叹道："乌江啊，你日夜奔腾，奔向长江，奔向大海，最终成就辉煌。你何时能让我借你之力，也奔向滚滚的长江，汇入浩瀚的大海？"

大年初一巳时初，大伙纷纷起床。在这广袤无边的绿色王国中，呼吸着清新无比的空气，感受着温暖如春的阳光，听着百鸟弹奏的交响曲，个个感到心旷神怡，快乐无比。一个月的疲劳似乎都在昨晚的山珍美酒和篝火中消失得无影无踪。

几个打猎队员，又背着枪打山珍美味去了，说是晚上再来一餐珍馐美酒篝火烤。酒多着呢。周围乡亲纷纷自发送来许多坛自酿的糯米酒，还有糍粑。

于知州不接受，乡亲们带着哭腔道："砍伐楠木的徭役，本来应该是派给我们来干的呀！如今你们官府人顶上，为我们挨冻受饿，流汗流血，难道拿出点自酿的米酒还不应该吗？如果于大

人你硬是不收，那我们只好跟你们一起砍伐。”

没有办法，于知州只好破例收下，并把剩余的几只山兔，还有一头野猪肉给了他们。

忽然，有人提议：“晚上有酒有山珍还有糍粑，我们怎么好意思白吃啊？上山砍楠木去！早晚反正都是我们的任务，早完成早下山跟家人团聚！”

此话一出，顿时一呼百应。大家拿着斧子、柴刀和绳索便要出发。

于知州制止道：“说好大年初一休息一天，好好将息将息，明天再上山吧！”

可于知州一走，大家便不声不响地偷偷上山了。除了少数几个伤了手脚的人以外，几乎全部上了山。

很快，冷寂的寒气逼人的原始森林里，又响起欢快的叮叮当当的伐木声。

于知州发现后，十分感动地说道：“多好的官兵，多好的衙役，多好的合州乡亲！”

元宵节头日，砍伐楠木的任务终于完成。

于知州下令放假两天，回家过元宵。两天后，除留下部分公干外，大伙重新回到老林，完成接下来的任务：运楠木出山，装船。

按照于知州的吩咐，大家把楠木抬到乌江边。然后走水路：先到涪陵，再装大船从长江走。

楠木数根捆扎成一张张木排，木排一张张地下水，铺满了乌江水面，如同千军万马奔涌，好不壮观！看着凝聚着满腔心血的楠木，劈波斩浪而去，众人发出一阵阵欢呼声：“成功了！我们成功了！”许多人激动得热泪盈眶。

然而，就在这时，一个意外出现了。

一张木排突然被撞散，几根大楠木在江水的冲击下，横七竖八地把渡口堵住了。于是成百上千根楠木便只好在四周打转，出

不了渡口。

这突如其来的情况令于知州急得双脚直跳。

捕快任勇辉道："大人勿忧虑，待我下水去看看。"

于知州直摇头："不可，千万不可！虽说严冬已过，但春寒入骨啊，人下水如何经受得了？"他知道任捕快水性好，但如此冷又危险，怎可轻易下水？

"不要紧，我喝点烧酒就行。"不等于知州答应，任捕快早飞奔进帐篷，拿来一小瓶泸州老窖，咕噜咕噜喝了半瓶，便甩掉棉衣棉裤，跳入深蓝的江中。他很快钻到那几根杂乱的楠木下，将一根又一根楠木拨直，拨对方向。

看到那几根冲散的楠木，一根接一根顺江漂去，于知州露出了笑容。

不料就在任勇辉正准备向江岸回游时，危险发生了：一张楠木排从背后撞上了他。他只觉得头部嗡地一下，便被撞入旋涡，卷进急流，被汹涌的波涛吞没。

"勇辉——勇辉——"于知州哭喊着，顺着江岸奔跑。许多人跟着哭喊着，跟在他后面跑。

于知州跌跌撞撞，声嘶力竭地喊道："勇辉，你在哪里？你不能走！"

于知州慌不择路，鞋子掉了，跌倒了，膝盖磕出了血，裤子染成了绛紫色。突然扑通一声，他跌进了一个深坑。他两手一个劲儿地拍打着沙石，绝望地号啕大哭："勇辉！——你不能走啊！"

江边摆起祭坛。坛上供着山珍肉和美酒。因为找不到任勇辉的尸首，所以没有灵柩，只放着他跳江前脱下的一套棉衣、棉裤。

于知州拈了三炷香，拜了几拜，然后含泪诵读祭文：

"勇辉，你是合州人的骄傲！是合州百姓的好儿子！是顶天立地的英雄！虽然没有灵柩，但你的葬礼隆重而特殊，古今罕

见；乌江为棺，长江大海为墓。你安息吧！”

很快，于知州便启奏朝廷，为任勇辉求得千总封典，给其家庭抚恤银二百两，并荫其十八岁儿子为秀才。他将其子招入州学，安排教授重点指导，三年后乡试中举。这是后话。

第三章　湖北“于缉盗”

一、盗贼一听到“于活埋”之名，无不心惊胆战

康熙八年（公元一六六九年）夏，于成龙因在合州政绩显著，不到半年，便调任湖北黄州府同知（知府的副职），驻守歧亭镇。

能到当年大文豪苏东坡曾任职并留下千古绝唱《念奴娇·赤壁怀古》的黄州做官，于成龙很高兴，一股豪情在胸中涌动。

然而他刚刚上任，便碰到一个棘手的问题。当地盗贼横行，青天白日抢劫，无人敢问。他觉得奇怪，一了解，才发现问题的严重。

负责治安缉捕的郭通判介绍：“黄州土地贫瘠，加上天灾人祸频繁，民不聊生，盗匪充斥。因此，在上司核定州县等级中，四字俱全：冲、疲、繁、难。属极难治之地。”说到这里，他皱紧了眉头，“尤其是有一伙大盗，盘踞黄州数年，但总缉拿不到。前任各级官吏，虽费尽九牛二虎之力缉捕，但总是损兵折将成效不大，劳民伤财。”

“为何多次大兵进剿收效甚微呢？”于成龙仔细分析以前抓捕行动的弊病。他翻开地图，和通判一起研究起来。

通判指着地图分析：“黄州地处湖北、江西、安徽三省交界处。大兵进剿，盗贼便闻风而逃，窜往江西、湖北；大兵一撤，

盗贼又从外省返回作乱。这是其一。”他沉吟了一下，“其二是，这伙盗贼出没无常，不知藏身何处？”

看样子，对付这伙狡猾的强盗，显然用大兵进剿不适用。要想剿灭这伙盗贼，首先必须摸清他们的巢穴。于成龙想。

经过一段时间的明察暗访，他得知匪徒经常躲藏在一处深山古庙。

于成龙立即召集通判、千总和捕头等有关官吏研究策略，提出了自己的主张：“必须派一人打入虎穴，先摸清盗贼底细，掌握他们的活动规律，才能将他们一网打尽。”

捕快头目文虎自告奋勇：“我瞎了一只眼睛（捕盗时被伤），适合装扮成算命先生打入匪窝。”

于成龙看了捕头一眼，但见两道浓眉如剑，身材魁梧如松，另一只眼炯炯有神，立刻摇头：“你不适合。算命先生通常总是身材瘦弱，慈眉善目。可你威风凛凛，像个将军，装算命人，一下子就给强盗认出来了。”

“让我去吧，我扮成算命先生准行！”通判想到缉盗属自己职责，加上自己精通文字，能说会道，凭着自己一张利嘴，准能打进狼窝匪窟。

于同知立刻道：“小子，你给我看看手相。”他伸出一只左手叫通判看。

通判平常只知做官审案，很少涉及麻衣看相一类学问，所以对看相很陌生。此回见到上司考问，只好硬着头皮说：“你手相好。俗话道：一萝（手指上的纹路）穷，二萝富。你手指上有两个萝，以后肯定财源滚滚。”

于同知摇摇头，笑道：“手相主要是看纹线和经络。”他拿起通判一只手，指着上面三条十分明显的纹线，“这条横线是感情线，指婚姻。你感情线很丰富，表明妻子之外还有一妾；中间这条直线是事业线，你这条线很长、很粗，说明你年轻有为，前途辉煌。如今仅三十岁已是六品通判，看样子，以后升到省级官

员有望。”

他又指着从食指下面往手掌底部延伸的斜线：“这条叫生命线。你的生命线开始很柔弱，说明你少时遭过大磨难，差点命丧黄泉。这线到了后半部分，变得模糊暗淡。预示你在五十来岁时，有个障碍，或生病或有其他变故。但性命无大碍，因为这条线还在延续。”

通判感到很惊奇：“大人，你怎么知道？难道真是未卜先知？”

于同知哈哈大笑：“你脸上不是明明白白写着吗？”

通判恍然大悟，有点不好意思：“少年时期出天花，整整躺了一个月，差点送命。后来，虽逃过一劫，却在脸上留下麻子这永恒的印记。”

于同知说道：“你连看相常识都不懂，怎能深入虎穴？”

通判答：“这常识很好学呀。你刚才一说，我已掌握了纹线的奥妙。只要拿本看相测字之类的书，看上两天，就可应付了。”

于成龙道：“看相奥妙无穷。除纹线以外，还有经络。这经络就是血脉，从经络可以看出身体状况。再说还有面相，更复杂。”他笑道，“即使你掌握了看相和风水学问，但你仍不像算命先生。”

“为什么呢？”通判奇怪了。

“因为你说话、神态，都是审案的判官。”于同知认真地说，“若是进了匪窝，马脚一露，立刻会人头落地呢！”

“那就找一个算命先生打进强盗窝去！”通判又想出一个主意，“那些人吃这碗饭，对这门技艺很精通！”

“找这种人也不行！”于同知一下子否定了，“这些人虽然看相技艺很专业很精通，但他们缺乏胆魄——深入狼窝的虎胆！这种人进去，强盗一威吓，他们便会屁滚尿流、原形毕露，还怎能探到消息？只怕连小命也保不住呢！”

于同知说到这里，剑眉一竖，牙齿一咬，决绝地说：

“还是让我打入强盗窝吧！”

此话一出，众人大惊。

“不能——千万不能！”通判、千总等一干人几乎异口同声地惊呼起来。他们都把头摇得像拨浪鼓一般。让全府的第二号人物去虎穴冒险，这可不是闹着玩的。稍有疏忽，若让强盗识破，便有掉脑袋的危险，到时上司肯定饶不了他们，不是充军就是坐牢呀！

想到这里，他们脸色直发白，恍惚看到于同知被强盗识破，一把撕开他的衣服，用闪亮的牛耳尖刀将他开膛剖肚的心惊肉跳场面。他们坚决不同意！

“此事就这么定了！你们放心吧。万一不行了，我会见机行事，尽快逃出来。”于同知说。看到众人仍不同意，知道他们怕被连累，担不起这个责任，他于是提笔写下一张字据：“为了剿灭盗贼，本人自愿打入强盗窝。若出危险，与黄州众官吏毫不相干。”接着，签上姓名职务和年月日。

将字据交给书吏后，于同知吩咐通判、千总和捕头：“你们布置干练人员，埋伏在古庙附近探听，等我消息。”

于同知走了。众官吏和缉捕人员的心都悬了起来。

横岗山强盗头目张百龄近来很得意。因为官兵大部队进山清剿都让他很轻松地逃遁了。他采用的是跳蚤战术：官府大兵来，他和部下就销声匿迹，逃过边界，藏进深山密林，洞窟奇穴；大兵一走，马上重新聚集。遇到小股官兵，就吃掉他们。因为他手下已经有上百人的队伍。而且，这些人都有一身好武艺，通常缉捕衙役根本不是他们的对手。

近来他们已经劫掠了好几注大财：一队非常盛大的送亲队伍：一百二十人送亲，是远近闻名的一个富豪。有彩礼二十五担，银子五百两，金银首饰数对，绫罗绸缎十匹。家庭所用，大到骡、马、牛、羊，小到铜手炉、牧羊鞭，可谓应有尽有，样样不缺。

可惜当时光顾着抢东西，让那标致的新媳妇跑了。不然，抢来当压寨夫人多好呀！张百龄不禁遗憾地摇了摇头。

还有一个告老还乡的大官，带着上万两银子路过此地，也被他轻而易举地抢到手。那老东西不识相，还想留下五百两，结果被他杀了。

最过瘾的，要数那批徽商的财物了。这徽商从江西景德镇高价购得一批陶瓷古董，还有数十大包食盐，准备到“九省通衢”的武昌来交易。徽商雇了三个武艺高强的人保驾护航，但区区三人以卵击石，结果盐和古董都落入山寨兄弟之手。要知道，这秦砖汉瓦，这唐三彩，这宋花雕，个个价值千金呀。

他手抓一撮食盐，这盐价同黄金呢！我们此番发大财了！他心里在欢呼。

想到最近连连得手，张百龄哈哈大笑，禁不住摇头晃脑地唱起了“山大王真正好”的山歌。

这天傍晚，他正在深山古庙对着面前琳琅满目的战利品陶醉着。派出去的一队弟兄回营了。

今天虽没得到像前几天那样辉煌的战果，但也不可小觑。因为他们从过路的一对和尚师傅手中，劫得一座玲珑宝塔和一颗宝珠。

张寨主（手下人呼张百龄为“寨主”）接过小头目献上的玲珑宝塔，一看，只见宝塔浑身放光，灿烂夺目，如同托塔李天王手中那镇妖宝塔。

“据那两个秃驴说，这八角玲珑塔，是稀世珍宝，价值连城呐!”军师说，接着他又拿出一颗如同佛珠大小的珠子，“别看这珠子貌不惊人，但不同寻常。”

他叫人将灯笼火把全部熄灭。霎时，这珠子闪闪发光，如一盏灯照亮了古庙大殿，如天上的启明星一般闪烁耀眼。

“夜明珠！夜明珠!”众人大叫。

张寨主高兴极了，拍掌笑道：“原来是夜明珠呀!”

忽然，他看到一个两颊长须，须发几乎全白的老乞丐来到面前，便问：“这是谁？为何到此？”

小头目连忙回答：“一个可怜的乞丐。儿女全无。我们看他孤寡一个，身带残疾，实在可怜，就把他弄来了。他说，愿意上山替寨主做事。”

“你叫啥名字？”张寨主圆瞪两眼，不断伸缩着红红的舌头，犹如一条张嘴准备捕获猎物的毒蛇。

“大王，老奴名叫杨二。”老头一副可怜相，满是讨好的神情。

“你撒谎！”张寨主将惊堂木在案桌上一拍，“快把这老狗头拉出去砍了！”

众人顿时惊呆了。

“大王，你为啥要砍老奴的头颅？”老头既不解又怨愤地叫出声来。

“你是官府的人假扮的！”张寨主喝道，“你以为我看不出来！”说到这里，他不禁哈哈冷笑了两声。

两个喽啰随即过来抓住老头子。

“快拉出去将他烧了！”张寨主一声吆喝，老头立即就被捆绑起来，“老东西，事到如今，你还有何话可说？”

老头不禁仰天长叹：“我有眼无珠，错把小人当英雄，今日死得不冤！”说罢，又道，“老奴命贱，死了如同死猪死狗——猪狗杀死了还可以吃，我死了一点用处也没有啊！”

老头被捆绑在那棵被雷击焦后只剩半边绿色的古槐上。大树底下很快堆积了许多干柴。

见喽啰们动作缓慢，老头道：“快点动手吧，早死早解脱！”说完，两眼一闭。

一个喽啰手拿火把，伸向干柴。

正准备点火，张寨主突然道：“慢！”随即问，“杨二，你能干些什么？”

老头徐徐睁开眼，缓缓道："大王，我年纪大了，骑马射箭，上阵厮杀，干不了，但挑水扫地，上山打柴，这些活还能干。"

"唔，寨里正缺这么个人。"张寨主说，"好，看你可怜，我收留你。你就在庙中看家，帮助烧火做饭吧。"

从此，杨二早起晚睡，挑水扫地，还帮助烧火做饭。他身体不太好，一累就咳嗽不断，有时甚至咳得喘不过气来。但他从不偷懒，整天闲不住，十分勤快。张寨主等一帮人见他可怜，常丢给他几文钱。他双手合十，念叨道："阿弥陀佛，多谢好心人施舍。好心人定有好报。"

张寨主见这杨二忠于职守，很是喜欢，夸奖道："当今世道，像杨二这样忠实可靠的太少了。可惜他老态龙钟，要是年轻些，学些武艺在身，我们还能派他作大用场——可以做个山寨头领呢。"

从此，强盗们下山，便把钥匙丢给他，叫他看家。

实际上，这杨二不是别人，正是黄州府同知于成龙。

经过长时间侦查，于成龙已摸清了这伙强盗埋藏赃物的地点、同党、接头暗号，甚至连躲避大兵进剿，最后躲藏的洞窟——一个人迹罕至、绝密的地下迷宫也进去参观了一回。

一个下午，于成龙借上山打柴，与府里捕快接上了头。

傍晚，张寨主等一帮强盗又带着战利品得胜而归。杨二早已烧好几个猪头，煨熟一只鹿，烫了酒。这鹿外面裹了泥巴放在火堆里煨熟，刚揭开一块泥巴，那股浓郁的香味就直钻鼻头。大伙一进洞就被香味馋得流出了口水。他们开始大块吃肉，大碗喝酒，还讲起各种各样快活风流的往事。喝着喝着，他们就醉了。

深夜，正当他们沉沉进入梦乡时，大队官兵突然出现在面前，刀铳剑戟一齐对准了他们。强盗们被一网打尽。

所有强盗都被带到歧亭镇。

寨主张百龄眨巴着眼睛，懵懵懂懂地问："捕捉我们的是哪个官？他怎么连我们的藏身之地都知道？"

捕快道："一会儿你们就知道了。"

押入府衙，只见一个白胡须官员将惊堂木一拍，威严地喝道："大胆贼寇，你们抢劫杀人，无恶不作，快把所犯罪行，一件件如实招来！若有半点隐瞒和虚假，那就尝尝酷刑的滋味！"

张寨主听到这个声音，似乎很耳熟，十分疑惑，抬头一看，台上高坐的二府大人竟是与他们在深山古庙、秘密洞府里朝夕相处的"杨二"。

这一惊非同小可，张寨主长叹一声："我有眼无珠，中这老东西的诡计了。"

此刻，他知道再抵赖也无用，只能多吃苦头，于是未动刑罚便磕头认罪："小的该死！"

于成龙走下堂，亲自为各位强盗头目取下沉重的枷锁。

众盗正觉得奇怪，忽听于二府高喊："快备酒来，我今天要与诸位痛饮一番！"

仆役很快端上酒。于同知拿起大碗，先给自己倒了满满一碗，然后依次敬酒。

众盗目瞪口呆："不知临死之人，为何还有酒喝？"

只见于二府原先肃杀如严霜的脸，此刻变得十分慈祥，如同一只老绵羊。他说："大家本是善良之人，因天灾人祸断了生计，才被迫落草为寇。你们遇到穷困潦倒的乞丐，还心怀怜悯，施舍周济，可见良心未泯。"

此话一出，众盗心头一喜："看来，我们还能留住一条性命。"

忽然，他们见于二府两眼一瞪，直射出雷光电火，声音变得硬如钢铁，像一只要吃人的老虎："但国家法律不可违反，你们的死罪无法免除！"说到这里，他目光暗淡下来，哽咽着，"念及过去我和你们数日的交情，特设酒宴告别。"说完，把酒一饮而尽。

众盗听到这番入情入理的肺腑之言，纷纷落泪。

堂上空气死寂，如同一座坟墓。过了好一会儿，于同知转身过来，看着众人，缓缓道：“我实在不忍心看着你们当众被砍头，死后成无头鬼，愿意准备棺材，你们躺进去，我令人将你们埋葬郊外。”

众人面面相觑，惊得说不出任何话语。

他们心头顿时冒出一股冷气。看于同知一会儿阴一会儿阳，刚刚有点希望，谁想又被他掐断了。想到马上将命丧黄泉，一个个像临宰的猪羊发出一片哀声。

寨主张百龄吼道：“够了！我们已到世上快活过一回，够了！还是吃喝个痛快，上路吧！”

吃饱喝足的众匪盗很快便被活埋。

从此，于成龙继“于父母”的绰号之后，又有了第二个绰号：“于活埋”。

于同知接着召集改过自新者，协助官府抓捕盗贼，功效显著。

一次，于同知又抓到九人抢劫团伙，将他们捆在广场示众，同时贴出告示：“今捕得盗贼九人，有能出面担保往后改过自新从善者，即可当场释放。但保释后若是重犯，保释人一同治罪。不能被保者，便是罪大恶极之人，本府必当严惩！”

结果，当场被保释的，只有两人。其余七人，则被于成龙活埋在大路边，旁边插一块木牌，上面写着一行醒目的大字：“黄州府二府于成龙埋盗处”。

这之后，盗贼一听到“于活埋”之名，无不心惊胆战，纷纷改邪归正或收敛恶行或逃离黄州。

黄州从此安定下来。

二、黄州叛乱，于成龙只带两个仆役便入了虎穴

康熙十三年（公元一六七四年）二月，于成龙被巡抚张朝珍调到武昌担任代理知府。武昌是湖北省会，素称九省通衢、鱼米之乡，生活比黄州好得多。

安顿下来后，仆役给他端上来的第一顿饭菜是：一碗白米饭，几个白馒头，一碗红烧肉，一个青菜加豆腐，一条鲜美的武昌鱼，还有一道鸡蛋汤。

他有点冒火地对仆役道：“我早就吩咐过，叫你们做点简单的蔬菜，你们为啥不听？”

“大人，这饭菜已经够简单了。以前的知府和武昌知县，哪一个不是鸡鸭鱼肉满桌？除了主食，还配有多盘糕点小食哩！”

“别人我不管，我只要有青菜、豆腐，有乌粉馒头（即用二三遍粉做的馒头），有苞米、红薯就行！”

见于知府如此说，仆役只好道：“那这餐已经做了，就吃了吧，以后依大人的就是。”

“不行！”于知府面色严肃，斩钉截铁地说。看到仆役快要哭的样子，便说：“这样吧，把红烧肉、武昌鱼和鸡蛋汤，还有大米饭和白馒头，借花献佛，送到府学教授尹老先生那里，请他和司业一起享用吧。”

从此，早晨，他吃粥就咸菜；中午和晚上，吃乌粉馒头和红薯、苞米、土豆等。菜是青菜烧豆腐。他把节余的口粮、薪俸救济穷人。他对仆役说：“我能吃到这样的饭菜已经很满足了，要知道大多数乡亲还吃不上呢！”

于知府为节约粮食救济穷困百姓而吃粥，于是他的粥，就被百姓赞颂为“于公粥”。这“于公粥”的美名越传越远。于是有个黄冈籍的鲁举人，就很想尝尝“于公粥”。他是京城太学生，

写文章很出名，是个才子。此番回家探亲，很想写篇关于故乡的文章。他想，“于公粥”既然如此有名，于成龙又贵为知府，里面的原料必定很特殊也很高级。不知都有什么？他想，除了大米外，花生米、红枣、莲子恐怕少不了，说不定还有新鲜美味的虾仁呢。看样子，这是一道很有特色的风味小吃！这么一想，他便流出了口水，更加急迫地想尝尝这“于公粥”。

这天，鲁才子起了个大早，从六七十里外的老家黄州乘船，风风火火地赶到武昌。等他马不停蹄赶到府署，也就早晨七八点钟的光景。可听门房说，于知府已骑着毛驴下乡去了。他感到很失望。

门房见这位在京城很有些名气的老乡要找知府，不知有什么事，便问：“大才子，您找于知府有什么大事?”

鲁才子回答：“大事倒没有，我就是想在回京师之前，尝尝远近闻名的‘于公粥’。”

“你真想吃?”瘦如竹竿、年过半百的门房见面前这位后生才子点点头，一副渴望的神态，便道，“这粥，我这里还有一碗，是早晨从于大人那里拿来的。”接着，他又解释道，“于大人本来留着中午吃的，因为要下乡，中午赶不回来，就送给了我。”

门房眨了眨眼睛，看了看面前这位细皮嫩肉的文弱书生，提醒道：“这‘于公粥’很特别，恐怕你口味不对，吃不惯呢!”

“放心，我走遍大江南北，遍吃山珍海味，什么我都会适应的。”鲁才子说。

于是，长竹竿端出了那碗还微微冒着热气的“于公粥”。

鲁才子大喜，端过这口用粗碗盛着的粥。这粥不薄，看起来有青的、白的、黄的、红的，琳琅满目。还没到嘴，便闻到一股淡淡的清香。鲁才子一拍桌子道：“这粥色香俱全，味道肯定很好!”为了品尝美味可口的“于公粥”，他特意没吃早饭。此刻肚子早已饿得咕咕叫。于是他拿起筷子，张开大口，往嘴里扒拉。

突然，他被这“于公粥”噎住了。噎得昂头伸脖，如同鹭鸶。他感到自己的喉咙似乎太小了，根本咽不下去。他使劲咽，眼泪都冒了出来，仍是咽不下去。

他觉得似乎有两层皮绊住了自己的舌头。于是将这皮从嘴里扒拉出来一看，原来是没削皮的土豆块和红薯块。他又觉得难以下咽是因为有粗粝的东西令牙齿难以咬碎，吐出来一看，原来是麸皮。最讨厌的是，还有一种坚韧而尖锐的东西刺得口舌生疼，扑地吐在地上，一看却是谷糠。天哪，怪不得这么难吃，原来里面净是些杂七杂八的东西！这哪是人吃的粥？倒像是猪食！

原来这“于公粥”竟是地地道道的“于糠粥”呀！他被震撼了！

门房心疼道：于知府为了节省口粮，救济穷困百姓，才吃的“于糠粥”啊！

鲁举人不禁由衷地升起一种无比的崇敬。

想到于知府天天要吃“于公粥”，而自己特地赶到这里品尝“于公粥”，却一口也没有咽下去，于是硬着头皮，下定决心，慢慢地吃下几口粥。好不容易花了半个多时辰吃完这碗“于公粥”，他已是泪流满面。他喃喃道：“于公，您真是好样的！”

回京后，鲁举人立即写了一篇散文《“于公粥”赞》。文章中盛赞于成龙，其中有两句道：“要得清廉分数足，唯学于公食糠粥。”

于是这类似歌谣的句子，便在大江南北广为流传。

这年秋天，三年一届的乡试在武昌举行。张朝珍巡抚设宴宴请主考、副主考等一班京城官员。于成龙在旁作陪。

“张巡抚，这位是——”大主考指着于成龙问张朝珍。他以为这位年将花甲、鬓发皆白的老者，是省学政衙门的学政或提学副使。谁料张朝珍却回答说：“哦，这位是新任署理武昌知府于成龙。”接着又介绍道，“于知府，在广西被举‘卓异’，升任四川合州知州；不久，又因治理合州政绩卓著，升任湖北黄州府同

知。他清正廉明，才干卓越，因此我把他调到身边治理省城。”

“清正廉明”或许不假，但“才干卓越”这评语怕是太过了吧。大主考心想。于是问于成龙：“于知府是何等功名？哪届进士？”他想自己虽是大主考，官居礼部侍郎，但从年龄上讲，自己仅四十五岁，而眼前的于知府显然已年近花甲，中进士一定比自己早。那样眼前的于老头就是前辈，资格比自己老。

谁知于知府的回答，极其出人意料：“我不但未中进士，就连举人也未正取，仅是‘副榜’。”

“哦——哦——想不到于知府学历不高，却才干卓越。难得，真难得。”话虽如此，态度却明显冷淡下来。

于成龙已听出了大主考话中的潜台词：“如此低学历，怎会有卓越才干？”他瞥了一眼大主考那早已发福、大腹便便的身体，和那鄙视一切的神态，心中涌起一股倔强劲。

他不紧不慢朗声答道：“学历与才干，学问与才干，并非一回事。学历高，学问好，不一定才干卓越；同样，学历低者，不一定学问不高，才干不卓越。唐代李白，虽学历仅是举人‘副榜’，能说他学问不好？助朱元璋夺取天下的重要谋士高升，虽连举人也没中，但他却提出了‘高筑墙，广积粮，不称霸’的战略构想。”

于成龙一边喝酒，一边纵论天下大事：“宋徽宗学问渊博，尤其绘画艺术更是当朝文人学士难以望其项背，称得上是艺术大师。但他治理国家的才能却实在是差，结果丢掉了国家，连自己也当了囚徒。”

他口若悬河，令其他高官难以插话。大概因平时生活俭朴，他很少有尽情痛饮的机会，今天见到佳肴美酒，于是谈兴更浓。他一杯接一杯地喝，一直喝了数十杯，仍是侃侃而谈。直到有了醉意，怕失礼，他才告辞回府衙。

“这于成龙，是个酒鬼。抚台若重用此等人，日后必然误事！”大主考对张朝珍道。

“对，对，此人狂妄自大，目中无人。不可重用。”副主考等几位京官随声附和。

张朝珍摇了摇头，朗然一笑：“于成龙人格高尚，对上司不唯唯诺诺，显得豪爽坦荡。我相信他，日后必能成就一番大功业!”

一天深夜，于成龙正在熟睡，忽然被衙役叫醒：“大人，张抚台叫您。”

深夜相召，必定有要紧事。他立即赶到巡抚衙门，只见中堂烛灯高照，张巡抚双眉紧锁。见于成龙来了，连忙对他道：“于知府，大事不妙，黄州发生大规模叛乱。这场叛乱的大背景来自云南、广东、福建的‘三藩之乱’。目前形势相当严峻。被封为定南王的吴三桂，从云南常德公开反清，国号‘周咨’。他出动几十万大军，势如破竹，从云南一路打到湖南，占领湖南全境。联合福州的靖南王耿精忠，广东的平南王尚可喜和台湾的郑经，占领南方五省。四川、陕西、甘肃、河南，皆已举旗反清。”

张巡抚介绍了整个局势，然后谈到了本省形势：“在本省，叛军已占领靠近陕西、四川的穀城、均州等地。襄阳、郧阳已落入敌手。如今皇上已派顺承郡王勒尔锦为宁南靖寇大将军到达荆州，抵住驻在常德的吴三桂大军。”

“目前，吴三桂叛军又派亲信到省城武昌和黄州、鄂州一带活动，召集民众，共同反清。黄州也陷入了骚动。”张巡抚停了停，端起杯子猛喝了几口茶水，润了润冒烟的喉咙，继续道，“目前黄州有两股乱军，与吴三桂叛军遥相呼应，正向黄州城进犯。”

张巡抚打开地图，指着几处县城：“麻城、黄冈、黄安、浔阳等县盗匪纷纷呼应，依山结寨，与朝廷对抗。大盗黄金龙，立寨兴宁山中，阴谋内应；刘君孚也响应吴三桂号召，勾结黄金龙，举旗造反!”

形势严峻，触目惊心。于成龙道：“抚台，你要卑职做啥?

请吩咐。”

张巡抚道：“你治理黄州，深得民心，廉洁爱民，百姓称颂。而叛军头领刘君孚，曾在你幕下当差。因此，我想把黄州平叛的重任交给你，不知意下如何?”

“抚台差遣，万死不辞！我一定不辜负您的信任和期望!”于成龙斩钉截铁道。

“你此次前往，需调多少兵马?”张巡抚知道黄州叛军声势浩大，达万人之众，于知府此去，没有一支几千人的军队肯定不行。但大军调往前线，武昌重地又需派精兵保护，实际上去黄州平叛已没有多少兵力可派，最多只能派八百一千。但这点儿兵能有作用吗？他心中忐忑，脑袋里一片茫然。

谁知于成龙开言道：“我只要带两个士兵就够了。”

在场文官武将大惊，个个瞪大眼睛看着他，如同看一个怪物：“叛军声势浩大，你区区三人，等于羊入虎口，去送死啊!”

省游击将军惊呼：“叛军会像捻蚂蚁一般把你捻成粉的!”

于成龙解释道：“并非我麻痹轻敌，也并非我要出风头逞能，而是不得不如此。”他一阵咳嗽后，继续道，“黄州民乱，贼众我寡，我军南下鏖战，哪有兵可带？若带兵少，反而会激起盗贼的反叛。因此，不如干脆不带，免得引起叛贼怀疑。”

“这样单枪匹马深入虎穴，太危险了!”张巡抚担心。

“不入虎穴，焉得虎子?”于成龙决绝地说，“请张抚台放心，我会见机行事，尽量减少危险。”

“好，于知府，祝你马到成功!”在张巡抚的劝酒下，于成龙开怀畅饮，大醉。他跌跌撞撞，晃晃悠悠，嘴里却喊道：“刘君孚贼寇，看我怎么收拾你!”说完，人一歪便软倒在地。

张巡抚连忙叫从人将他搀扶住，并吩咐：“快送到驿馆，让于知府安寝。”

张巡抚的师爷曹天亮劝道：“大人，派这个醉汉去办剿抚大事，只会成事不足败事有余，望另外派人。”众官吏纷纷附和。

张巡抚感慨道："我委派王宗臣、曲振奇前去会剿，相继抚慰，然而这等官吏刚强有余，怀柔不足，以致出师不利退守麻城。"他顿了顿，然后用不容置疑的口吻道，"本院素知于成龙在黄州任二府时，廉洁奉公，精明强干，深得士民爱戴。此行非他莫属，尔等无须多言！"

到了半夜，于成龙酒醒了。睁眼一看，自己住在高级舒适的驿馆里，大惊道："我怎么竟喝得如此大醉？黄州平叛急如星火，我怎可在这锦被绣帐中享福？不行，我得立刻出发！"于是，他立即牵驴出行，当夜离开洪山，渡过滚滚长江，沿汉麻路向麻城县疾走。

"叛军声势浩大，我手中毫无兵力，如何平叛呢？"一路上，于成龙筹划起剿抚盗贼的策略，"刘君孚虽举旗造反，但只立寨，不像黄金龙四处打家劫舍，蠢蠢欲动。这说明他心存犹豫，正在观望状态。加上我和他有主仆之谊，交情不同一般，招抚的可能性很大。我若能招降到刘君孚，削去叛军一翼，大盗黄金龙便孤掌难鸣了。"想到此，他加了一鞭，催驴急急前行。

于成龙暗暗发誓："我一定要赶在刘君孚去兴宁山中与黄金龙叛军会合之前，招抚刘君孚！"

于成龙昼夜兼程，很快便赶到阳逻县。他首先命令县令，立即组织人手书写榜文数百份，在全县各要隘和乡村张贴。其榜曰："反贼吴三桂叛明降清，圣祖封予王位，尚嫌不足，如今又拥兵造反，此乃大逆不道之举。古话云：人心不足蛇吞象，多行不义必自毙。吴三桂叛军虽有乌合之众数十万，但以云南、福建、广东等区区几省对抗全国数十省，以乌合之众对抗全国百万雄师，其结果必将搬起石头砸自己的脚，自取灭亡。望广大乡亲认清形势，切勿被谣言所迷惑。本官久镇黄州，礼士爱民，赈荒救生，一片婆心，有目共睹。如今本官奉巡抚之命，带兵前来安抚民众，自然是纪律森严。值此农忙之时，一刻千金，唯恐你们惊慌远逃，耽误农时，特此告示众人：沿路居民等人，看到布

告，望立即回家，抓紧耕种。不必担心乱党陷害，是非黑白，定会分明。不必害怕兵丁往来，军令毫无假借之理。若是仍像从前一样躲避不出，不但耽误家中一年耕作，也辜负本官向来抚恤百姓、用兵纪律严明之深意。”

经过两昼夜长途跋涉，于成龙终于到达距刘君孚叛军十多里处的白果镇。

他当即发布告示：“平民被胁迫跟从反乱者，允许自首。凡自首者一律免罪不加追究；有人因遭诬陷而反乱者，允许向本官申诉，申诉后听其自便。被诉官员一定严肃处理。三日之后仍不投诉，则按盗贼论处。”

他还派官兵给东山叛乱者送去谴牌，其文道：“忽闻东山作乱，实在感到奇怪。以东山崇尚礼仪之乡，为何有此不义之举？今本厅奉命来抚，特传谕东山士民知晓：牌到之日速候本厅，亲临投见，辨明作反情由。你等自称良善，如何忍心背叛朝廷？作乱造反罪及灭门，望牌到之日，迅速回心。若执迷不悟，对本厅劝告置若罔闻，本厅立即回省，任官兵剿灭。言出衷肠，切勿漠视。”

黄州百姓把于成龙看作清廉爱民的父母官，又见他谴牌，字字诚恳，句句动情合理，于是纷纷下山求见。

于知府敞开办事的辕门，任凭乱民随意进出，并亲自下堂搀扶那些年纪大和手脚不灵便之人，赐茶赐座，倾听乱民诉说，了解东山之乱的真正原因。

听说前任黄州同知、清官于成龙亲自前来招抚，当地百姓奔走相告：

“大清官‘于糠粥’来了！”

“他待民如子，一定不会骗咱们！”

于是百姓纷纷下山，每天有几千人下山自首。于知府果然不加追究，热情抚慰，叫他们回原籍经营本业。这样一来叛军势力大减。

叛军首领刘君孚这几天如惊弓之鸟，又如热锅上的蚂蚁。他也想下山自首，因为于知府曾是自己的主人。他敬重于大人。但他顾虑重重：普通民众自首可以免罪，可我是举旗造反的首领，是官府恨之入骨之人。即使我自首，也很难逃脱死罪啊。反正是死，我何不给那些贪官污吏以狠狠打击，出出心头这口恶气！

原来，刘君孚造反是被逼无奈，祸起于伪札一事。

一天，麻城县令屈振奇接到几张吴三桂叛军传单，于是便大动干戈严查。因追查不到散发者和幕后指使之人，便将县城绅士及秀才，全部拘拿到案，严刑拷打，逼迫他们承认私通吴三桂叛军。身为秀才的刘君孚也遭拷打，他老母和妻子也被关入监牢。

刘君孚一怒之下，振臂一呼，揭竿而起。他指挥怒气冲天的民众冲进县衙，先杀了县令，烧了县堂，然后占据白果镇以东连绵起伏的山脉，揭竿起义。

自己杀了朝廷命官，火烧县堂，加上响应吴三桂叛军，这是死罪呀！官府能饶过我吗？不会，绝对不会！

刘君孚正左右彷徨之时，忽然有个喽啰送来一封信。拆信一看，原来是以前的主人于成龙知府写来的。

信中写些什么呢？

刘君孚认真地看了起来："君孚老弟，自黄州一别，已是半载有余。想当初我们情意相投，你为我出了不少好主意，办了许多好事。我治黄有功，其中也有你的一份功劳。公事之余，我们饮酒赋诗，纵谈古今，其乐融融。不料天有不测风云，你我如今竟成陌路，真是可悲可叹！君此番身陷泥潭，情势危急。君虽聚众上山，我已深知你有难以言说的苦衷。如此看来，不是蓄意谋反，而是情有可原。因此，若能弃暗投明，主动自首，我保你性命无忧，特此告知。我将随后前来与弟相聚。"

接到这封信，刘君孚心里如敲起了鼓点，很不平静。对于知府，他很相信很敬佩。但是，自己这次所犯的事太大了。于大人只是个代理知府——而且在武昌，不在黄州，他说话能顶用吗？

自己杀县令，烧县堂，又聚众谋反，无论哪一条都是死罪，尤其是后两条，更是满门抄斩诛灭九族的大罪，只怕于知府想保我，也无能为力呢？但不自首，路在何方？参加造反的人已纷纷下山自首，山上兵丁大减，只剩数千人。凭这人心不稳的数千人，怎与官府对抗？正如于大人在告示上所说那样，别看吴三桂眼前闹得凶，但用全国几十个省，对付云南等几个省；用百万大军，对付一帮乌合之众，胜负分明。吴三桂叛军一定不能成事！再说吴三桂这人名声不好，他叛明降清，现在又反清，是个反复无常的小人，人心不会向着他，这种人肯定不会成大事的！

就这样，他头脑里在艰难抉择。自首投降吧，免得自取灭亡。不，不能投降，自首必无好下场，定是杀头无疑。与其一死，不如多杀几个贪官污吏过瘾……

正在犹豫不决之际，手下喽啰突然报告：“于成龙知府已带人来到山下！”

刘君孚不禁吃了一惊。

此时天已蒙蒙亮。刘君孚站在山寨上俯视，果然见到于成龙穿着便服，骑着一头黑驴，带着两个随从，一个书吏模样的斯文人打着灯笼，一个健壮一些的中年人噹噹地敲着锣正往山上来。

只听于成龙高喊：“君孚快出来见我！”

当刘君孚见到于成龙只有三个人，没有带官兵，顿时心里一松弛。但他马上告诫自己：于成龙这人城府太深，很狡猾，他后面必定有大队人马跟随！他是以三人为诱饵，哄诱我出去，然后出其不意攻我山寨。

想到这里，他立刻命令：“刀出鞘，箭搭弦，铳上药弹，做好大战准备！”他打算，一旦于成龙里应外合攻击山寨，立即将他击毙在山谷之中。

于是，数百叛军手持火铳弓箭，埋伏在山路两旁的丛林中。寨前的大道上，士卒列队高架起刀枪剑戟，众人虎视眈眈地盯着这上山的不速之客。

于成龙扬鞭策驴，直往山寨冲。到了寨前，跳下驴，旁若无人，昂首阔步地穿过刀丛枪林，从容不迫地走进聚义大厅。

众强盗见于成龙在“聚义厅”大厅落座，十分惊恐。

“麻城县令屈振奇，捕风捉影，拷打无辜。大家激于义愤，杀了这瘟官，烧了县堂，情有可原。我已奏明巡抚，此事不予追究。”于成龙缓缓道，“再说今年山下遭灾，百姓饥寒交迫，大家迫于生计落草为寇，可以原谅。”他停了一下，然后提高声音，严肃地说，“但一人为寇，爹娘妻子儿女全家都要受到牵连，你们能眼睁睁看着他们遭到诛杀吗?”

一席话，说得众人低头侧身暗自流泪。

于成龙见刘君孚不在，知道雁无头不飞，无人敢做主，于是便说：“天热，太渴了，快给我倒杯茶水喝，给我拿把扇子!”他一边喝水一边摇着扇子，说，“为了赶到这里见君孚老弟，我昨夜连夜动身，一夜没合眼。现在人累得不行，我实在熬不住了，要睡觉了，你们快给我铺床吧!”

众人只得给他支床。

于成龙刚躺到床上，不一会儿便鼾声如雷。

此刻的刘君孚正躲在暗处观察。他是怕于成龙知府带了大队兵马前来清剿，若是那样，他就领人拼死一战。

很快，他派下山侦察的探子回营禀报：“山下根本没有大队官兵，也没有形迹可疑之人。”

夕阳西斜。于成龙舒肢展臂醒来，翻身坐起。见刘君孚没有到来，便大声吆喝道：“君孚老弟为何久不出迎？哪有客人来，主人不设酒食招待之理?”

看到昔日主人——心中的清官于知府，毫无擒拿自己等一干造反头领治罪之意，刘君孚连忙抢步而入，下跪于卧榻之前，叩头谢罪：“老奴昏庸，不堪回首，阿爷亲临，无颜出迎。现俯首待擒，听阿爷发落。”

“我知道你们本来都是清白良民，这次是官逼民反，事出有

因。”于知府道，“但继续落草为寇，只有死路一条。若是解散队伍，可保全你性命；若能接受招抚并立功，则可受到奖赏。”

刘君孚道：“于大人，容我与众兄弟商量一下，三日后，给你一个明确答复。”

三日后的下午，刘君孚果然将数千人带回原籍接受招抚。于是黄冈、麻城等县危机局面得到缓解。

于成龙见刘君孚果然投诚，心中十分高兴。于是对他说：“老弟，黄金龙是人人憎恨的江洋大盗，省里催逼得紧。我想把擒拿他的重任交给你。你若能擒了他，为数县百姓除害，我可以举荐你做个乡镇长。”

刘君孚点头答应。

刘君孚先在一处寺庙周围埋伏一支精兵，然后用“引蛇出洞”之计，与官兵里应外合，将黄金龙一举擒获，并招降叛众数千人。

于成龙拿出俸银二十两，并卖掉自己的大衣和骑坐的一头骡，凑足百两银子奖赏给刘君孚，并委他为白果镇长。

消息传出，其他山寨的叛军头领纷纷投诚，一场叛乱很快平息。

当捷报传到武昌，巡抚张朝珍欢喜无限。他手拿捷报，一边给僚属看，一边高兴地说：“有人说我不应当用于成龙这个‘酒糊涂’，说他要坏事。如今这个醉汉未分我一兵一卒，便平定了东山，你们谁可与他相比？”

众人一听，满面惭愧而退。

张巡抚立刻将于成龙的功劳上奏，提拔他为武昌知府。但接着到来的一件事，却使这项提拔化为泡影。

不久，清军主力开赴湖南围剿吴三桂叛军。于成龙被派往咸宁、蒲蕲一带造桥，供大军过渡。

然而五月上旬，蒲蕲和咸宁地区大雨倾盆，山洪暴发。于成龙担心咸宁桥被洪水冲毁，星夜驰往咸宁，组织人加固了一番。

又冒雨赶到蒲蕲，搭建浮桥。可洪水咆哮，无法下桩。两日后，他冒雨造桥，勉强建成浮桥。三四天没好好合眼，疲劳至极的他，终于松了一口气。一到简易棚屋里，他倒头就睡。当他刚进入甜甜的梦乡时，忽然被仆役摇醒，紧急禀报：咸宁桥已被洪水冲毁。

于成龙奔跃而起，赶到咸宁桥边。只见江水汹涌，咸宁桥早已不见踪影。他跌足长叹，欲哭无泪。

带兵的清军将领咆哮如雷："于成龙浑蛋，延误军机！"于是一纸参劾，于成龙不但知府没有转正式，而且连代理知府也被革去。

于成龙累了，太累了。为了造桥，他已经三日三夜目不交睫，半个多月没睡过一个好觉。他需要休息。现在好了，无官一身轻，可以回山西永宁老家侍奉老母了。

他到武昌洪山，向张朝珍巡抚辞行。却被张巡抚留在军营，料理粮饷等军务。

张巡抚此刻根本没有想到，这一留，几乎救了自己的大驾。而于成龙更没有想到，自己这一留，不但令他洗刷了革职的耻辱，还令他仕途通达。他原以为自己从此将以一介布衣结束仕途生活，谁知这一留，竟令他的前程重新出现了转机。

三、叛军听到"于糠粥"三个字，顿时斗志大减，土崩瓦解

此时，又一场声势浩大的叛乱，已在黄州爆发。有四股叛军，接受吴三桂的伪札，起兵与吴三桂遥相呼应：何士荣反永宁，陈鼎业父子反阳逻，刘启业反石陂，周铁爪、鲍世荣反白水畈。各有匪众数千，聚众上万。何士荣自封"飞天将军"，率众向黄州进犯。他们外与吴三桂联络，内与湖口、宁州（今修水）

盗匪串通，叫嚣要夺取黄州。

黄州守将王宗臣率兵进剿，被杀得七零八落，丢魂落魄，只得率残兵退守麻城，不敢迎战。

何士荣立即指挥大队人马乘胜压向黄州城。

陈鼎业忧心忡忡地对首领何士荣道："何将军，你不要忘了还有那个于成龙呢。他招降刘君孚，活捉黄金龙。此人不好惹，我们还是小心为妙，不要冒险轻进才好！"

何士荣哈哈大笑："陈游击（吴三桂所封），你的胆子也太小了。如今，清军大兵北上，黄州空虚。我们四支大军云集，夺取黄州只在眼前。谅于成龙一个光杆司令，没有兵将，顶个屁用？再说于成龙眼前泥菩萨过河，自身难保——他已被革职，哪里还能来黄州？"

"真的？这太好啦！"陈鼎业一听惊喜道，随即开怀大笑起来，"于成龙那老狐狸不在，真是天赐良机。老天爷保佑我们成大事哩！"

这天黄昏，于成龙忙完粮饷之事，百无聊赖地回到住宿的小杂院，正准备烧点玉米芋头糊当晚餐。

忽然，抚台衙门中军亲自前来招呼："老先生，张巡抚已准备好酒菜，请你去喝酒。"

一听说喝酒，于成龙很高兴，馋虫不禁爬上喉咙。已有好长时间没痛快饮酒了，现在巡抚相召，他便立即来到府衙。果然见到后花园里已备好了一桌饭菜。鱼、鸡、猪肉炒青椒，摆了许多个好菜，还有一瓶好酒——山西杏花村出的汾酒。

"来，成龙兄，你最近辛苦，特备一桌酒菜犒劳。"说完，举杯相碰。

酒过三巡，于成龙道："抚台相召，不知有何差遣？"他知道今晚巡抚相邀必有大事。

张巡抚说："你先喝酒，先吃菜，待酒足饭饱，我们再详谈。"

“抚台，还是边喝边谈，早些知道为好。不然，喝酒也不安心呢。”

张巡抚愁容满面道：“眼前又有四支叛军作乱，要攻打黄州城。仁兄在黄州素负盛名，在老百姓中威望很高。平抚叛军，非仁兄莫属。因此，我想请您再次出山，去黄州平叛，以解朝廷之忧。望仁兄不要因革职而耿耿于怀。”他停了一下，带点愧疚地解释，“上次浮桥倒塌一案，实因那位八旗将军移文到巡抚衙门，我不得不报告朝廷参奏啊。望仁兄理解我的苦衷。”

于成龙很能理解张巡抚当时的处境。八旗将军，正一品官衔，气势熏天，加之又负平定吴三桂叛乱的圣命，即使湖广总督也难以为于成龙分辩，何况巡抚？胳膊怎能扭得过大腿？

于成龙道：“抚台屡屡关怀提携，对我有知遇之恩，我岂敢避祸而自图安逸？”他加重了语气，提出要求，“但黄州据湖北、江西、湖南三省形胜，控制七十二寨，地势优越；黄州人剽悍凶猛，善于搏斗。若阻险跳梁，难以速胜。若明公委我平抚，须赋予我职权，且允许我见机行事，方敢接受命令前往黄州。”

张朝珍满脸愁容顿时全消，大喜道：“先生能答应前往，我心中无忧了！”于是重新任命于成龙为黄州剿寇总指挥，代理黄州知府。

于成龙连夜出发，赶往黄州。

此时的黄州，形势万分危急。

康熙十三年（公元一六七四年）十月，吴三桂叛军进犯江西湖口，战火烧到兴宁，湖北州县戒严。吴三桂大量颁发委任状，封官许愿，湖北再次大乱。

黄安、麻城的东山，绵亘数百里，与罗田、蕲水接壤，形如一面飘扬的大旗，称为“大旗山”。东山主山脉龟山区鲍家屋，有个鲍世荣，原在黄市鲍家院观音堂执教。明末，灾荒四起，官府催租逼税，民不聊生。李自成揭竿而起后，鲍世荣也与周铁爪、陈恢恢、万野予一道组织龟山、盐田河、张家贩一带农民起

义，不到一年，发展到上万人，后投奔李自成。闯王兵败后，他潜回麻城。

康熙十三年五月，鲍世荣、陈恢恢、李公茂借吴三桂叛乱，乘机起义。因于成龙亲自招抚刘君孚投诚，黄金龙被捉，他们见势不妙，便在刘君孚劝说下接受招抚，向于成龙献了绣着“安居乐业”的旗帜。

何士荣系黄州黄冈县永宁乡人。其兄何士胜，在吴三桂军中任职。何士荣在第一次东山之乱中，也曾参加义军。乱军被于成龙抚平后，他逃到湖南投奔其兄。何士胜战死后，他便接受吴三桂颁布的“总兵”委任状，潜回麻城，秘密组织人马。

吴三桂攻陷湖口后，清军主力上了湖南，黄州守备空虚。何士荣和鲍世荣一看时机成熟，便起兵造反。十月中旬，阳逻陈鼎业父子掠夺驿站的马匹起义。十月二十九日，何世荣等人反于黄冈县永宁乡。十一月初一日，李公茂、陈恢恢、鲍世荣等反于麻城县白水畈。各拥众数千，遥连江西湖口、宁州等农民义军。何士荣被推举为义军总盟主，有武装数万，号称十万大军。

众首领约定十一月上旬攻打黄州。顿时，黑云压城，黄州如大海中一叶扁舟，形势岌岌可危。

于成龙一到黄州，便紧急召集黄州府衙和属下各县令，商讨剿叛对策。

黄州同知首先开言：“叛军势大，有近十万之众。我们手中没有兵卒，敌众我寡，实力悬殊。与他们正面交锋，无异于以卵击石。古话道：三十六计走为上策。不如及早撤出黄州城，退保麻城。不然黄州城一破，生灵涂炭，不可收拾！”

通判及各县令纷纷赞同，几乎众口一词：“此言有理，我们还是及早退守麻城为妙！”

于成龙一下子变了脸色。他拿起指示棒，指着墙上一幅挂图，严肃地说：“黄州系湖北七郡之门户，也是驻扎荆州、岳州数十万清军水陆转运军需的必经之地。且黄州城池临江，控制险阳，前面倚靠庐（州）阜（阳），后面压着天堂、金刚诸案，虽只一郡，实为湖北东南关键之地。放弃此地，则荆州、岳州（岳阳）必有后顾之忧。此地一失，非失一州，将使湖北七郡瓦解。我准备誓死坚守，绝不离此地半步!”

文武官员见于知府誓死不离，十分动容。

同知表示：“既然府台不顾安危誓死相守，我愿跟大人一起坚守!”

众官吏也一齐呼应：“有福同享，有难同当。誓与府台一同坚守!”

“好，既然大家决心相守，那么，让我们歃血盟誓。”于知府一说，众人立即手拈香，歃血于杯，一起同饮盟誓：“同舟共济，誓守黄州，死不退却!”

于成龙接着开言道：“与其坐以待毙，我们不如找机会主动出击，或许有取胜的希望。”

此言一出，众人个个面如土色，纷纷倒吸一口冷气。

通判道：“叛军十万，虎视眈眈，我们以一抗百，无异于自投洪水与烈火。这万万不可啊!”

“对，那是自寻死路!”有官吏随即附和，“黄州城池坚固，若是坚守待援，或许能保全。”

于成龙捋捋雪白的长须，巍然端坐。他一边饮酒，一边微笑：“贼势虽众，号称十万，其实是虚张声势。”他从容道，“几支叛军，数何士荣一支最多，将近万人。其他两支，各有四五千人，总共也就是两万人。其他远在江西湖口、宁州的叛军，不在我省，是根本作不得数的。这是其一。”

“其二。众贼虽有两支，但各自为营，尚未聚集，如同一盘散沙。”于成龙知府细细剖析，“其三，叛军仓促起事，未经训练，属乌合之众，能打仗的寥寥无几。”

说到此，他双眼一瞪，将右手紧紧握成一个拳头，用力一挥，说：“兵法云：兵贵神速，擒贼先擒王。各路贼兵皆以何士

荣一支为核心，若我们以迅雷不及掩耳之势，先破何士荣一军，贼军群龙无首，必然土崩瓦解！我主意已定，请各位相助！”

于成龙立即派遣官吏，紧急征召各区乡勇，分守山头要隘，截击逃兵。又发布檄文，派遣各级官员设法招募两千多名乡勇，连同守备军和衙役共三千人，召开誓师大会，鼓舞士气。

他先派黄冈知县李经政攻阳逻，夜袭陈鼎业老巢，吃掉力量最弱的陈鼎业部，活捉了陈鼎业。

于成龙自己则率领人马迎战何士荣部。他到达贾家店，离叛军只有十五里。此时探马来报，何士荣人马已到黄土坳。

八日黎明，何士荣和鲍世荣、陈恢恢、李公茂率叛军数万人，自牧马崖，分东西两路夹击于成龙部队。叛军手舞杂色旗子，呐喊着如潮水般向于成龙扑来。

于成龙见东路叛军势弱，立即命令把总罗登云率千名乡勇应战，自己亲率主力挡住西路。敌军万箭齐发，乱石如雨点飞来。于成龙刚冲出营，把总吴之兰便中箭扑地而死。整个部队顿时乱了阵脚。

左右劝于成龙道：“大人，炮火猛烈，您是主帅，切勿冲锋陷阵。不如暂时退下，等有机会再进兵吧。”

于成龙吼声如雷，两眼通红，如一只决斗的雄狮：“今日是我为国牺牲的日子，敢说退却者，斩！”他冒着乱箭飞石，策马前冲，挥剑左砍右杀。炮火烧掉他的须发，他毫不停步，仍拼命向前。

他对千总李茂升大呼：“我将拼死力战，你赶快去武昌，把战况报告张巡抚！”

李茂升对众士兵振臂高呼：“哪有文官战死而武官独活的道理！”说完，拉弓搭箭，一箭射断敌军主帅大旗，然后飞马疾驰，不要命地、疯狂地率领人马向前冲杀。

旭日东升，黄土岗上喊杀声连天。双方僵持不下，伤亡惨重。

于成龙传令士兵，一齐高喊："'于糠粥'在此，缴械者活命，跟从着无罪！"

一听到"于糠粥"三个字，叛军斗志大减，纷纷后退。

于成龙、李茂升指挥队伍拼命向前冲锋。

这时，于成龙预先埋伏的张尚圣一支兵自右山突然杀出。叛军腹背受敌。何士荣心里一慌，左臂被李茂升斩断。他痛得大叫一声，跌倒在地。李茂升和众兵士一拥而上，将其活捉。叛军立即纷纷掉头如潮水般退去。

周铁爪部败退白水、石陂等地。于成龙率军乘胜追击十余里。

这时，李千总传令："埋锅造饭，饭后再战。"

于成龙立刻制止道："李千总，万万不可！白水、石陂诸贼，本以何士荣为盟主。如今士荣已擒，各贼丧胆，我军乘胜追击，叛军将土崩瓦解。破竹之势不可放弃啊！若是给贼寇以喘息之机，叛贼据险死守，那就难办了——战事将会旷日持久。"

"大人此言有理！"李茂升于是重发命令做好乘胜追击准备。

于成龙宣布："擒贼奉献者，重赏；投诚者，免死；胁从欲归者，免罪。东山百姓闭门在家，无枪械兵器者，即使跟过叛贼，一概不予追究。若身无乡勇印号，家中藏有兵器者，即使是良民也定死罪！"

这个政策，通过告示和千百人一宣传，叛军纷纷逃亡。

于成龙率军立即向白水、石陂前进。

九日，兵进吕王城。于成龙料定叛军不会走龟峰山什子寨，必走商城、英（山）、霍（山），便分别派兵把守龟峰山、八叠山和通往商城英山的水陆要道。

十一日，形势有了变化。石壁的万野予聚众造反。罗山的周铁爪部加入，黄土岗战败的鲍世荣、陈恢恢、李公茂一伙也率众到达石壁，与万野予等叛军首领会合。此时，广西孙延龄派的奸细孙麻子也来到叛军中摇唇鼓舌进行策动。叛军声势重振。

十二日，于成龙与李茂升到达定慧寺，得知张巡抚派来的援兵将于次日到达，信心大增。

“不知援兵从哪方向来?”李茂升问，“如果知道，我们可预先布置。”

“我料定援兵必由麻城攻石壁，叛军必由龟峰山和八叠山败退。”于成龙胸有成竹道，“我们可布置兵力，把守各处山口要隘，将甑山河、燕子崖、龟山口、什子寨、八叠山、百神庙等地方封死。大兵可驻扎白水畈，截断其退路。如此，叛军一举可破!”接着，他下令移营至麻城黄市（今麻城张家畈乡黄市村），扎营什子山下。

十八日，数千乡勇和省城援兵联合进攻。叛军大败，最后逃至龟峰山和八叠山，正好钻入于成龙早已布置好的大口袋里。周铁爪、陈恢恢和鲍世荣父子等叛军首领，均被活捉。

“于大人，我们缴得叛军花名册一箱。”千总李茂升向于成龙报功，喜滋滋道，“我们只要按图索骥，就可以将大小贼寇一网打尽!”

原以为这是个邀功受赏的机会，谁知听了他的话，于知府不但没有一丝喜色，相反严肃地命令：“把它烧掉——立刻烧掉，一本不留!”

李千总似被闷头打了一棍，昏昏沉沉，过了好一会儿才恍然大悟：“叛军名单，大概有几万人，全部惩办，再建多少监狱也不够用哩!只有惩办首恶，跟从者免罪，宽大处理，才能稳定局势。否则，将会引起社会大动荡。”

很快燃起一堆火。花名册一页页，一本本，在火堆里化为烟灰。投诚的叛军士兵心头的疑虑、担忧，也随着眼前这熊熊火光和袅袅白烟一起迅速消散。

于成龙立即在马背上草拟告示一份：“擒贼来献者，重赏；投诚者，免除死罪；闭门在家者，一概不加追究。”

叛军残兵败将见了告示，立即解散。散兵游勇相继投诚。

短短半月，一场席卷黄州的大规模叛乱全部平息。

战略要地黄州保住了。社会秩序很快得到恢复。

巡抚张朝珍，接到于成龙胜利剿灭叛军的消息，迅即亲自赶到黄州府，摆庆功酒祝贺。

接着，他开始书写给康熙皇帝的奏章。

奏章中道："于成龙招募乡民数千，破敌数万，未费官府一粒粮食，不烦劳剿吴三桂之主力清军。空手奋身，摧锋陷坚，而奏凯旋，实在是一位不可多得的卓异将才……"

一天，于成龙巡视麻城，忽见大队清军经过。车轮滚滚，战马疾驰。

乡民见其气势汹汹，纷纷惊避。整个白果镇已空空荡荡，山野之处更不见人影。

清军将军见此情形，不禁哈哈大笑。他扬鞭一指，盛气凌人地对于成龙道："你看我大军雄壮威武，盗贼闻风而逃。快些报告，盗贼躲在何处？这些人必须全部斩杀！"

于成龙十分气恼道："本厅安抚在前，将军兵到在后。现乱民已经归顺，为何还要斩杀？"

将军见小小知府竟敢跟他这一品大员顶嘴，不禁火冒三丈："你于成龙既然如此有本事，为何不上前线去杀吴三桂？"

于成龙毫不示弱，朗声道："本厅原不曾带领兵马，但也曾破敌数万，收复蒲蕲、麻城，使黄州城转危为安！"

"本将军不与你争功。"将军的傲慢劲有了几分收敛。

"为朝廷办事，有何功可争？"

将军顿时语塞，结巴着问："你，你是何处人氏？"

"本厅是山西永宁人。"

将军扫视了一眼面前这个干巴老头，道："本将军见你须发苍白，老气横秋，早该回乡养老。谁知你日落西山，还如此贪恋功名。怪哉，真是怪哉！"说完，策马狂笑而去。

于成龙顿时气得身子凉了半截。

自己太累了，也老了，是该回家养老了。想到此，他写了一份《陈情小禀》送张巡抚，要求告老还乡，侍奉老母。

张巡抚复信，劝他不要急于告老，希望他继续协助自己安抚百姓。

不久，于成龙复职武昌代理知府。仍驻守麻城。

一天傍晚，于成龙骑着马，带着几个仆人，从麻城往武昌赶。刚出山头，忽见数百人手拿刀枪，黑压压奔涌而来。他不禁吃了一惊："手中无兵马，又与叛军正面相逢，如何是好？"

仆人个个惊得面如土色。

于成龙拍马上前，大声喝道："何方乱兵，到此何事？"

但那些人不但没停下，反而奔涌得更迅疾了，转眼间已到面前。

于成龙正想再问，不料对方一个身背宝剑，头领模样的中年男子急急地问："于糠粥——于大人在哪里？"

"你们找他有啥事？"于成龙立即上前，"我就是黄州知府于成龙！"

话音刚落，那男子便扑通一声跪倒在地，带着哭腔道："于大人，赶快救救我们！"

"快起来，到底是怎么回事？"

听到于大人问，这首领便哭诉起来。

原来，这批人是河南罗山县的乡民。三藩乱湖南、湖北时，罗山县也有一支占山为王的。因遭荒年加上官吏催租逼债，这些人不得不上山落草。现大兵进剿，不准自首，要将这些人斩尽杀绝。

"我们是跟从上山，混了几天饭，可没干过坏事呀！"这些人俯伏在地，眼泪汪汪。

于成龙一时间感到十分棘手。不救，于心不忍；相救，不是属下之民，而是别省民众，自己说话能起作用吗？但是，既然投奔我，我就应尽自己的力量管！想到此，他先把这批人安置城内，给予食宿。然后立即赶到武昌，请张朝珍巡抚出面，向河南巡抚求情，要求将这批投诚人员全部赦罪，并保护这些人的田园家宅不受侵扰吞没。

张巡抚的求情得到河南方面同意后，于成龙又发给投奔人员路费，送回河南。

临走时，这批人热泪奔涌，齐声高呼："于青天，大救星，愿老天保佑你长命百岁！"

于成龙刚回到黄州，忽见朝廷邸报：安徽六安爆发叛乱。

原来，六安一带连年灾荒，官府不但不体察抚恤，相反敲诈勒索，搞得民不聊生。恰好吴三桂散布伪札，煽动造反，于是地方大乱，烽烟四起。六安虽只是一州，但地处江西、湖北、河南、安徽四省交界，因此清廷十分重视，准备调集四省驻防官兵联合征剿。

获悉会剿六安的消息，于成龙吃了一惊。四省大军会剿，六安生灵涂炭，将血流成河！他连夜给张朝珍巡抚写了一封信，派人火速送往武昌。

"六安造反，原因很多，大多是因生活所逼，或被煽动迷惑。六安民众，虽在安徽，但同样是中华赤子。愚意以为，应招抚在前，剿灭在后。恳请抚台上奏朝廷，让我越俎代庖，代为招抚……"

张朝珍接到信，立即上奏朝廷。

朝廷大喜，不动刀兵能平叛，这是天大的好事！既节省大批人力钱财，又可把这支兵用在前线，对付吴三桂叛军，何乐而不为？于是立即委于成龙为前方招讨。

接到命令，于成龙立即马不停蹄赶往六安。他首先写成《招安谕》，将之连夜送往六安叛军营中。

叛军首领接到信，见是号称"于糠粥"的著名清官写来，便聚集众头领，叫军师读了起来："年成不好，小民失业，百姓被衣食所困，往往相聚为匪。你们开始的念头，难道是甘心做盗

贼？只不过当时没有办法，想苟延残喘图个活命而已。如今，朝廷知道你们心中之苦，特赐天恩，网开一面，凡是投降来归者，一概宽恕。”

接着，他开始叙述自己单骑平定东山的经历，及帮助河南罗山义军脱难经过。然后笔锋一转写道：“六安同是朝廷赤子，之所以起乱，或是因饥寒交迫，或是被豪强所逼，或是一些亡命之徒假造伪札，煽动迷惑所致。因此，我受朝廷委托代为招抚。我如此苦口婆心，无非是为了六安民众生命不至于被葬送。望你们千万不可听信吴三桂叛军，白白将性命送进虎口。一旦四省官兵会师进剿，指望吴三桂叛军救援，那是远水解不了近渴，况且吴三桂现在已陷入江西、湖南战火——泥菩萨过河，自身难保，怎能保护你们?”

最后，于成龙劝告道：“你们或许有难以说出的隐情，或是有切肤的痛苦，以及饥寒及科派役使，或是仇人报复或遭恶势力挟持等苦情，不妨来本府投诉。本府一面移文你们六安府妥为安排，一面报告本省督抚，把你们所诉之信，转到你省督抚，求他们宽恕并救济，一切事宜当如我处理河南罗山起兵一事处理，绝不食言！若有才干武艺超群，身怀报国之志者，本府定当保举，给予重用。”

末尾则谆谆嘱咐告诫：“当今形势千钧一发，望当机立断，切勿错失良机!”

六安叛军接到《招安谕》，纷纷下山投降。叛军几天之内便被瓦解。

“一纸招安谕，直抵十万兵!”张朝珍巡抚喜不自禁地称赞道。

于成龙很快便被任命为黄州知府。

四、一道染血的白简奏折

刚一上任，于成龙立即遇到一件伤透脑筋的事：他刚将催解一百万捆草料的紧急任务交差，谁知又来了繁重的摊派任务。

“为大军征剿吴三桂叛军，黄州被军需物资困扰已久。此番不能再把马槽、铡刀、饭锅、水桶等军用物资，摊派民间了。再摊派，百姓就苦如黄连，受不了了。”于成龙对同知说。

“不摊派，军需任务如何完成?”同知忧心忡忡。

“官府衙门自己解决吧!”于知府召集下属各县官员，寻找材料，派差役调取工匠，买铁、炭、楠竹、箩筐等东西，自己打造。

他从上午八点上任，忙到夜里二更。三更时，实在太困了，他头一搁到几案上，便一下子睡了过去。

次日拂晓，他忽醒过来，见炉火旺盛，便对仆人道：“烧炭如同烧民脂民膏，不可浪费一星半点。现在正值深秋，寒气还没降临。夜晚虽有些凉，但还可抵挡，何必烧炉?”说着，动手将炉火熄灭。

书吏抱来公文：“大人，共有五百五十二件。报灾，报盗，报吴三桂伪札造谣惑众，还有请免征，请赈灾，应有尽有哪!”他担心地望着两眼深陷、颧骨高耸的于知府，担心道，“大人太累了，休息半天吧。”

“等批完再睡个好觉吧。”他从日出开始，一直批阅到深夜二更。他刚想站起来，忽觉得头昏脑涨，突然两眼一黑，胸膛内一阵恶心，猛一张口，一股黑红的鲜血，喷洒而出，染红了公案上一堆竹简。

仆役忙将他扶到卧榻躺下，接着团起桌上那几页带血的白简，准备扔掉。

“慢——”于成龙有气无力地摆了摆手，一只手紧抓床沿，竭力将上半身撑起。由于用力，又引来一阵咳嗽。咳嗽一过，他喘着粗气艰难地说：“百姓日子多么艰难，一页白简，就是百姓的一片血汗，切不可因我一时吐血，就——就丢弃。”

仆役眼含热泪，羞愧地点了点头，说：“大人教诲，一定铭记于心。”

数日后，于成龙强打精神，骑着驴，带病到属县黄冈、罗田、黄梅、英山等地访察。看到这一带春涝、夏旱灾情严重，便用染血的白简写下《为黄州各属（县）报灾请蠲详》。

首先，他提醒巡抚：“当前，正处吴三桂叛乱之秋，荆州、岳州用兵之时，百姓困苦到极点，军需已枯竭，不可再向州民征粮征赋。”

接着，写灾害的惨状及危害：“灾民中，老弱病残妇幼孤寡倒毙于沟壑之中，青壮男女流离失所，惶惶奔逃，惨不忍言。因饥寒交迫，不少人出门乞讨，更有人入深山老林剪径，做起劫人越货的勾当。凡见种种，令成龙深为忧虑。”

然后，他为民请命，并指出减免百姓粮赋的必要性、重要性：“因此，请协饷以济军需，暂宽今日灾民之性命，将来百姓感恩，自然会纷纷踊跃输赋报效。这确如黄梅县革职知县王庭龙所报：‘留此一县灾民，为以后种田交赋之民’。目前，荆州、岳州进剿吴三桂叛军，备办锅桶，起运草束等项，无不依赖民力输送。若宽限小民今年之赋，虽然未能得到小民孝敬之银钱，但必能使他们欢呼雀跃，感激涕零，以后倾心为朝廷出力……”

最后，他恳切要求：“祈望巡抚大人免除今年赋税，下救苍生，上培国脉……”

张朝珍巡抚最近正为征粮赋的事苦恼。可于成龙一到黄州就要求减免粮赋。这使他十分为难：完不成粮赋，朝廷要责怪甚至要处分；而于成龙又是为民请命，合情合理，尤其在平叛中，给了自己极大的支持，怎好直接驳回请求？

面对这一道带血的呈文，张巡抚没有了主张。

正当他苦苦思索而无良策时，幕府高参曹东亮道：“大人，何不把这烫手山芋交给朝廷处理？”

一句话提醒了他。“好，就这么办！”于是将于成龙那道书写在带血白简上的呈文，寄往京师。

康熙皇帝接到了这道带着血迹的呈文。

“怎么？于成龙吐血了？”康熙心里一阵紧缩。

是啊，独闯虎穴，平定东山，这老先生累得病倒了。他打开呈文，看了下去，当看到“老弱病残妇幼孤寡倒毙于沟壑之中，青壮男女流离失所”时，他两眼湿润了：“这可谓字字泪，句句血啊！”

他继续看下去：“若宽限小民今年之赋……感激涕零，以后倾心为朝廷出力……祈望……免除今年赋税，下救苍生，上培国脉……”

看到这里，他潸然泪下。这是一个一心为民、精忠报国的清官！他心中只有国家、百姓，没有半点个人私心。这样的官员，可不能拂了他的意，冷了他的心！

想到此，康熙帝提起笔，在于成龙带血的呈文上，写下了一行批注：

“准廉吏于成龙所请。望宽心养病，早日康复。”

接到谕旨，张朝珍巡抚感叹道：“也只有这个于成龙老亲翁，能让皇上改变态度。若是由我出面上奏，圣上定会大发雷霆！”

于成龙接到皇上批转的呈文，不禁泪流满面。他哭泣着说：“圣上，黄州没交粮赋，我对不起国家对不起您啊！这实在是百姓太苦太穷，我是万不得已才出此下策啊。待旱灾过后，我一定全力以赴治理好黄州……明年一定打个翻身仗。到那时，我要多交——把今年所免的部分统统交上，以不负浩荡天恩！”

这天，于知府正在所属各县组织抗旱抢种秋作物，突然接到前线将军衙门送来的一份催送军用物资的紧急公文。

他赶回黄州，来到江边一看，心中不禁连声叫苦。

此时，正是清军和“三藩”战争最惨烈、最艰苦阶段。大批清军蜂拥南下，在湖北与湖南边界地带，筑成道道人墙，拼命阻挡叛军，不让其进入湖北。大批军用物资从北方送来，堆放黄州长江北岸。因为岳州通前线的码头掌握在叛军手中，因此不能走水路运输，而只能用马、骡、驴来驮运，运到荆州、宜都一带长江流域和彝州。

面对堆积如山的军用物资，于成龙的双眉打结了。

同知立即派人找来一批衙役，布置道：“你们紧急通知下属各州县，将驮运军饷的任务摊派下去！”

“慢！”于成龙心情沉重地对同知说：“黄州百姓极苦，逢这‘三藩之乱’时期，大军人马和一应军饷都从这里中转，处于极苦之地。又连遭数次贼寇叛乱，可以说是苟延残喘。”说到这里，他加重了语气，“我们不要再摊派民间，还是抽调官吏和衙役吧。”

于是于成龙下令：“各州县雇驴，府里官兵及衙役做脚夫运送。”

按规定，每运送一批军用物资，就应休息两天。可军情紧急，他们运了第一批便没有休息。直到第二批运到前线，已累得筋疲力尽、骨头几乎散架的官吏和衙役正准备好好休息几天，谁知前方总督衙门又接连来了几道命令：“快快运送军饷，前线等着急用。若延误军机，定严惩不贷！”

同知、通判等官吏无奈道：“官兵和衙役已经疲乏到极点，若再运这一趟，恐怕大多数人半路就会倒下！这可怎么办？”

于成龙沉思了一会儿，说：“雇用六百头骡和驴来运军饷，抽调下属州县衙役作运送人。”

于是，二百四十名由衙役充当的运粮队起程了。每四人一组，领驴十只，立小旗一面。每二十人为一队，领骡五十头，立大旗一面。驴脖悬挂一块牌，标明该驴毛色及押驴者姓名。沿途设运粮招待站，以保证军饷速达荆州。

九月，一批属官和衙役组成的运饷队从荆州刚回黄州，个个脚都走肿了，肿得像炊熟的馒头。不少人生了病。那驴和骡也累得趴在地上一动不动，直喘粗气。

然而，新的命令又下来了：让再出驴和役夫。

官员和衙役们一听，个个黯然失色，眼泪汪汪。有人则大喊起来："这不是要我们的命吗?"

于成龙见此情形，心中深为不安。他立即给张朝珍巡抚呈上《请免彝运详》，要求体民力，养国本，不可使之过于枯竭。为了上不误公，下不苦民，建议在汉阳、武昌、荆州雇运夫和驴子。

见到于成龙的呈文，张朝珍巡抚头都大了。军令催征，非同小可。延误军需，轻则革职，重则坐牢，甚至掉脑袋呀！想到此，他再次命令于成龙招募运夫和毛驴。

接到命令，于成龙急急夜渡长江，派人向各驴店交涉租驴。可一打听吓了一跳：竟然比官价高出四五倍。

"你们这是存心哄抬运价，发国难财呀！"于成龙又急又气，当即警告驴店老板，"看我不报告张巡抚，治治你们这些奸商?"

"大人，请您息怒，高抬贵手，我们不是奸商呀!"驴店老板扑通一声跪倒在地，一把鼻涕一把眼泪地哭诉起来，"上前线长途驮运，一趟回来，驴膘色全掉，瘦骨伶仃，不少还病死了。如此征用，我们要亏本哪！如此下去，我们驴店血本无归，只好关门了!"

于成龙没有办法，只好再写《上张抚台请免运夫禀》："……黄州属县刚刚平定下来，又遭遇灾害，怎能当此招募运夫和驴子的苦累？目前，正饷虽已上交完毕，但南面漕运正在催逼。转眼，明年钱粮又要开始征收。百姓穷苦已极，实在难以支持，请抚台大人免除黄州运夫和驴子……"

张巡抚回信很快来了，不但没答应他的请求，相反严厉警告

于成龙："军令催征，非同小可。若再三推诿，延误军需，必遭军法处治！"

接到复信，于成龙彻夜难眠。他深知：经过这么长时间连续不断的驮运折腾，在黄州，运夫和驴已经是万万催征不起。但军令如山倒，抚台之命不可违。怎么办？只得再向各州县募集银子交差，于是再次写成《请捐输运价充役夫详》：

他首先指出黄州系易乱难治之地，宜格外注意防民暴乱起事："成龙考古度今，审其时务，数其机宜，有用民之力者，有用民之财者，名虽不同而实相济，唯其有补公民罢了。如黄州，是应用财力而免用人力之区。麻城、黄冈、罗田、圻水，崇山峻岭环绕，与河南的商城、固始接界，与安徽的六安、英山、霍山相连，联络四十八寨，向来被称为易乱难治之地。去年妖魔蠢动，人心叵测。如今地方没有惊扰，已得安宁。然而投诚之人，虽说革面但难洗心，成龙怎敢有一刻松懈？因此，则权其机宜，不得不选万全稳当之策略。"

接着，他提出解决方法：

"由黄州向各州县募集银子——运夫费银四千八百七十五两，全由黄州捐献。

"查派运米七千五百石，每夫运米五斗，计用夫一万五千名。呼之难以骤聚，深为可忧。运夫未到荆州，还在途中，成龙我早已落魄丧胆了！

"成龙为军粮谋划，又为地方考虑，情愿劝勉居民集资捐输银四千八百七十五两，为雇运夫的助饷，稍微减轻国库输出，以伸张黄州民众之义，以彰显抚台体恤下面官民之一片仁心。

"若捐输不能及时筹集，成龙我担当延误军需之罪，或想成龙借事端分外苛刻摊派，甘心正法以谢州县，或恐州县借事端分外豪取，成龙揭报以谢士民。这就是成龙穷极计生，忧心憔悴，数其机宜如此。否则催逼运夫，中途又逃亡，运米的早迟，一日公事未完，我一日忧心莫展。成龙唯有愁闷绝命罢了。

“伏乞宪台迅饬司道各宪会议，成龙寝食俱废，昼夜望赐恩命，以补倒悬之危。”

接到这封信，当张朝珍巡抚看到“成龙唯有愁闷绝命”一句，心里嘀咕开了：“这信已经说绝，民心不稳，人力困乏到极点。捐钱将尽心竭力去完成，若上司非要黄州出人力牲口，百姓只能倒毙于路，我也只能上吊自尽！”

他摇了摇头，长叹一声道：“这于成龙，为了百姓，连死都不怕，真拿他没办法！”

黄州运粮军差终于被免除。

第二年，又是水旱灾害。这时谣言又起，说吴三桂又要来攻打，荆州、咸宁等好几座城市已被攻破，如今正向鄂州、武昌扑来，很快会过江打到黄州。于是人心惶惶。

“怎么办?”同知和各州县官很是担心，怕再次引起骚动叛乱。

于成龙笑道：“没关系。”他吩咐，在府城汉川门外的赤壁矶上，修建赤壁亭。然后，对文武官吏道：“走，我们去赤壁亭举行赛诗品酒比赛!”并发布文告：“府学秀才和社会文人雅士，可来参赛。优胜者，可获大米、白面、酒等奖赏。”

接连数天，赛诗品酒会热热闹闹地举行着。

黄州士民见到府里官吏文人在亭上边饮酒，边赋诗作词，十分悠闲自在，纷纷私下相告：“于府台他们大小官吏都不忧虑，天塌下来有他们顶着，我们何必多愁?”民心很快安定下来。

于成龙一边在赤壁亭赋诗饮酒，以定民心，一边暗中派出捕役搜捕造谣惑众者和散布吴三桂委任状者，用计捕捉了吴三桂派到黄州的多名说客。

从此，尽管湖南硝烟弥漫，黄州局势一直很平稳。

这一年，于成龙年已花甲，老母年逾古稀。他越来越迫切地希望辞官归乡。他早就想告老还乡，侍奉老母，但终因战事频繁，未能如愿。眼前局势平稳下来，应该可以如愿了。想到此，

他便开始撰写呈文。

第二天，正当他写好给张巡抚的呈文准备发往省城时，忽然接到一封家书。

信封上是大儿子廷翼的笔迹。大概是禀报老母做七十大寿，要我寄点银子吧；或许是孙子读书勤奋，天资聪明，在府学名列前茅，今秋乡试中举有望吧。想到此，他十分欣慰。虽然自己几个儿子因多种原因未能中举，但有于准这个大孙子这么争气，于家后继有人了！他高兴得笑了起来。

于成龙满怀喜悦地打开信。但只看了几眼，他便突然大喊了一声："我的白发亲娘！"接着两眼一黑昏了过去。

五、老娘亲的思念

深秋的午后，灿烂的阳光洒在一个小院落里。山西永宁州下昔乡来堡村于成龙的老家，年过古稀、鬓发全白的李氏老安人躺在一把躺椅上晒太阳。

她面颊瘦削，颧骨高耸，脸色蜡黄，一副病容，只有慈眉善目下那两只明亮闪烁的大眼睛依稀可以想见她年轻时的迷人风姿。她的四周围着一大堆人。儿媳妇邢氏，大孙子廷翼，二孙子廷劢，小孙子廷元三对夫妇，曾孙女和姑爷，还有一帮曾孙。廷翼儿子于准，也已经二十岁，英姿勃发。一大家十五六口人，儿孙绕膝，四世同堂，其乐融融，真是好福气哪！

这么多人平时是难得聚在一起的。大孙子廷翼，在几十里外的一家煤矿做事，管账。平时忙于事务，很少回家，往往是个把月才回来一趟。曾孙于准，年纪轻轻便已中举，现在正在太原府学深造，准备两年后参加会试。曾孙女，大儿子化龙的孙女，远嫁到离石州里一户诗书人家，姑爷早已中秀才，现在州学读书，准备乡试考举人。他俩平常也很少回来，因为儿子刚五岁，回来

不方便。这次是因为李氏老安人病体沉重，邢氏特地把他俩召集来的。他们在这里已经整整五天了。

院子东头那两孔窑洞，于成龙远赴罗城时卖了作盘缠，现早已赎回。房子在曾孙女出嫁时，稍加修整，里面粉刷一新。窗户大大的，显得明亮干净。

“儿媳妇，”李氏安人对邢氏道，“你叫他们各人去忙自己的事，不要都在这里陪我。”她吃了碗红枣鸡蛋汤，觉得精神气好了许多，面颊也红润起来。躺了多日的她，此刻已经坐了起来，“我已经没事了，你们都去忙吧。”然后对曾孙女和姑爷道：“你们也马上回去，姑爷要读书上进，耽误不得。”

听了婆婆的话，邢氏着实为难。多年来，婆婆一直体弱多病，吃了不少药，总是没有大的起色。今年正月以来，更是每况愈下。她从县城找来郎中医治，也没多大作用。前些日子，婆婆病重，她又从关帝山找来一位远近闻名的老郎中。一看，老郎中直摇头道：“恕我直言，你婆婆的病，是心脏病，肯定过不了今冬。看眼前这样子，过不了这个十月。”五天前，果然病势渐渐沉重。她又找来关帝山那位郎中。老郎中哀叹道：“你婆婆的病已相当危险，大概也就是七八天以内的事，弄不好，还会提前。你们要做好后事准备。”邢氏听了这话，顿时傻了，呆了，于是紧急召集家人全部回家，同时赶紧叫廷翼给丈夫于成龙发出一封“娘病重”的急信。

现在，婆婆叫大家各自散去，万一病情紧急，近日有个三长两短怎么办？怎么向远在湖北的丈夫交代呀！邢氏心中很是忧虑。

“叫你们走，为啥不走？”李氏老安人有点生气了。邢氏见婆婆原来蜡黄的脸色，竟泛起了一片红晕，又能坐起来说话，心中顿时松弛下来：我娘家有个妇女，躺进棺材了，还活了过来。以后竟然再活了整整十年哩！于是她想叫儿孙们散了，各人去做自己的事。但老郎中的话仍响在耳旁：“这病危险，也就七八天

的事”。但是这话，又不好对婆婆明说，只得道：“娘，我们是怕您一个人在家寂寞呀。”

不料此话一出，竟引来婆婆爽朗欢快的笑声：“我有这么多儿孙，曾孙有了一大帮，还能寂寞吗？”她转而说，“你们快走吧，让我也清静清静，只留下孙媳妇明月就行了。一来，她可以照看小孩，二来，我心焦时，她可以唱山歌给我解解闷。”说完，闭目养神起来。

大家果然依照李氏安人所说都散了。但他们没有走远，因为廷翼对邢氏所说的一句话，让她的心又一次悬了起来：“娘，奶奶很可能是回光返照哩！”

“啥叫回光返照？”邢氏问。

“回光返照，就是病重之人将逝前，突然精神大好，这是临去世前的预兆，说明最多只能熬两天。”廷翼解释。

邢氏一听，吓了一跳，于是立即决定：儿子，大孙子于准和化龙的孙女夫妻先不回，他们都去地里干活，把没种的麦子抓紧给种上，媳妇明月帮自己去井旁洗衣服。

大院里清静了下来，只有两个小曾孙。太阳照在身上暖洋洋的，李氏老安人叫明月把自己移到屋前的一片开阔地。鸟雀在屋前的几棵榆树间鸣啭，煞是清丽动听。明月轻轻地哼起一支歌。

老安人躺在躺椅上，听着这支催眠曲，心中充满温暖。她眯缝着眼睛，无比关切地看着面前的两个小曾孙。一个七岁，一个五岁，他俩玩着，嬉戏着。七岁的哥哥好像手里拿着一块麦芽糖，逗着弟弟，不给他。小弟就哭着喊着：“我要，我要糖！”可当哥哥的远远地跑开了，于是弟弟就哭，哭得很伤心，一把眼泪一把鼻涕。“来，宝贝，到太奶奶这里来，我有糖——”老安人说着打开身边的一个盒子，取出一大块麦芽糖，放到他的小手里，然后擦去他脸上的眼泪和鼻涕。他高兴地摇摇晃晃地跑了。

蓦地，她心里一颤：“这不是小成龙吗？”五十多年前的那个秋天，年仅十六岁花骨朵般的自己，嫁到这来堡村于时煌家，首先看到的不也是这一幕吗?

那年春天，于时煌死了妻子，留下一个五岁的孩子。当自己走出院子，小成龙也是在门前的榆树下啼哭。他一边喊娘一边哭，哭得很伤心。于是自己就从走街串巷的小货郎担上，买了一块糖果，哄好了他。从此，自己就与失去亲娘的小成龙相依为命……没想到，转眼间，已经过去了五十多年，时光真快呀!

自从成龙上学读书后，她就更操心了。有好吃的，留给他；衣服破了，给他缝补。到了冬闲季节，她便给他做鞋。男孩子顽皮，一忽儿追蝴蝶，一忽儿爬山上树，一双鞋穿不了多少天便烂了。于是，她一针一线，千针万线，一个劲儿地为他做鞋。鞋子做了一双又一双，整整装了一锁柜。

随着这厚实的布底鞋，一双接一双地穿旧、穿破，很快，小成龙便长到了十八岁。于是，张罗着为他娶妻。时煌长年在京师——在鸿胪寺做个小小序班，俸禄少得可怜，除了供自己日常生活外，很少有钱寄回家。只是在成龙结婚时，总算拿回来七八两银子，办了喜事。那段清苦日子，靠自己里外操持，做豆腐卖赚点钱，总算把日子对付下去。

于成龙读书迎考，二十二岁那年第一次上场，便中了秀才，在府学中名列前茅。当喜报挂到中堂，自己高兴得泪水也流出来了。第二年，又去太原府参加乡试，虽未中举，但好歹拿了个副贡回来，自己也很高兴，毕竟年纪还轻嘛，不急。

以后，时逢战乱，成龙窝在家里，很苦恼。三十一岁那年，为了功名，成龙又去太原崇善寺读书。经过三年钻研，人人都夸儿子学问渊博，满腹经纶，丈夫也说成龙中个举人是板上钉钉的事，可是结果却落榜了。

这一打击，使得生气勃勃的青年变成了老气横秋的小老头。接下一届，儿子仍没考上。从此，他去地里干活，一声不吭；他去深山挑炭，去城里卖炭，仍是一声不吭。看到沉默寡言的儿子，挑着炭回来，肩膀肿了，皮破了，仍是一声不吭，她知道，儿子的心里很苦。因此，她心里也苦如黄连。她很心疼，她知道自己的儿子要干大事业，不能把一生虚度在挑炭卖炭中！

直到儿子四十五岁那年，总算得了个知县的官职。自己为他高兴。想到儿子人到中年，这官得来不容易，自己便主张卖了屋典了地，让他成行去了广西。而这一去，就像断线的风筝，再也难回了。

古话说，儿行千里母担忧。自从儿子去广西罗城后，自己就无时无刻不在担心。尤其当听到那里虎狼横行，瘟疫吓人，她心里便阵阵发抖。直到大孙子廷翼从广西探亲回来，说那里已经没有瘟疫，社会安定，自己才完全放下心来。尤其听说儿子深受罗城百姓爱戴，被称为“于父母”，自己心里甭提有多高兴。儿子一去六年，到了第七个年头，听说儿子任满很快就回乡，侍奉自己，心里就像灌了蜜糖一样甜蜜。

谁知，不久又来信说，一时回不来，提拔当了四川合州知州。这令自己一喜一忧。忧的是七年来未见面，不知儿子体格怎样？是胖了还是瘦了？听说他生活过得很苦很苦，吃糠咽菜，这怎么受得了？喜的是儿子竟官升两级，做了五品知州，给全家人争了光，给我这张老脸争了光，也为来堡村下昔乡争得了荣光。

当报喜的捷报传来，噼噼啪啪的鞭炮响起，中堂挂起“四川捷报：于成龙荣升四川合州知州”的联子，当亲戚朋友、乡亲从四面八方涌来祝贺时，自己喜悦的泪水抑制不住哗哗地落了下来：儿子有大出息了！当乡人打听，知州有多大时，村中有个教私塾的老秀才说，“比我们县令大好几级，相当于坐镇离石的州官”，自己的心里别提有多高兴了。

那时，虽然只落了个好名誉，因为儿子清廉，没有往家里寄过银子，家庭生活依然清苦，但自己高兴，比往家里寄了千万贯还高兴。因为百姓的口碑，比银子金子更值钱哩！儿子做官清廉，这就是对娘最大的孝敬！

四川一任未满，不到两年，儿子又说已经调到湖北黄州，当了府同知，官衔又升了一级。为娘自然更加高兴，因为县里有人跑来告诉我：我们县如今在外当官最大的是知州，成龙已越过他前头去了，已是正五品。把整天在外面吹嘘的知州父亲搞得再也不敢乱吹。“儿子是紫薇星下凡，是全县第一了。”

接着，儿子又来信说，已调到武昌当代理知府，还破天荒寄来十两银子，说专门孝敬娘亲。私塾那老秀才就说：“调到武昌——九省通衢的省城，以后准能往省里升呢！”于是，她就更高兴了。自己倒不是光为儿子升官任要职而高兴，而是因为儿子受到百姓的爱戴才升官的。这样的清官，自己才会为他高兴！如果是贪官污吏，做再大的官，自己不但不会高兴，相反只会感到耻辱！

然而不久，儿子栽了个大跟斗，说是革了职罢了官。儿子说准备回乡，但又忧虑地告诉家人：因是革职，回乡得不到俸禄。听了这个消息，自己心情有些沉重，不知儿子犯了啥过错。当得知，儿子不是为贪污受贿，也不是为做啥不光彩的事罢官，而是因修筑的桥被洪水冲毁，耽误了军机而被革职时，她就释然了。

她怕儿子想不开，叫廷翼写信告诉成龙：“这是老天爷不帮忙，在跟你开玩笑，天灾谁也没办法！再说，家中儿孙满堂，儿孙都已长大成人，没有俸禄也有饭吃，有啥要紧？说实话，你早些回来，我们全家可早些团聚，享受天伦之乐！”

从此以后，自己就天天等，时时盼，盼儿子早些回家。

自己曾多少次到村口的大榆树下等候，但等了多少次，依然没有等到儿子回来。不久，总算等来了送信的邮差。这回，说是因平定盗贼和叛乱有功，不但官复原职，还升任黄州知府。

捷报传来，全家人喜成一团，有笑的有哭的。亲戚朋友和乡亲，又一次从四面八方涌来祝贺，鞭炮声又一次噼噼啪啪地响了起来。乡里那个在府学当教授的进士老爷，一进门就说：成龙叔当上四品府台了，不得了呀！

过了不久，自己和儿媳妇都得到诰命夫人的封赐。

想到这里，她便对来到身边的孙媳妇明月道："你把朝廷封赐给我的诰命夫人官诰拿来。前段日子病得不轻，老眼昏花，现在我眼目清亮了，我要好好瞧瞧。"

色彩鲜艳、金光闪闪的凤冠霞帔拿来了。李氏老夫人坐起身子，把这宝贝紧抱在怀里，用嘴深情地吻着它。只听她喃喃地说："龙儿，为娘的想你——好想你呀！你为啥出门十六年，至今不回来呢？娘知道你忙，忙于朝廷的事，忙于百姓的事，但难道没有个头吗？你这次若是不回来，娘恐怕再也见不到你了。"

说完，只觉得心里咔嚓一声，就像一根铁链断了一般，她猛地跌坐回椅子里。"龙儿，我争气的儿子！"她有气无力地说，两颗又大又圆的泪珠，从她那深陷的眼眶里滚了出来。它是那么晶莹，在夕阳的映衬下，犹如两颗闪闪发光的珍珠。

"快来人哪，奶奶昏过去了！"听到孙媳妇明月一声惊叫，正在收衣服的邢氏和阿莲，收工刚回到家门口的廷翼兄弟和姑爷，一齐涌上来，把老安人七手八脚抬进房间里。

"娘，娘，你醒醒！"邢氏在急促地叫。

"奶奶，奶奶！"廷翼兄弟和媳妇们在喊。

"太奶奶，太奶奶！——"阿莲和姑爷在哭。

在一片呼喊声中，李氏老安人慢慢地睁开了眼睛。她喘了口气，平静地说：

"龙儿如此……我心满意足……你们写信……叫他以朝廷为重……以百姓为重……"说完，头一偏，没有了声息。

顿时，院里响起一片呼天喊地的哭声。

于成龙被仆役救醒过来。他顿足悲号，接着含泪起草《申蔡制台张抚台乞归守制详》，言辞悲切，极力要求回乡葬母守制。

接到辞呈，张朝珍巡抚感到很为难。黄州府为湖北重地，是清朝大军征剿吴三桂叛军的大后方，军需全经这里转运。若黄州出事，全省不得安宁。而于成龙是黄州的中流砥柱，没有他掌控，黄州难以稳固。想到此，他连连摇头道：“不能，黄州不能没有于成龙，他此刻不能走！”

黄州士民听说于知府母亲去世，要回家守孝，都急坏了。他们派出代表数百，步行百里，到武昌洪山，向张巡抚哭求，要求将于知府留下守卫黄州：“于知府是黄州的栋梁，是百姓的贴心人，是黄州的大青天，我们黄州不能没有他呀！”

张巡抚召见于成龙，动情地对他说：“黄州重地，是大军平叛的后方基地，目前与吴三桂叛军正鏖战，在这节骨眼上，不能没有你！百姓无限拥戴你，派了几百人到省城来请愿，竭力要求你留任。我将向朝廷奏明，准备要你夺情留职。希你以朝廷大局为重，以百姓为重，节哀留任！”

于成龙无法，只得含泪点头答应。

这天清晨，他身穿素服，登上黄州城南的青云塔，烧文祭母：“成龙父兄先逝，上无叔伯，下少兄弟。茕茕一身，奉侍慈帏，希冀升斗，以禄养亲。不料任粤住蜀，远隔天涯。及佐黄郡，又苦卑湿，不敢迎养。康熙十三年，成龙有终养之请，又因黄州盗贼蜂起局势危急，终未成。不料如今突然永诀！母北子南，阴阳两隔。噩耗传来，肝肠惨裂。魂魄黯销，号天喊地，欲见无由，追悔莫及。痛成龙母老不能养，母死不能殓！如今，我恨不得插翅飞回故乡，谁料，抚台告知：黄州重地，目前大军正与叛军鏖战，赖此地水陆转运军需。在此紧要关头，抚台告诫，要我挑起重担，不得逃避，要我以大局为重，夺情任职。古人云：忠孝难以两全。忠与孝，作为官员，只能先以朝廷为重。因此，儿暂时不能离任，请慈母理解儿之一片苦心。特此先遥祭老母，祈望母亲大人早升仙界……”

六、吴三桂宠妃十三妹的刺客之旅

康熙十六年（公元一六七七年），湖广巡抚张朝珍和湖北总

督以蕲州上接荆（州）武（昌），下临浔阳（今九江）关，南连大冶、兴国，东邻宿松、太湖，申报朝廷，复建江防道，举荐于成龙任道台，管辖长江一线防务，仍驻黄州。

于成龙上任后，接连办了几件实事。

一是加强战备，练兵捕盗。修缮破烂不堪的战船，制造战舰，规划兴复了沿江墩戍，招募训练了一批水师，并沿江巡防。同时整饬吏治，肃捕江盗。

二是沿江处处设防。于成龙深知，黄州西接武昌、汉阳，东连九江、安庆。长江一带绵亘数百里，上以键荆岳之门户，下以扼浔吴之咽喉，实属要害之区。原来黄州额兵六百六十名，分守黄冈、黄陂、麻城、黄安、蕲水、罗田六县；蕲州额兵四百五十名，分讯蕲州、广济、黄梅三州县，所以江防道所属地广人少，常有鞭长莫及之忧。原来黄州设一协镇，遥制九江，常瞻前不能顾后。于成龙上任后，沿江处处设防，留参将镇守蕲州，分讯蕲州、广济、黄梅，长江南岸的兴国等处也设防严守。因此，不但黄州巩固无忧，就连武昌所属各县也安然无恙。

三是整顿军队。以五人为伍，十人为什，自管队至百总、把总、千总和守备，上下相统，休戚相关，使军队高度统一，又调度灵便。

一天夜里，叛军头领，号称“全国兵马大元帅”的吴三桂在水师都督陪同下，来到长江南岸的九江巡视。

隔江相望，长江北岸处处设防，灯火连天，延绵不绝，如一道海上长城；江中舰船游弋、巡逻，官兵军容严整，分合张弛如同一个人般灵活，不禁大惊，水师都督叹道：“此岸江防如此严密，令我们插翅难飞呀，我军要突破江防难如登天了！”

“用金银财宝开路，打点好江防道台，叫他们夜晚松懈一些，以便我们进军。”吴三桂道。

水师都督连连摇头：“这个人油盐不进，金银财宝对他如同灰土，毫无作用。”

“天下还有这等人？此人是谁？”吴三桂不禁大为惊奇。

“此人名叫于成龙，就是廉洁之声闻名天下的原黄州知府。”

“那岂不是当代海瑞？”

“此人在生活上比海瑞更清苦，平常日子吃糠咽菜，逢年过节才吃个鸡蛋。因此绰号‘于糠粥’。”都督道，“此人心中只有朝廷，只有百姓。”

吴三桂沉默了：“这种人还真难对付哩！”过了一会儿，他坚决地说，“那就去打点他的部下！”他冷笑了一声，“不信他手下人也不食人间烟火。”

水师都督立即派多人行动。隔了两天，派去的人回来禀报：“打点过三个人。把总怕掉脑袋不敢接，守备见有人送珠宝，连门都不让进。只有那个千总接了重金。我们扮作客商，说到时有点私货要过江，请他关照放行。他说到时只能放行一艘，不同意我们放三艘的要求。”

“好，只要放一艘就行，”吴三桂冷笑道，“上船容易下船难。到时候，他会骑虎难下，局面就由不得他了！”

他们约好第二天深夜行动。叛军都督很高兴，他调派了最先进的船舰，配备了最强的火力。但在行动之前，事情突然起了变化。第二天下午，正当他们万事俱备准备行动之际，忽然见到对岸城垛上竖起一根高杆，杆上高挂着一个鲜血淋漓的人头。对岸一队人高喊：“千总私通叛军，已被于道台处斩！”

他们一看，果然是那个满脸络腮胡子，酒糟鼻的巡防千总。对方士兵还高喊：“吴王妙计扬天下，赔了人头又破财！”

吴三桂气得发抖。“派人干掉于成龙！”他紧咬牙关，恶狠狠地说。

一天，于成龙视察江防，看到黄州、蕲州还有荆州一带长江一线，因为是用兵之地，大片土地荒芜。这片土地，每年九十月间和梅雨之后，水量大减，沿岸土地露出水面。若能及时种上大麦，等到第二年三四月水涨之前，大麦已可收割。国家连年征

战，物资匮乏，若用绿营兵屯田，军粮可不征而先足。军队粮草双获，既省民力国力，又能博得民心。

想到此，他马上给张朝珍巡抚撰写呈文。

湖广巡抚张朝珍接到于成龙“在沿江一带屯田”的呈文，不禁拍案叫绝：“这是用兵屯田的又一绝唱！”他立即向清军绿营都统提出建议。

谁知都统皱眉道：“军队天职就是打仗！如今吴三桂叛军未平，我们的第一要务是打仗。至于屯田，是你们地方官府的事！”

于是这个绝妙主张被束之高阁。

于成龙听到这个消息，不免长叹了一声。

康熙皇帝的案头，放着两份奏章。一份是顺承郡王、宁南靖寇大将军勒尔锦从湖北荆州发来，他向皇上报捷：吴三桂叛军所占之吉安、衡州、郴州、永兴，已经收复。并提到，湖北江防道台于成龙指挥有方，将军粮、物资源源不断地供应前线，从而保证了大军作战的胜利。另一份是湖北巡抚张朝珍奏于成龙创“沿江屯田”妙招，请皇上圣裁，给予推行。

与此同时，还接到军事驿站从湖北、江西一带传过来的密报，称逆贼吴三桂和水军都督鉴于湖北、江西一带江防密如铁桶，无处下手，准备派刺客暗杀于成龙。

接到这三个奏报，康熙惊喜道：“想不到文官廉吏于成龙，不但是捕盗能手，还是个将才！我要提拔、重用他！好钢要用在刀刃上，我要将他放在关键地方！”

此刻，他忽然想起福建重地。耿精忠叛军自从被兵部侍郎李云芳和满洲都统赉塔消灭，投降后，沿海一带问题成堆。加上台湾的郑经常来袭击、骚扰，使福建如同一锅沸水，很不稳定。此地须派一名文武兼备的官员过去，才能稳定。福建现在正缺一个按察使，于成龙去最合适！

想到此，康熙立即下旨任命于成龙为福建按察使。

于是，在江防道任职仅一年的于成龙，便成了福建按察使。

于成龙从黄州来到省会武昌，叩别张朝珍巡抚。

张巡抚设宴请他，无限感慨地说：“老亲公一走，我失去一只臂膀了！”接着，提出要求，“请老亲公对我治理湖北多提宝贵意见。”

第二天，张朝珍果然接到于成龙对治理大政方针的呈文：

“治理之大要，首先在于用人施政。提拔人，虽然由朝廷任命，但激浊扬清，又在于督抚。因此对亲民的官员，时常加以劝慰鼓励，对那些勤勉清廉而有政绩的官员，应及时提拔，以激励人心。如此，官吏既有良知又怕受处罚，做到自惜自爱。个个在功名路上奋发，还怎能不尽心报效呢？其二，寓仁慈于催办之内。上面宽一分，则军民受一分之福。”

最后，他一针见血地指出：“目前湖广有许多大隐患，不少问题迫在眉睫，应切实解决好七个问题：驿站倒闭，各驿官无隔宿之粮，号天泣地，该怎么办？差役一天天增加，累及烟户，烟户百姓已开始逃避。该怎么办？大江舟楫是商贾的血脉之路。当前因战事封船江中，船户隐匿，商客绝迹，运输停滞。该怎么办？汉阳一带长江水坝被冲坏，淹没百姓。该如何修筑？长江上下塘无兵，一旦盗贼横起，该如何预防？许多官吏，内不能顾妻子，外不能镇跟役，衣服破烂，无居官之体面，怎么办？湖南一日不收复，军需供应一日不会停止。楚地居民每日被剥削，祸患在肘腋，又该如何筹划？”

结尾，于成龙向张抚谏言道：“当今极苦极累之时，公应宽恕百姓，恩先于威。”

接到这份洞察入微、处心积虑、言辞恳切的呈文，张朝珍如获至宝。他对于成龙道：“老亲公的条陈，条条是金玉良言。我将逐条研究，采取对策。”

于成龙告别张抚，走出抚衙。

张朝珍看着他那满头的白发，他那有些佝偻的枯瘦背影，大叹道：“此人襟怀如此坦荡，眼界如此开阔，又是如此满腹韬略。

看样子，以后还会升迁。眼前，距巡抚只有二步之遥，不久的将来，将会当上巡抚，若是官运亨通的话，说不定会当上总督呢！”

想到此，他决定优待礼遇于成龙。很快，他亲自赶到黄州，主持江防道交接仪式。

然而，正当于成龙收拾行李，准备起程赴福建时，却接到新任布政使通知：“你有事未了，须等结束方能走！”

原来，于成龙在黄州时，还有违反军纪买紧急军需物资黄豆及任江防道台时借银子修理沙船两事，没有查明结案。

而此时，福建省按察使衙门的差役已来到黄州接于成龙去上任。

张巡抚急得喉咙冒烟。因为于成龙去福建上任，须巡抚批发印凭，而巡抚批发印凭，首先得由布政使查明于成龙在任期间清白，无贪污盗窃，一切事务已交接完毕，否则不能批发。

但此时，董布政使又到黄州、荆州等地考察去了。

张朝珍发火道：“这布政使是怎么当的？既然要去考察，为啥不早点呈报？以致老亲公上不了任！”

他要派差役立即赶往荆州召回布政使，却被于成龙拦住了：“张抚台，千万别责怪董布政。他向来办事认真，一丝不苟，这没有错。事务繁忙，没有及时呈报，也是很正常之事。再说，他仅有的公子不幸夭折，心中很悲痛，您就别再责怪他了。请您跟布政好好商量。”他表态，“至于赴福建之事，我耐心在这里等待。印凭一日不发，我绝不轻离黄州。若赴任违了日期，我甘心受处罚。”

就这样，于成龙等了三天，董布政没有回来。到了第五天，董布政仍是没有回来。

其实，董布政此时去外地巡查，是故意的。他想借此机会整一下于成龙。这源于三方面因素。

其一，于成龙倚老卖老，对他这个上司不尊敬。

董布政下州府巡视，别的地方，迎来送往，盛宴款待，走时还送上一份厚礼。即使再穷的地方，也要送上一份土特产。可到了黄州，不接不送，礼物连一根鹅毛也没有。那餐饭，于成龙居然只用炒鸡蛋和青菜豆腐两个小菜就把他打发了。于成龙还说："董布政，我们黄州穷困，百姓贫穷到极点，我们官吏只能吃南瓜粥。你是上司，让伙房特别优待，给你炒个鸡蛋，弄个豆腐吧。"他当时心里很恼火，但又不好发作，便把此事埋在肚里。他心中道："堂堂知府，难道连一餐饭也招待不起？这是仗着自己是著名廉吏，名声在外，又跟巡抚关系好，不把我放在眼里呢！"

其二，对董布政的某些要求不理不睬。

于成龙任江防道台后，董布政有一次前来巡查江防事务。听说蕲州、黄梅一带江堤有数段要整修，于是他将一个亲戚介绍给于成龙，说可以叫这人承包。可于成龙以"江堤工程，我们都是采取公开招标"一句话便将他拒之门外，令他下不了台。

其实，有上述两点，董布政只是对于成龙很恼火，但想到于成龙有张巡抚作后台，自己也无可奈何。不久前，一位八旗将军的 番话让他蠢蠢欲动了，此是其三。

这将军是他的恩人。董布政没有什么大的能力，最多只能升个道台。可那位将军，通过亲戚——朝中一位担任尚书、协办大学士的王爷竭力举荐，把他扶上布政使高位。因此董布政对他感恩戴德。这个将军，就是那个目空一切，与于成龙争辩过的人。将军对他说："寻个机会教训教训于成龙。只要抓住于成龙的把柄，若张朝珍保他，就连他一起参，叫他革职滚蛋！到时，让我那亲戚王爷举荐你当巡抚。"

董布政本来就不怕张巡抚。虽然布政使比巡抚低一级，但任命权在吏部，而且有专折向皇帝上奏权，巡抚奈何不了他。如今有将军和朝中权贵做靠山，腰板就更硬了。

有了上述数条理由，董布政就万分认真地查于成龙。他要在鸡蛋里挑出骨头。

功夫不负有心人，居然还真查出于成龙两条尾巴：违犯军纪，购买军需物资黄豆；借银子修船，所借银子没有还上。

这两项，只要坐实一项，就可以让于成龙革职滚蛋。因为抢购军需物资，就是破坏平叛。平定吴三桂叛乱，这是全国全军头等大事，破坏这件大事，那还了得？罪名大如天！至于借银未还，说轻一点是挪用，说重一点就是贪污。不管贪污还是挪用，于成龙要想升官就难了。更妙的是，一旦查出于成龙有大问题，张朝珍至少"包庇罪"跑不了啦！

想到此，董布政不禁开心起来。他原来是想立即着手调查此案，但想到于成龙这人从不贪财，一不接受下级官吏和别人馈赠，二不贪公家一分便宜，便决定先把此案拖一拖。他怕万一查不出毛病，那就不能教训于成龙了。如果先拖他一段时间，造成于成龙经济不清的影响，等拖过了于成龙上任日期，即使没有贪腐行为，也难逃责罚了。

就这样，他先巡查了荆州。本来任务完成，应打道回府。可他不回，又往宜昌而去，然后再远赴郧阳。这样一来，等回去，于成龙的赴任期限肯定就耽误了。

这么一想，于是他便派一个仆役回省城向张朝珍巡抚报告自己的行程。因为出发时，只说是到荆州，如今还要去宜昌、去郧阳，在外面转上一大圈。半个多月不回去，还是要向巡抚报告的；否则，巡抚较真起来，自己也理亏。

董布政在宜昌巡查了三天。

然而，就在他结束宜昌巡查，准备前往郧阳的头天晚上，他手下那个被派到省城的仆役和张朝珍巡抚的差役急如星火地赶到宜昌。

张巡抚的差役送给他两封信。他拆开于成龙写来的信，信中道："董布政，你在失去爱子、心情无比沉痛的时刻，仍以国家利益为重，不畏辛劳，下乡巡查，令人钦佩。"然后劝慰他注意方法，"朝廷有百官，百官有衙吏和书办，吏书之中难道没有贤明能干之人？这完全在于因才使用。俗话说，农耕之事，应问各位老农；纺织之事，应问各位婢女。一个人的精力有限，合众人之力，耳目没有穷尽，让各个管事的在下面各负其责，首领在上面审察，不可事事亲自过问。不然，自己就会疲于奔命，焦头烂额……”

接到于成龙的信，董布政的心里顿时软了一下。于成龙对自己失子的同情，给自己诚恳的高屋建瓴的建议，都令他感动。但一想到于成龙以前对自己的不尊重，想到将军所托付之事，心肠不禁又硬了起来。

他一把丢开于成龙的信，随手从仆从手里接过张朝珍巡抚给自己的信。

这信很短，只有一句话。

就是这句话，让他不得不改变初衷。这句话便是：“于成龙此次升职，系圣上亲自提拔。望速回省调查结案。”

乖乖，皇上钦点之人，有谁敢拖延他的赴任日期？又有谁能奈何得了？除非查出他有重大问题。

于是，第二天拂晓，董布政便和仆役坐长江船赶回。一路顺水顺风，很快回到省城。他迅速召集手下几位能干的官吏，只用几天时间，便将于成龙之事查得水落石出：原来，私买黄豆，是为了救济灾民；借银两修沙船，为的是江防要务。其中绝无营私舞弊行为。于是很快结案，使于成龙得以及时起程赴任。

赴任前夕，于成龙想到自己的恩人——原广西巡抚，现两广总督金光祖。想到离开罗城时，金巡抚对自己的教诲，于是给他写了一封信，深切感谢他对自己的破格举荐，以及赴四川合州时对自己的谆谆教诫：“切勿改变自己的操守。”

当金光祖总督在两广接到于成龙的信，得知他已任福建按察使，不禁喜出望外，叹道：“于成龙无论何时何地，顺境还是逆境，都一心为朝廷，一心为百姓，从不改变冰清玉洁的操守。这样的廉吏能臣，真不枉我推荐他的一番苦心哪！”

正当张巡抚准备欢送于成龙起程去福建上任时，有一对母女，悄悄地从湖南常德——号称“兴明讨虏大将军”吴三桂的行宫，马不停蹄地赶到武昌，住进著名的“黄鹤楼客栈”。

她俩此番来，负有一项特殊使命——刺杀于成龙。

这青年女子，年约二十七八岁，生得风姿绰约，姿色惊人。她是吴三桂第十三房妃子，人称“十三妹”。

那天夜里，吴三桂从长江北岸防线巡视后，回到常德行宫。以前，一见到宠妃十三妹，总是迫不及待地跟她共入芙蓉帐、温柔乡。可这次回来，却愁眉苦脸，唉声叹气，嘴里连连念叨着：“清军江防如此坚如铁桶，叫我怎么办？”转而又道，“这于成龙老东西油盐不进，金银珠宝不能动其心，叫我如何是好？”

吴三桂绞尽脑汁谋划着对付于成龙的计策。

忽然，一个莺燕般迷人的声音在他耳旁呢喃：“王爷，让为妾替你解决这个于老头！”

十年前，十三妹从家乡岳州（今岳阳）来到云南昆明投靠吴三桂，被吴三桂一眼看中，纳为第十三房妃子。

这十三妹不像吴三桂其他房妃子，娇柔无力。她是个船家女，水性极好，体格强健。她如同一株罂粟花，具有一种野性的美。因此，吴三桂就教她武艺。三五年下来，擒拿格斗，刀枪剑棍，骑马打枪，无所不精。于是，她便拥有了双重身份——既是吴三桂爱妃，又是他的贴身保镖。

她之得宠，得宠到吴三桂从此再没有纳妃子，得宠到连那个倾国倾城的陈圆圆也门前冷落车马稀，宫苑前面长满青草，只能悲泪长流，最后怨愤之下，跑到深山尼姑庵，与青灯古佛做了伴。

入宫以来，十三妹享尽了人间的荣华富贵。她总想报答吴三桂对自己的知遇之恩，培养教授之恩。她对吴三桂有三种感情：一是妃子对王爷的感情，二是徒弟对老师的感情，三是士兵对统帅的感情。这三种感情加在一起，便成了她对吴三桂忠贞不贰、感恩戴德的深情。

她早就想报答吴王对自己的宠爱、培育之情。今天见到王爷为于成龙之事伤透脑筋，心里想，报答吴王恩德的机会来了。于是她便主动提了出来。当然，促使她完成这个重大使命，还有一个重要因素——报仇，报杀父之仇。

二十多年前，当她还是孩童时，一个秋日的下午，她和母亲跟着当艄公的父亲驾着渔船从洞庭湖回家。船舱里，满是活蹦乱跳的大鱼，还有甲鱼、鳗鱼。她拍着小手，看着这么多鱼，高兴极了。母亲脸上溢满笑意，情不自禁地唱起了一支渔歌。父亲则把橹摇得更快了。一边摇，一边应和着。

满载而归的船，刚靠上岳阳码头，忽然来了一队腰插大马刀的清兵。其中一个对她的父亲喝道："叫你们剃发你们不剃，东躲西藏，今天看你们跑到鳖州去!"说着，马上拥上来几个士兵，绑了父亲，要强行给他剃发。

父亲看了看面前这几个清朝人，前面剃去头发，青皮光光，如同三岁娃娃，后面又留着不男不女长长的猪尾巴辫子，就叫道："我不要留猪尾巴!"但任凭他叫唤，这些兵一概不理，只听那头目道："我看也用不着押回乡里剃了，就用腰刀吧。"

于是一把明晃晃的砍刀，就给他剃了发。殷红的鲜血冒了出来，父亲痛得一边摇头晃脑，一边骂道："没人性的野种，强盗!"

话音刚落，突然，她见到一把雪亮的钢刀高高举起，霎时划过一道银白的弧光，一支水箭般的红光冒出，一颗头颅便骨碌碌地滚到地上。紧接着，父亲那魁梧结实的身体如同一段树木砰的一声倒了下去。

两个叔叔跑过来要拼命，也被清兵砍瓜切菜一般劈死在地……

从此，她就和母亲相依为命，开始了捕鱼为生的艰难日子。每当夜深人静，她总会想起父亲和叔叔那惨死酷烈的一幕，有时

睡梦中也会哭醒过来。

随着三藩起事，声势浩大，数省响应，起义的烽火烧红半边天，她很兴奋。但打着打着，起义军就处于弱势。尤其是今年以来战况越来越糟。“与其失败等死，不如拼搏而死！”她对吴王说。

“爱妃，我怎舍得让你去冒险！”吴三桂忧心忡忡道。

“王爷，你不也在冒险吗？”她笑道，“你是在大冒险，而我比起你来，只是小冒险罢了！”她决绝地说，“王爷，当前正是大战关键时节，不要这等儿女情长。若是你指挥的明军战败，妾不是也难逃一死吗？”

吴三桂叹了口气，只好同意了。“爱妃，你金银珠宝尽管拿。”

听了吴王的话，十三妹点点头：“唔，我是需要一笔资金以确保成功。”

“爱妃，你还需要啥？”吴王又问。

“需要你。”她风情万种道，“今夜你要集三千宠爱于我一身！”说着，她两条粉臂便吊在吴王脖颈上。

第二天一早，十三妹就动身了。和她同行的有母亲姜氏，还有八岁的女儿阿巧。

“爱妃，你为啥要带走阿巧？”吴三桂担心道，“放在这里，有丫环佣人照顾，带着既不放心也不安全。”

“我还要靠她养老送终呢。”十三妹道。实际上，她有自己的打算。后宫多家眷，自己不在这里，把女儿独个儿撇在这里怎么放心？王爷有多个儿子，又有许多女儿，谁会在意她的女儿？

她们一行三人乘船很快来到武昌，住进了“黄鹤楼客栈”。

黄鹤楼下的轮船码头上，停泊着一只敞亮、舒适的中等大小的客轮。这是巡抚衙门专门为于成龙赴任预订的船只。

码头上，到处是欢送的人群，到处是喜庆的锣鼓和鞭炮。

客轮上，有四五个艄公和仆人。一个满脸沧桑、依稀有点风韵的中年妇人，站在船头掌舵。她的儿子，是撑船的老大，虽穿着打补丁的衣裳，戴着斗笠，脸上被船上生炉的炭灰弄脏，但依然掩饰不住他那英俊不凡的脸庞。

这后生并非别人，就是要刺杀于成龙的十三妹。她和母亲都是水里蛟龙。就连她八岁的女儿，也能在水里游泳，嬉戏一个时辰呢。

“只要于成龙这老东西上了船，他就死定了。”她胸有成竹地想。

她知道，于成龙作为按察使赴任，一定会有几个带着武器的差役，甚至贴身保镖。但这又顶什么用呢？她的设计方案，不是在轮船码头动手，而是在船上。待到夜深人静，她把船弄翻。在水里，弄死那于老头简直不费吹灰之力，就连保驾的人也一起让他们见龙王！

原定未时中开船，时间到了，于成龙和仆役却没有到来。过了一个时辰，船客仍然没有到来。直到日落西山薄暮冥冥，还是没有到来。

“你们快去催催，到底是怎么回事？”掌舵的摇船人嫂急急地催促。忽然，有个千总跑来向张巡抚报告：“大人，您不用等了，于大人已经坐船走了。”说着，递上一张纸，纸上有这么一句话：“我已离武昌赴闽就任，请原谅我的不辞而别。”

“这个老先生，他是不想惊动众多官员和百姓啊！”张巡抚立即宣布，“于臬台已去福建上任，大家都散了吧。”

“啥？于成龙走了？”十三妹大惊失色。当她得知于成龙是坐小船，同样是在这个码头动身时，简直惊奇得两眼瞪得大大的，张开的大嘴久久合不拢。“这个老东西。难道会未卜先知，算计有人暗杀？”

其实也难怪，于成龙戴着旧斗笠，挑着一担萝卜和行李（一头萝卜一头行李），孤身一人走的。谁能料得到呢？

当听说于成龙是午后走的，十三妹不禁跌足道：“时间已整

整过去了两个时辰，还是快追要紧！”说完，急忙解缆放船，顺水顺风的船，在滚滚长江上乘风破浪，如疾风一般向下游驶去。

于成龙起程赴福建上任了。他仅仅带了一床旧被，一件旧官服，一筐萝卜。

“大人，你去福建上任，带一筐萝卜干吗？”艄公不解地问，“这是很便宜的东西，福建有的是，多带有什么用场？”

“有用啊，我沿路的供给都靠它呢。”于成龙笑道，“再说带了它可以压船，以免太轻出事。”

就这样，船一路行走，他一路除中午偶尔吃点船上烧的饭，其余都吃萝卜。

老艄公叹息道：“如此清廉的大官，我这一生，不要说没有见过，就是连听也没有听说过呢！”

其实，尾随于成龙而去的，还有许多条船。他们是来自黄州、蕲州、麻城的乡亲，甚至连河南也来了人。他们使出浑身本领追赶于抚台——心目中的好官，要和他告别。

于成龙的船到了九江，十三妹的船也追到这里。

当看到于成龙小船周围密不透风的船只，几百个乡亲哭着喊着，不住地叫“于父母”、“于青天”时，她不禁长叹一声：“民心不可欺。我若杀了这等清官，要挨千古骂名呀！”说完，匆匆起锚而去。

她要找个地方去隐居。

第四章　福建“于青天”

一、到福建一上任，便赶上要处死数千名囚犯，于成龙决心一律重审

康熙十八年（公元一六七九年）春，于成龙来到福建省上任，担任按察使之职，俗称臬台。

上任第一天，他就和上司发生了严重争执。原因是他接到上司要他处决一批死囚的命令。

当从布政使手里接过厚厚的一大沓死囚名册，他不禁吓了一大跳：竟有两千六百多名！

他仿佛看到尸横遍野、血流成河的惨景。“这又不是打仗，又不是屠宰场！怎可如此滥杀？”他心里充满疑虑，“为啥要杀这么多人？”他吃惊地问，然后说出自己的意见，“处决人可得慎之又慎，待我调齐档案，重新审查，看看有无冤屈？”

不料布政使道：“没有什么疑问，你按律问斩就行了，何必多此一举？”

“杀人非同儿戏，不像砍瓜切菜。砍了头，不可能再长，岂可不细审就问斩？里面若有冤枉怎么办？”于成龙坚持自己的主张，“我绝不滥杀无辜！”

“那你跟巡抚说去吧！”布政使气恼道。

“我还是先审查案卷再说。在我手中不能出现冤假错案！”

他咬牙坚持道。

接下来，他找了几个能干的官吏，埋头在衙门堆积如山的案卷中。连中晚饭也叫仆役给他们送进衙门吃。就这样，他日夜审查，一连干了半个多月，大体审查了五百个死刑犯案卷。

“死囚犯为何至今还不处决?”巡抚吴兴祚不满了。

“抚台，囚犯人数太多，案卷堆积如山，我们至今只审查了五百份。”于成龙如实汇报，“我正抽调人全力以赴先做审查。”

“这些都是早就定好了的死刑犯，已经县、府、省三级审核了的，你何必多此一举?”吴巡抚有些不高兴了。

“抚台，从已经审查的案卷来看，其中漏洞百出，大都是捕风捉影，罗织罪名。我看真正该判死刑的，十户中还没有一户。因此，绝大多数都不能判死罪!”于成龙说出了自己的观点。

“是吗?这倒奇怪了。”吴巡抚冷笑了几声，尽量压抑住心底的愤怒，“三级官府都核准了，你只要拿起红笔一勾就行，为何还要节外生枝，花如此多的时间和精力，干这种吃力不讨好的事?”

“我的宗旨是，绝不枉杀一人!”于成龙坚持道。

“好，那随你的便!”巡抚恼怒而去。

于成龙查阅完档案，还亲自赴泉州、厦门、漳州监狱，巡查这批死囚犯。

他首先来到马尾的死囚监狱。监狱设在江边的一座小山上，这里树木葱茏。顺着一条石栈道，弯曲了几次，便来到山顶。这里是一片开阔地。沿着盘旋山路，往下略走一段路，便是监狱。这监狱一半在地上一半在地下。牢头打开牢门，一股扑鼻的臭气立刻冲出来，熏得人差点晕倒。

听见牢门响，忽见一个七八岁的男孩跑到门口，带着哭腔连声喊：“爷爷，我要出去，爷爷，快放我出去!这里有鬼，我怕——”

要不是他双手被反绑着，这小孩一定会两手紧抱住我的膝盖哀求的，于成龙想。这孩子虽瘦得皮包骨头，但那清秀的脸庞，那闪闪发亮的眸子都告诉他：这是个富有灵气的孩子。

“这小孩怎么也被关进死囚监狱?”于臬台奇怪地问。

“他父母违反禁渔令，两次出海，企图与台湾郑氏叛贼联络，构成死罪。这孩子为父母通敌通风报信，故一起判死刑!”

“你怎么知道孩子给郑氏通风报信?难道是你亲眼所见?”于臬台反感地问。

牢头道：“他父母撑船出海时，这孩子就在船上。”

“在船上就是通风报信?真是乱弹琴!”于臬台有点愤慨了。

此时，忽然一声婴儿的啼哭从不远处一间牢房传了过来。于成龙立刻走了过去。只见一个婴孩躺在牢房的角落里。

“小孩子饿了，要吃奶。”一个披头散发的青年妇女说，“牢头大叔，请你打开枷锁，我要给孩子喂奶。”可牢头毫不理睬。

“为啥不给她开锁?”

见于臬台质问，牢头道：“牢里规定，除了每天两餐（每天只吃两餐）吃饭时间开锁，其余时间再不能开，这是牢房规定。”

“你给她打开，让她喂奶。”于臬台冒火道。牢头无法，只好打开套在她脖颈上的木枷。但因两只脚镣链得很紧，妇女想站站不起来。

“把脚镣也打开。”于臬台又吩咐。牢头只好忍气吞声地打开脚镣上的锁。

妇女爬起来，跌跌撞撞地跑了过去，迅速抱起婴儿，连声道：“宝贝，不哭——”说着，迫不及待地把奶头塞进婴儿嘴里。小孩吮几口，停一下。因为吸不出多少奶水，仰起头哭了几声，又衔住奶头继续吸。就这样反复几次，婴儿再也不哭了，伏在母亲温暖的怀抱里慢慢地睡了。

“好啦!现在小孩也睡了，快把他放到一边去，我要重新上镣铐了!”牢头瞪起眼睛牛声牛气道。

妇女不禁眼泪汪汪说："求求你，不要给我上镣铐了，上了镣铐，我就无法抱孩子了。"

"不行！那怎么行？死囚犯哪能不上镣铐？"他边说边凶神恶煞般拿过木枷就要往妇女脖颈上套。

妇女边哭边吼："死囚犯？我犯的啥死罪？是杀人放火，还是谋财害命？"

"你私通台湾大逆贼郑经，比杀人放火罪更重！"牢头也吼道。

"就不用上镣铐了。"于臬台吩咐。

可牢头不依："死囚不上镣铐，如果越狱逃跑，这天大的责任我可担当不起！"说完，手拿木枷奔上前，对妇女喝道，"老实点，快自动戴上，不然，我可要动手了。"见那妇女抱着孩子不肯松手，磨磨蹭蹭不肯过来，马上奔上前，一只手猛揪住妇女的头发，一脚把她踹倒在地。小孩一下从妇女怀里滚了出来，婴孩受到惊吓，哇哇大哭。

看到眼前一幕，于臬台简直惊呆了。他恼火极了，猛喝道："不许动粗！"然后道，"你这个不通人性的东西，你被撤职了！"

接着，他对陪同进来的狱卒说："你代他当牢头。"

牢头一愣，听说自己被撤职了，急了，再也无所顾忌："死囚犯上镣铐，这是大清刑律规定，我违反哪一条，要将我革职？"

"就凭你虐待犯人！"于臬台剜了他一眼。

"牢头打骂犯人，是常事，为啥就处理我？"牢头仍不服气。

"我今天看到你，就先处罚你！"

"我要到巡抚、总督那里去告状，说你包庇叛贼！"牢头嚣张地说。

于成龙正想开口，忽听那妇人道："牢头罪行，罄竹难书。敲诈勒索，还有更说不出口的事——强迫女犯人陪睡——"

谁知话音未落，牢头便跳了起来，骂道："烂婊子，你再瞎说，我就揍死你！"说着，真的拿起一根皮鞭。

“我怎么瞎说?”妇女气愤得满面通红，“我们女人要给小孩喂奶，要解手，你不是都提出非分要求，让我们交换吗?”她见牢头已被撤职，胆子也大了起来，“你是个禽兽不如的畜生!”

她把头转向于臬台，请求道：“大人若是不相信，可调查牢中其他女子——特别是年轻漂亮的女子。牢头常金屋藏娇把牢房公房当新房。为这事，他家里的老婆还闹到牢房来!”

“你果真如此否?”于臬台拧紧眉头，威严地问。

牢头这下说不出话来，因为他的所作所为真追查起来，杀头都够了，因此他口吃地说：“我，我——”

“将他戴上枷锁，交给监狱长。”于臬台命令，“仔细审查这狗东西贪赃枉法的事!”

“是，大人!”刚升为牢头的狱卒，连忙将妇女的木枷啪的一声套到牢头的脖子上。

牢房里顿时响起一片欢呼声：“青天来了，我们有救了!”

紧接着，于臬台赶往厦门。

在厦门死囚牢房，他见到一个疯疯癫癫的男子。这人约二十五六岁，据说是个秀才，在府学读书，名列前茅。听他未婚妻，一个妩媚的女子介绍，他们是刚订婚不久的一对恋人。一天，她从安溪老家来到厦门学宫，秀才带她游览鼓浪屿。看到这座处处鸟语花香的海上花园，倾听耳际飘来天籁般的琴声，眺望远处烟波浩渺、一海之隔的台湾宝岛，想起许多亲戚在台湾不能团聚，秀才不禁触景生情，诗兴大发。他高声吟诵了一首诗，吟后，意犹不足，还拿起一块瓦片，在一块大岩石上写下这首诗。没想到，就是这首诗给他带来了一场横祸。他俩还没到山脚，就被山上放哨巡逻的清兵给抓了起来。原因是题了反诗：

海峡两岸本一家，一条鸿沟中间埋。
江山何日成一统？抱头痛哭话桑麻。

字迹在岩上，想抵赖也抵赖不了。清兵将他俩押到官府。官府一调查，两人都有亲戚在台湾，这下问题更严重了。于是，作

为违反海禁、私通台湾的罪名，判处死刑。闻秀才一听到判决，当即口吐白沫，昏厥了过去。醒来后，便疯疯癫癫了。

“为这件事，他癫了，如今又把我判死罪，天下哪有这个道理?”女子恳求道：“大人，我们是无辜的，放我们出去吧，我不想死——我死不瞑目哪!”话未说完，就泪如雨下，泣不成声。

面对眼前情况，于成龙说道：“姑娘，我会尽力想办法，为你们鸣冤。”

从监狱出来，他来到有“海上花园”之称的鼓浪屿。只见游人已绝迹，冷冷清清，只有几个军人在放哨巡逻，还有海浪拍打岩石的哗哗声。

回到岸上，于成龙问屈指可数的几个游人：“鼓浪屿景致那么好，你们为啥不上去游览?”

“去那里游玩很危险的。一上去，说不定就会被当作私通贼寇判罪，被抓起来杀头哩!”

于成龙步履蹒跚，心事重重地去了漳州。

在漳州死囚牢房里，于成龙见到了一个年近八十岁的老头。问他，犯啥事判的死刑?他哈哈一笑说：“我儿子出海打渔，结果被郑氏部队掳到台湾。于是我儿子就成了诛灭九族的叛贼，我自然也成了罪当诛杀的匪属!”

他那二十多岁的孙女道：“大人，放了我和爷爷吧，我们根本没有犯罪哪!”她声泪俱下。

听她这么一说，立刻响起一阵叮叮当当的铁镣声。眨眼间，于成龙面前就跪满黑压压的一大群人。众人一齐道：“大人，救救我们吧!”还有一个道：“听说您是青天大老爷，现在，只有您能救我们了!”

不料那八十老翁道：“你们不要为难于大人了。海禁，这是清朝刑律，是皇帝的圣旨，于大人也是回天无力呀!”然后，他冷笑着对众人道，“我们要想赦免，除非换个皇帝。那样，新皇帝大赦天下，我们才可以活命。否则，绝无可能!”他长叹了一声，“反正我活到这把年纪，死了，也可称作长寿了。只可惜，牢中这么多年轻力壮的乡亲——”他愤愤地说，“造孽——真是造孽呀!”

一个中年男子接腔道：“别做大赦天下的美梦了。如今康熙爷年仅三十岁，正年轻有为，我们只有等着引颈就戮，别无他法!”

于成龙连奔带逃，仓皇地遁出监牢。

他心头有个声音在一遍遍拷问自己：“难道这些人就这样宣告死刑，再无生还希望了吗？我只能眼睁睁地看着这么一大批人倒在血泊中？若是让这么多条生命含冤而死，还要我这个省按察使干吗？按察使最大的职责，就是缉拿盗匪，平反冤狱。若真让这么多良民蒙冤受屈死在我手中，你于成龙这个按察使就白当了！你就是一个草包，是饭桶，不，是软蛋，是白痴，是对百姓犯下滔天大罪的官员！这么多无罪之人，你若救不回来，你就是尸位素餐，必须立即滚蛋!”

经过两个多月废寝忘食的审查，于成龙终于弄清了这两千数百人犯罪的真正原因：犯了海禁罪。

海禁就是禁止船只下海。说起这海禁，就不得不提到“三藩之乱”。

康熙十二年（公元一六七三年）十一月二十一日，面对“撤藩”威胁的“开国和硕亲王”吴三桂在云南杀掉云南巡抚朱国治，扣留钦差折尔肯和傅达礼，发布“兴明讨虏”檄文，首先在云南起兵。然后策动大军，以泰山压顶之势，占领了湖南全境。四川、陕西、甘肃、广西纷纷响应。分封广州的平南王尚之信和分封在福州的靖南王耿精忠也响应吴三桂号召起兵反清。

这便是史称“三藩之乱”。

耿精忠还与占领台湾抗清的郑经遥相呼应。他与郑经相约，欢迎郑经在福建登陆，进攻广东的潮州、惠州，答应割让漳州、泉州作为酬谢。于是，郑经果然领兵，从台湾跨海在福建登陆，

占领泉州、漳州、厦门。康熙十五年年底，耿精忠兵败投降后，郑经虽退回台湾，但仍时常侵犯福建沿海，令清廷十分惊慌和恼火。为了严禁百姓与台湾郑氏往来，便发布了一条死命令：任何船只不准下海，违者定死罪正法！

这数千死囚，有一千多个就是因违反禁海严令，驾船出海捕鱼或贸易而判死刑，其余是辗转牵连获罪。

数千条人命，如一块千斤巨石沉沉地压在于成龙的胸口，令他喘不过气来。

他深知，沿海渔民大多从事捕鱼和海上贸易，以此为生，不出海怎么办？可是一出海便定死罪，这也太残酷了！他直奔抚台衙门。

“抚台大人，这批人只是出海捕鱼或贸易，与台湾郑氏无丝毫联系呀！怎可以定死罪？我觉得其中没有一个该处死！”

“这是朝廷刑律规定，没有什么可商量的！”吴巡抚没有一点通融口气，然后很是不满道，“人数这么众多，你怎么敢一下子否定呢？”

“对，正因为人数众多，影响重大，”于成龙弦外有音道，“所以我才格外慎重啊！”

巡抚也听出了弦外之音，心里不禁一动。的确问题严重，他顿时感到肩头责任重大。杀数千人，其亲戚朋友就有好几万，这影响不但巨大而且深远——将影响全省的社会安定。杀人多，对他这个巡抚肯定不能称之为政绩！他心中默然了，但他只犹豫了片刻，便依然态度坚决起来。

“这么大的事，我无权决定！”吴巡抚虽有同感，但康亲王的批复，朝廷的法令谁敢违反变更？于是丢下一句话就走了：“我劝你还是不要节外生枝的好！”

于成龙又去找总督姚启圣：“大人，这两千六百多人，都是违反‘海禁’被判死刑，是冤枉无辜的，都不应处死啊！”

总督严肃地对他说：“违反‘海禁’就是死罪！这是朝廷法

令规定的，谁也没办法。你难道能改变朝廷这条法令？”

姚启圣总督大概觉得自己的态度太生硬，想到面前的于成龙虽品级比自己低好几级，但毕竟年过花甲，鬓发全白；再加上此人是皇上钦点，全国闻名的廉吏，于是语气变得委婉些：“于臬台，我劝你就不要去走这个钢丝，硬碰这条禁令了！不要去干这种吃力不讨好、惹火烧身的事，好吗？”他顿了顿，加重了语气，“弄不好，你会为这事碰得头破血流，身败名裂。你犯得着为这些毫不相干的死囚，冒革职充军甚至杀头的危险吗？”

“只要能救这么多无辜百姓出地狱，出苦海，我坐牢还是杀头都值得！”于成龙咬牙道，“我讲的是天理良心。杀这么多良民，违反天理啊！”

总督看于成龙一股拗劲上来了，知道很难劝动，便不耐烦地说：“这么大的事，我也无权决定。这都是康亲王亲自批复的。”

“那我去找亲王，请求他——”

于成龙话未说完，总督已下了逐客令：“你走吧，这事我无能为力！”

于成龙果然骑着一头瘦驴，带了个仆人，真的找康亲王去了。

康亲王，就是驻守福建的最高主宰，节制福建、浙江等数省军政，权势赫赫的清朝王爷。

康亲王府，巍峨气派。身穿华贵衣服，打扮得如同贵族老爷的王府门房，年过花甲的年大先生，正在兴致勃勃地听门前那巍峨高大、冠盖如云、气根飘荡的大榕树上鸣蝉与黄鹂的合奏曲，忽见一个身着灰衣，身形干瘦的白发老头，牵着一头瘦驴来到门前，不禁大声呵斥道：“去去去，这里不是要饭的地方，快走！”

“狗仗人势哩！”于成龙心里想，嘴上却热情地说，“大兄弟，烦你通报一声，就说省按察使衙门有个姓于的官员前来拜访，要面见王爷。”

省按察使衙门有啥了不起？就是按察使亲自来，又有啥了不

起？年门房打了个鼻铳。巡抚、总督到这里，也不敢随便进，何况你这小小按察使衙门的人？他乜斜了一眼。只见来人穿件旧衣裳，土里土气，手里捧着一个小箱子，心想，这人大概是账房先生。但看他腰上有把佩刀，大概是捕快一类人。于是，便口气生硬地说："不行，王爷哪能随便见，他日理万机哩！"

话音刚落，便听那老头说："我是新任按察使于成龙，我有要紧公务，烦你快点进去通报！"

门房有点惊讶。他真有点刮目相看：这干瘪老头是个按察使！真叫人看不出来。但没交一点买路钱，通报钱，任凭你是按察使，我也不会白白放进。

"不要拿按察使来吓唬人。就是巡抚、总督到此，也要按照章程办！"门房不紧不慢地说，还点上水烟筒吧嗒吧嗒有滋有味地吸了起来。以往官员求见，总要给门房一笔小费，多的甚至达到百两白银。你这于老头怎么这样不懂规矩？两袖清风，就想进王府，真是异想天开！

于成龙当然知道一些规矩，但他没有银子。"大兄弟，我求你了，你就通融通融让我进去吧。"

可门房视而不见，根本不加理睬。于成龙心中十分恼火：这种人狐假虎威咧。他想大喝一声，但在王府门前吵闹影响自己名声，于是问手下书吏："你身上带银子没有？"

"我身上只有二钱。"书吏道。他心里也有点怨主人，自己虽说在按察使衙门当差，但给的工钱特别少，还规矩很严，不准收礼，因此清汤寡水。人家给县令当差，也不愁吃穿，衣服光鲜，常有额外进账；若给知府当差，更是进账不断，跟上一年就宽绰起来，若跟上几年就富得流油呀，哪像跟这个白头发老倌？

"先借我用一下。"于臬台从书吏手里接过从内衣口袋里摸出的一点碎银，然后走到门前，说："不成敬意，给大兄弟买几个烧饼吃。"

门房心中勃然大怒。你这是打发叫花子吗？他真想大骂一

顿，把这二钱银子砸向对方。但想到面前这老头毕竟是个按察使，于是强压怒火，道："不敢接受你堂堂按察使大人的馈赠，请你留着自己买烧饼吃吧。"然后一语回绝，下了逐客令，"王爷今天不在家，出门了，你快走吧！"

于成龙知道这是假话。他来之前打听过，王爷在府，没出门。他两眼冒火了。

"好，你不给我通报是吧，那我就自己走！"于成龙两眼瞪得如铜铃，怒发冲冠，"我阎罗王都不怕，还怕你这种小鬼？"他放开脚步往里闯，见门房要来阻拦，便嗖的一声拔出腰间宝剑，两眼通红犹如要吃人的大虫，"你要买路钱是吧，等我去王爷那里讨来给你！我这宝剑刚从抚台那里接来，不知锋利否？如今正好趁此机会一试！"说完，手提寒光闪闪的宝剑昂然而入。

门房吓得连忙倒退数步，吐了吐舌头："这人胆子如此大，到王府还这么横，真是从未见过，就好像包龙图转世一样！好汉不吃眼前亏，还是躲一躲吧。"于是连忙躲进门房，将门砰地一关，像只缩头乌龟不出来了。

王府内殿，王爷端坐大堂，正在看一封奏章文书。

"王爷，新任福建按察使于成龙前来拜见。"于成龙说着，对王爷鞠躬行礼。

听说眼前这个人，就是当今皇上亲自任命的廉吏于成龙，王爷不好太冷淡。"不知于按察到府上有何贵干？"王爷询问。

"成龙是为那两千六百多名死囚而来。"于成龙开门见山地说明了来意，"下官经仔细审查，觉得这些人都是清白良民，不应处死，应释放。"

"哦，犯了海禁，通海贼罪名，就是死罪。这是朝廷的法令呀！"王爷严肃地说。

"王爷，下官觉得朝廷这法令，定得太严厉。他们只是一些出海打渔的渔民，出外贸易的商人，与犯罪尤其是死罪，风马牛不相及呀！"于成龙恳求道，"请求您积好生之德，高抬贵手放

了他们吧。”

“这是朝廷的法度，我虽为王爷，但也无权更改啊。”王爷实话实说。

于成龙在王爷这里碰了壁，一身疲惫地回到家里，往床上一躺，就再也起不来了。他连饭也不想吃。难道就这样算了？难道就这样让几千个无辜百姓白白送命？

此刻，于成龙的眼前猛地浮现出泉州死囚牢里那被反绑着双手的小男孩身影，同时响起一个童声：“爷爷，我要出去，爷爷，快放我出去！”又有厦门那个只为吟诗触犯“海禁”被判死刑的疯子，和他那未婚妻子伤心欲绝的恳求：“我们是无辜的，放我们出去吧，我不想死——我死不瞑目哪！”还有漳州那八十岁老翁绝望的悲鸣：“海禁，这是清朝刑律，是皇帝的圣旨，于大人也是回天无力呀！”

这是几千个鲜活的生命啊，也是几千个无罪的良民。自己作为主管刑律的高级官员，于情于理都应该救。于成龙的心中有一个声音在怒斥：“不救，就是严重失职，就是草菅人命！草菅几千条人命，这可是滔天大罪！”

但是，另一个声音则警告他：“此事非同小可，你要是管了它，就是引火烧身，玩火自焚，自取灭亡！巡抚、总督都避而远之，你为啥要当这个出头鸟？即使把这几千人杀得一个不留，人们也不会骂你于成龙，要骂只会骂巡抚、总督，只会骂县令、知府。因为判这些人死刑，是地方官府审判的，与你毫不相干！”

那个声音在辩驳：“怎么不会骂我？肯定要骂我的。因为最终总是经过我的判决，把他们送上断头台的呀！他们会骂官官相护，会骂天下乌鸦一般黑，会骂我为了保自己的乌纱帽，为了保前程，而不顾是非曲直，是个昏官！不，我是个清官，是个闻名全国的清官！我绝不能让此事毁了我一生的英名！此事我一定要管！”

另一个声音又道：“你要在这件事情上做个清官，做个好官，难哪！难于上青天哪！管此事，就会身败名裂，丢官，甚至杀头也有可能啊！你何必为了此事把已到手的高官厚禄葬送了？”

那个声音义正词严道：“正因为难，风险大，所以身居高位的巡抚和总督都做了缩头乌龟，位高权重的王爷也选择了沉默，选择了随波逐流。说穿了，要管此事，必须冒革职、充军甚至杀头的巨大危险！家人也会连同一起倒霉！”

就这样，他头脑里两个声音在打架。

“我怕丢官吗？怕丢性命吗？”他问自己。

“怕。”他刚得出这个结论，便有一个声音嘲笑道，“看起来，你还不是真正的清官——像海瑞那样的清官。若是真正清官，必会仗义执言，为民请命，为几千个无罪之人抗争！就像海青天那样。”

蓦地，一句掷地有声的名言在他的耳旁回响：“人生自古谁无死，留取丹心照汗青！”

我要做清官！——革职，坐牢，杀头，统统见鬼去吧！要是由于我救老百姓而落个判刑杀头、累及家人的下场，家人一定会为我的行为感到光荣！再说我这官是当今康熙帝亲自提拔，我仗义执言既是为百姓，也是为朝廷，为皇上呀！为了百姓，为了朝廷，我必须拼死一搏！但怎么搏呢？连康亲王都不能做主的事，怎么办才能成呢？看来只好告御状——向皇帝上书了。

想到此，于成龙一骨碌翻身而起，写起给康熙帝的奏章来。

仲春的夜晚，天上一弯明月刚从一片乌云里穿了出来，照耀得大地无限明亮。

于成龙奋笔疾书，很快写成奏章。第二天，以六百里加急送往京师。

很快，康熙皇帝接到了于成龙的《请免“海禁”死囚折》：

“臣一到闽省，即接到该省要处决二千六百多名犯‘海禁’的死囚案件。经臣两个多月复查，其中无通台湾郑氏的叛逆人员，都是为生活出海打渔和贸易的百姓。臣觉得，朝廷实行‘海

禁'有必要，但对犯'海禁'即定死罪处决，这法令过于严酷。沿海百姓大多从事海上打渔和贸易，以此为生，若船只不下海，他们何以为生？他们交朝廷的赋税又从何而来？"

于成龙这家伙，真是吃了豹子胆！竟敢说朝廷法度不对，不好！康熙继续看下去：

"古话道：水可载舟，亦可覆舟。当今吴三桂叛军未平，台湾郑氏仍在不时骚扰，闽省叛贼头领耿精忠虽已投降，但他们人在心不死，一有机会，便会出来煽风点火，兴风作浪。因此，稳定人心，争取民心，十分必要亦非常迫切。望我皇网开一面，给这数千无辜之人以生命。他们必将感恩戴德，忠心于我大清。罪犯中还有少数几个是跟过耿精忠反叛的囚徒，愚意以为，这些人是胁从盲从的，有的甚至是受骗或被迫的，他们不是死硬之人，因此，也应免死释放。处理好闽省这几千名死囚，不仅重要而且意义重大影响深远！"

看完奏折，康熙陷入了沉思。

有大臣提议："这于成龙敢同朝廷唱对台戏，格杀勿论，杀一儆百！"

不，此种人不能杀，切不可杀！这于成龙虽说言辞激烈了些，但确实对我大清一片赤胆忠心，是个包公、海瑞式的大忠臣！朝廷千万不能妄加杀戮！但法令已颁布，朝令夕改，皇家威信何在？想到此，他提笔在奏章上批示："可同康亲王和总督、巡抚，根据实情，共同妥善解决。"

接到谕旨，于成龙当即将康亲王、姚总督和吴巡抚请到按察使衙门。

"王爷——"于成龙把皇上批在自己奏章上的谕旨递给康亲王和姚总督、吴巡抚看了。

吴巡抚和姚总督暗暗吃惊。他们着实佩服于成龙给皇帝上书的勇气。这可是要冒着坐牢甚至杀头的危险啊。看起来，皇上并没怪罪这个硬老于。于是便抱着旁观者的态度，让于成龙跟康亲王去解决。

康亲王也感到很意外："这硬老于竟然真的告起御状来了。但皇上并没同意释放全部人犯呀！若自己批准放了，要负重大责任呢！"想到此，便推托说，"皇上并未明示释放呀。"

"但皇上并没下旨按原定法令处死呀！"于成龙也较起真来，"明知不犯罪，为何不放人？"

"朝廷法令，朝令夕改，威信何在？"康亲王严肃道。

"朝廷威信，在于民心。得民心，便得威信。"于成龙竭力争辩。然后，他叫仆役从后院去带一批犯海禁的死犯囚过来。这是一批获通海罪的妇女和儿童。

于成龙指着这些人，愤激地说："王爷，您看看，这些人有啥罪过？为啥要遭刀砍斧劈，命丧黄泉！皇皇苍天，人命第一。我绝不能眼睁睁看着他们死去！若要将他们处死，就先处死我吧！"说完，不禁老泪纵横。

顿时，妇女儿童一片哭声，"妈呀"，"儿呀"地响成一片。

巡抚、总督顿时也面容凄然，眼睛湿润，异口同声地叫道："王爷——"

康亲王见此情形，禁不住也泪花闪烁。他侧过身，以手掩面，话语声有点哽咽道："于臬台，放了吧——照你说的，都放了吧。"

在厦门本岛西南，濒临海滨有个叫白城的地方。这白城高高的城墙，箭楼都用白色石材砌成，形状漂亮，恰如一只白鹤排云而上直冲蓝天。每逢人们来到此地，总要吟起城墙上的诗刻：晴天一鹤排云上，一行诗情到碧霄。白城外面就是大海，海边就是长达数里的金黄的半月形海滩，一个令人流连忘返的好地方。然而半年多来，已无人来此地了。不但本地人不光顾，就连外地客商也像躲避瘟疫一般不来这里了。因为自去年秋天以来，这白城内修筑了一个黑漆漆的古堡。这古堡形状很怪，呈长方形，整个形状就像一口长长的棺材，令人望而生畏，见而胆寒。古堡内呻

吟声，哭喊声，疯疯癫癫声充斥一片，令人阵阵战栗。

原来这怪模怪样的古堡里面，关押着一千六百多名死囚犯。古堡分上下三层，周围架起铁丝网。岗哨巡逻，戒备森严，可谓插翅难逃。牢房里黑黑的，只有从三层楼顶漏下一道圆柱体的光。离古堡不远处有两棵高大的桂花树，桂花香气袅袅。可这香气却令古堡里的人们越来越恐慌。因为待这桂花开过，他们就要被处死了！

一道圆柱形日光从高空直射下来。天空瓦蓝瓦蓝，没有一丝云彩。见到这直射的耀眼阳光，众人知道最后的时刻来到了。有的暗暗垂泪，有的捶胸顿足，号啕大哭。就在众人奄奄待毙的绝望之际，忽然听到狱卒过来宣布：

“你们可以出狱了！”

人们都不相信自己的耳朵，以为听错了，没有一个人出来。

于是，臬台于成龙亲自前来宣布：“经省按察使司衙门审查核实，所有犯‘海禁’之人，一律宣布无罪，给予释放！”

这时，人们才如梦初醒。但大家仍一动不动。因为这消息来得太突然了。

“乡亲们，你们自由了！”于成龙兴高采烈地喊道，“快出去，晒晒太阳，吹吹海风，呼吸呼吸新鲜空气吧！”

“于青天！”

“恩人哪！于青天！”

“于大人是我们的大救星！”

众人齐声欢腾起来。人们雀跃着，拥抱着，哭泣着，欢笑着，接着蜂拥而出。他们冲出牢门，冲出白城，来到半月湾海滩，纷纷跪倒在地，手捧着熟悉的带着泥腥味的金黄的沙子，泪流满面。

人到中年的癫子呼喊道：“大海，我们回来啦！靠大救星于青天解救，我们从死牢回来啦！”

一个青年妇女两手紧紧地揽着一对儿女，无比深情地说：

"孩子，你们千万要记住，是于成龙青天，从地狱，从阎罗王那里，把我们救了出来！你们要世世代代供奉他的长生牌位。"

林石匠捋捋长胡子，道："光奉长生牌位哪够？长生牌位只能供上一两代，几代后就会忘掉，我要雕琢一座于青天的大型石像竖在海边，让百姓世世代代记住他！"

人们激动万分，纷纷跳起藤牌舞、采茶舞、碗舞、碟子舞、竹竿舞、织网舞。

海滩上的人愈聚愈多，各种舞蹈争奇斗艳层出不穷。高跷队来了，表演的是高跷扑蝶；孩子们来了，他们表演的是童子戏弥勒、孩子戏蚌、鲤鱼跳龙门；俊俏的姑娘队来了，她们表演的是采菱舞、打秋千、抛球舞、仙女洗镜、姐妹看花灯、八盘好菜送亲人；英俊魁梧的后生队表演的是充满阳刚之气的旋鼓舞、长短棍舞、三狮弄麒麟。老年队表演的是魁星点斗、掷铙钹。最有趣的是富有地方特色的锦歌和哪吒鼓乐。

锦歌是闽南最古老民间曲艺之一，流行厦门、漳州等闽南地区和台湾及东南亚华侨聚居区。它是曲牌连缀体，以方言演唱。此时三大流派竞相登台：

月琴派几位传人怀抱一把月琴，自弹自唱。他们唱的是于成龙冒死救乡亲的真实故事："闽南乡亲犯'海禁'，雷霆震怒起杀心，幸亏来了大救星，一场大难化烟尘。"

城镇的亭字派唱腔优雅细腻，讲究咬字归音，韵味十足；农村的堂字派唱腔朴实粗犷，犹如烈焰腾空。

夜晚悄悄来临，一轮明月照耀着海滩。漳州籍人表演起极富地方特色的哪吒鼓乐。

哪吒鼓乐是道教信众踏火需要的吟唱表演形式。这是明代从道教圣地山西闾山传入漳州，已有三四百年的历史。吟唱哪吒鼓乐及踏火，是古闽越族巫术仪式与山西闾山道教音乐融合的民间信仰音乐文化。只见上百名鼓阵队员，步调一致，尽情地敲击着贴有灵符的长柄手鼓，在铜锣、天尺等乐器伴奏声中，人们吟唱

起漳州腔哪吒鼓乐。它从开坛请神到送神至天界，整夜鼓声喧天，歌声嘹亮，规模壮观，气氛异常粗犷热烈。

惠安一带泉州籍人，更不示弱，他们表演起自己的拿手好戏——潮音戏（潮剧）。此剧是晚明自浙东、赣南传到闽南，而后混入土语土音。潮剧音乐采闽南及潮汕一带泉腔潮腔。它集诗、歌、舞、戏于一体，表演美妙传神，音艺俱佳。此刻演的是：《双抢陆文龙》。只听民间大锣鼓、民歌小调、音乐、庙堂音乐及高腔、昆曲、梆子、皮黄腔等，兼容并蓄。此剧一演唱，通宵达旦，全民若狂。

接连做了三天三夜的地方戏。这戏曲丰富多彩，有梨园戏、打成戏、竹马戏、布袋木偶戏。竹马戏自由活泼，布袋木偶戏滑稽有趣。尤其梨园戏，更是吸引人。它是流行厦门、泉州、漳州、台湾一带的最古老剧种。它刚传入闽南时有上路戏、下南腔和小梨园三种。如今已形成以下南腔为主体，泉州地方音为正宗的梨园戏。《八仙贺寿》，《王魁》等戏，直看得人们如醉如痴。

不久，在美丽的白城半月湾海滩旁边，一片树木葱茏的山坡上，泉州著名石雕世家老艺人林报恩祖孙四代，同台献技苦战一个月，雕成一尊大型于成龙石像。他身穿总督官服，面向大海，神情威严，目光慈祥。有个见多识广的举人老爷说：“这石像神情毕肖，但官服穿戴错了。于大人是按察使，不是总督。”

可老艺人捋捋胡须道：“你懂什么？普天下有哪个按察使能虎口夺人，救下几千名死囚？就是总督也没有这个胆量！若论胆量，他丝毫不亚于权势熏天的康亲王！我给他穿总督官服，既是赞扬他的胆略，也是祝福他步步高升，当上总督。”一番话说得那人哑口无言，引来众人齐声赞同。

在泉州南普陀寺高大的佛龛上，观音菩萨的碧玉石雕像旁，很快也供奉上一尊于成龙的玉雕。他的形象慈眉善目，如同普度众生的观音。有人质疑：“他们一个是神一个是人，怎么同列一起？”

玉雕捐助者道："观音是千百年来传说中普度众生的活佛，于成龙是我们亲眼所见救济大众脱离苦海的大救星，完全可以相提并论！"

从此，昔日人满为患的监狱为之一空。

二、私放督抚和亲王严令必杀的死囚后，于成龙前往领死

傍晚，于成龙忙完数千名死囚的大事，一身轻松地走出厦门最大的监狱。

忽然，他见到监狱门口坐着几堆人。他们闷闷不乐地坐着，有的唉声叹气。于成龙认出他们都是刚释放的死囚。

他感到奇怪，就问一个瘦高个中年汉子："你们为啥还没走呢？"

这汉子道："我家贫穷，老家在漳浦，离这里路很远。加上拖家带口的，身上没盘费，一时走不了啊！"说完，眉头打结，连连叹气。

一个年近三十岁的后生道："大人，我家在惠安那边，虽不是很远，但我的脚在牢中被打伤，走不了路啊！"

"唉，都怪我只顾为释放囚犯的事奔忙，没把事情考虑周全。"于成龙一拍脑袋，马上吩咐手下两个衙役，"你们马上把路远、没盘费的人统计一下，立即给他们发放盘费。另外，那些有伤病在身的，也可以留下来，等医治基本复原，能行走，再回家。"

于是，这群人笑着哭着雀跃着离开了。他们都一个劲地念叨着："于臬台真好，真是我们劳苦百姓的贴心人！"

一天，于成龙正在衙门坐堂，忽然清军军方押来十多个男犯人，并送来一道公文："所递解犯人，系台湾叛逆祸首郑经同党。

要求一解到便立即处决，不得延误！并将首级悬挂城门示众，以震慑百姓。”

“臬台，你快点安排人手处斩罪犯吧！”为首的千总催促道，“将军还等着小的赶回去复命呢。”

“你们先住下来，待我审查后再说吧。”

听了于成龙的话，千总立即道，“这是绿营都统将军的命令，你不用审，斩了就是。”

“那怎么行？既交到这里，我就必须审理清楚。在我这里，不允许有一个屈死鬼！”于成龙浓眉一耸，如两把钢刀；脸色一沉，像黑老包一般。

“这死老头，怎么这样啊？”千总心里冒火地骂道。但人家是按察使，官比自己大得多，他不好反驳，只得悻悻地走了，心想，“待我报告将军，让他好好收拾你！”

于成龙立即提审这一干犯人。

“大人，我们冤枉哪！”众犯人一押进大堂，立刻齐声喊起冤来。

“请大家安静，不要乱，一个一个说。”于臬台和颜悦色道。

他指着一个中年大胡子男人：“你先说吧。”

“郑经撤退回台湾时，抓我们做了挑夫。我们为郑经军队挑过东西不假，但说我们是郑经一党，是跟他造反叛乱的人，实在冤到天上去了！”他一脸怨愤。

于臬台仔细查看了这些人的肩膀和手脚，只见手上满是老茧，绛紫色的肩膀有不少脱皮，就像蛇蜕。他知道这些人确实是挑担的穷苦人。

“有人给你们证明吗？”

见于臬台问，这人马上回答：“有，监牢里还有几个俘虏——郑经撤退回台湾时被抓的百总和把总。我们就是被他们抓去当挑夫的。”

于臬台立即传讯了这个百总，情况果然如此。

想到处斩囚犯是将军的命令，他立即写了呈文给康亲王，要求释放这些囚犯。

但康亲王一直未予批复。他便找巡抚，请他在康亲王面前求情。

吴巡抚道：“台湾郑经，这可是朝廷最痛恨的人。康亲王不批复，说明此事性质很严重，很棘手。你还是赶快将这批犯人处斩，不要再自讨苦吃了。你若是再拖住不办，连我们都不好交代，福建将军和康亲王都要怪罪我们呢。”

在巡抚这里碰了壁，于成龙又去找总督。他说：“大人，您位高权重，请您为这些人说句话。我写了呈文，请您在上面签个意见吧。”

还没等他说完，姚总督便严厉地说：“这些人是朝廷要犯，你不要再拖延，赶快将他们处斩！若是迟了，福建驻军都统会立刻找上门来，康亲王也会严责我们。说不定他们会写奏章向朝廷弹劾你。到时，连我们也难辞其咎！此事大如天，我是不会给你做保护伞的——因为即使做，不但保护不了你，连我也要倒霉哩！”

“这批人冤枉啊，杀他们违反天理良心哪！”于成龙痛苦得手按胸膛，呻吟起来。

“哈，光讲天理良心有什么用？到时候，革了你的职，将你充军，甚至杀头，看你还怎么讲？”姚启圣总督道。

他看到于成龙表情很痛苦，便缓和了一下语气，劝道：“于公，你别犯傻，别固执己见了。此番康亲王一直不批复，还是给了你面子。按他以前的脾气，遇到这种情况，他早就将你参劾革职了！”

于成龙一步三摇头，步履沉重地走回按察使衙门。

“难道就这样算了？”他在问自己。

“巡抚、总督都怕泰山压顶，怕担责任遭处罚。康亲王扣押不批，都统将军虎视眈眈，明天一早就要来拿人头示众，怎么

办？这可怎么办？”他一筹莫展。

他又一次问自己：“你怕吗？”要说一点不怕，那不是事实，真有一点怕。怕啥呢？怕将军发火来找自己麻烦，怕康亲王怪罪，怕朝廷处罚，总之一句话，怕遭朝廷革职，怕坐牢杀头，连累家中妻小。是啊，台湾郑氏搞得朝廷万分头疼，因此，台湾问题令人谈虎色变，官员个个为了自保，都是宁严毋宽，怕引火烧身。唉！还是执行都统命令吧。反正自己已尽了最大努力了。他这样想。

忽然，有两个声音在他脑海里固执地出现了：

“若枉杀一人，就应偿一人命！”

“我心中只有天理良心！”

这是他刚到罗城上任时立下的誓言。十八年来，自己一贯坚持这两条誓言，难道现在官当大了，反而放弃初衷，不坚守了吗？

“不能，绝不能！”他咬牙下定了决心。

但要坚守誓言，得放弃很多——放弃高官厚禄，放弃名利地位，甚至放弃生命啊！

“千锤万凿出深山，烈火焚烧若等闲。粉身碎骨浑不怕，要留清白在人间。”此时，他又想起刚做官时自己在中堂写的一副座右铭。只要有不怕死的决心，那还有啥不好办呢？为了不负“天理良心”四字，为了上不辜负皇帝的恩德，下对得起百姓，我要在世上留下一身清白！

终于，于成龙有了解开当前窘境的好办法。

这天傍晚，他令亲信衙役将这十五名死囚押解到厅堂，打开镣铐，摆上两桌热气腾腾的饭菜。他和蔼地对大家说：“快趁热吃吧，吃饱了好上路。”

死囚们知道这是最后的晚餐，吃了就要上路。死神已把锋利的刀架在脖子上，顷刻间，就将命赴黄泉。他们知道这些天来，于臬台已为他们费尽九牛二虎之力，但都归于失败，如今已山穷水尽。此时此刻，这些人哪有心思吃喝？纵有美味佳肴，琼浆玉液，也难以下咽了。众人都呼天抢地，号啕大哭。只有一个以前遭受过一回生死考验的中年男子说："我不当饿死鬼！"说着便拿起碗盛了满满一碗饭。他默默地吃，吃着吃着，也情不自禁地流下了眼泪。

"乡亲们，你们怎么不吃啊？"

于成龙见大伙如此表情，猛然醒悟：是自己的话没说清楚，引起大家误会了。于是解释道："我刚才说的上路，并不是杀头，而是叫你们快跑！"看到众人目瞪口呆的样子，他便手指大伙，带着苦笑道，"你们都是无辜之人，本司今晚将你们全部释放。望你们快快回家，与家人团聚。"说到这里，他又催促道，"你们赶快吃饱饭，快跑吧！肚子不吃饱，哪有力气跑啊！"

话音刚落，手下的仆役急匆匆地跑来报告："臬台大人，福建都统将军又派人来交代：限明日辰时，将十五个死囚全部处斩。到时，他派人来拿人头，悬挂军中大旗杆上示众！"

众人顿时面如土色，不少人已经牙齿打战，浑身筛糠似地抖个不停。

于成龙立即道："大家快吃，赶快出城！"他又交代了一句，"千万注意，必须在城门关闭以前出城，否则会有大麻烦。"

直到此刻，众人才知道是于大人私自放了他们。

于是几乎异口同声道："大人，我们走了，你怎么办呢？"他们知道，放走朝廷要犯，非同儿戏，要冒坐牢甚至杀头的危险，"我们不能连累你啊！"

于成龙哈哈笑了起来："你们放心，我不会有性命危险的，大不了就是革职。我也这么大年纪了，早想回家养老和家人团聚，享享天伦之乐了。"

他见大家还愣在那里，又提醒道："大家不要慌，现在离天黑还有好一会儿。你们先吃饱饭，等天黑了再走，以免官兵发现。"他带点歉意说，"可惜，晚上这顿饭没有酒。本来为你们

送别，应该准备一点酒，但最后，我想还是算了，我怕万一喝醉了要误事呀！”他一边微笑，故作轻松地说着。

大家不禁边吃边流下了激动的眼泪。那串串热泪，叮叮咚咚跌落到饭碗里。最后，他们一个个都抑制不住了。他们吃饱饭一齐扑通一声，跪倒在地，只喊了一声：“于青天！”便说不下去了，只是咚咚咚地磕头。

于成龙连忙上前将他们扶起，命令道：“时间不早了，赶快出城！注意不要往海边跑，不要往军营跑……”

第二天过了辰时，福州将军没有得到首级。

他正暗自诧异，忽得知于成龙已将十五名死囚犯全部放走的消息，不禁勃然大怒。他当众就用马鞭狠揍了去按察使衙门传话的官吏，接着便闹到巡抚、总督那里，还跑到康亲王那里告状。回衙门后，立即叫师爷起草弹劾于成龙的奏章，用“军驿八百里加急”的特快方式，向朝廷报告。

吴兴祚巡抚和姚启圣总督面对如此局面，愤怒不已也担心不已。他们立即联名写弹劾于成龙的奏章，并来到康亲王府请罪——失职之罪。

他们刚一踏进康亲王府，便猛然见到于成龙身穿囚服，戴着枷锁，正对康亲王慷慨陈词：“这批囚犯无辜判死，天理不容，也令我良心难安。我私放死囚，死有余辜。我用自己的有辜之死，来换他们的无辜之生。成龙死也瞑目！”说完，对康亲王道，“请杀成龙以警戒众官。”

巡抚、总督见到这个场面，不禁傻了，呆了。

于成龙擅自私放死囚，令康亲王脸色一会儿铁青，一会儿发白，一会儿又变成了绛紫色。他的额角青筋暴跳。他的脸色吓人，如同酆都阎罗。他两眼圆瞪，阴鸷冷酷，头颅不停地起伏伸缩，就像随时准备置人于死地的眼镜蛇。

吴兴祚巡抚和姚启圣总督两人吓得目瞪口呆，手足冰凉。他们提心吊胆，害怕真发生人命案。他们想劝阻，但又害怕正在气头上的王爷发火发怒发威，先拿他们开刀；不劝阻，又怕出了人命，杀了深受皇上器重的于成龙，他们要担天大的责任。他们知道，若是于成龙被杀，他俩难逃干系。到时虽然主要板子打在王爷身上，但王爷受处罚，他俩的乌纱帽还能戴得牢吗？他们左右为难，坐立不安，站起坐下，坐下又站起。劝不是，说不是，内心如汤煮又如火烧。

此刻的王爷，他直想骂，直想揍，直想吼，直想拔出宝剑杀人！但最终却骂不出来——一骂就失了风度；也揍不下去，一揍便污了名声；更吼不出声——因为胸膛和喉咙口仿佛堵着大团乱七八糟的东西。他几次抽出宝剑，但又插回剑鞘，杀——下不了手，也没有这个权力。

这件事，给康亲王出了一道极大的难题。按往常，谁私放死囚，自己完全可以一剑宰了他再上奏。但眼前这个于成龙，可是天下著名清官，是皇上亲自选拔任命。若不经廷审，不经圣旨便杀了他，自己同样也是犯罪，也将受到惩罚。如此一想，他把宝剑插回剑鞘。

此人胆大包天，先放人再来报告，分明他眼里无我这个王爷。这么一想，他又抽出了寒光闪闪、不知斩了多少人头的青锋剑。

此人是个不怕死的人，他天不怕地不怕。他放人时，就已经作了最坏的打算——从他事后自戴枷锁来看，他早就打算坐牢，甚至杀头。对于这样的人，杀他又有什么用？相反，杀他，正好扬了他“于青天”的美名，当然在扬于成龙美名同时，也必然扬了我的臭名、恶名。

但如果不严肃处理，别人群起效仿，朝廷法度何在？我这个王爷的威信何在？想到此，他准备立刻写弹劾奏章。但转念一想，一个不怕死的人，还害怕弹劾吗？

此刻的康亲王，心里一会儿热——热得肺都要炸了；一会儿冷——冷得自己仿佛成了一根冰棍。他坐立不安，如同一只跌落

陷阱的狮子。他疯狂地来回不停地走动，甚至转圈，不停地转圈。

最后，当转到第十八圈时，他终于站定下来，稳稳地立住了。他准备顺水推舟。我不能让他独得英名美名！我也要做个被人称道的开明王爷，让人称赞！

此时，只听他缓缓地说道：

“好你个于成龙！你为非亲非故的死囚，为一文不名的穷苦百姓，敢于冒死。我活到这么大年纪，除了当今圣上，还从来没服过谁，今天总算服了你！”说完一声吆喝，“来人，为于成龙打开枷锁！”接着，立即吩咐，“快摆宴席，为诸位压惊！”

势如钱江怒潮的江面霎时风平浪静。吴巡抚和姚总督高悬的心，顿时放了下来。

“这于成龙，真是铁骨铮铮的汉子，真不愧称青天！这种冒死为穷苦百姓的事，亏他做得出！”走出王府，在回巡抚衙门的路上，巡抚吴兴祚感叹道，“我虽身为巡抚，却无他那冲天、托天的胆量。这人真可以说是胆大包天呀！”

“于成龙是谁?”总督姚启圣半认真半开玩笑地说，“他是龙——已经成龙了呀，是包公转世呢！”

“释放死囚”事件后，于成龙“青天”的名声，便在福建乃至全国迅速广泛地传开了。

释放了死囚，于成龙如释重负。但没过几天，他的心情再次沉重起来。

这天，他正在审核一个重案，忽见狱官匆匆前来报告：“大人，今天又死了两名囚犯。”

他立即赶到监狱视察。牢里的状况太令人忧虑了。牢房伙食很差，囚犯大多饿得成了皮包骨头。一个月来，已经死了五个。这些囚犯大都是没有定案的呀！他想，即使是已被定案的罪犯，和十恶不赦的强盗，该坐牢就坐牢，该处决就处决，也不应该让他们病死、饿死呀！他感到了自己的失职。

要想办法提高伙食标准。他决定向社会各界募捐。他发出了告示。

听说“于青天”给监狱募捐，百姓纷纷解囊。

也有的不理解，不情愿：“为啥要给罪犯募捐呢?”

但他们的疑问，马上就被家人或亲朋好友否定了：“你管他为谁募捐?于青天从无私心，一门心思为穷苦百姓。只要他说的，就肯定是对的。我只认他！只要是他号召，我一百个愿意!”

众人纷纷捐粮捐钱，于成龙将所捐粮食分发监狱，使犯人能基本吃得饱，还用捐来的钱给囚犯治病。饿死的现象很快止住，病死的也很少有了。

日子过得很快，转眼间新年来临了。除夕夜晚，四处鞭炮噼里啪啦地响了起来，一片节日气氛。

当于成龙一只脚跨出衙门，准备往衙署宿舍走时，忽然看到衙门庭院里，扫地的老奴一边扫，一边连连擦眼泪。

他连忙返回，关切地问：“老乡，你因啥事伤心?”

不料，这一问，老奴竟一下子哭出声来：“大人，我，我，有家难回啊!”

原来，耿精忠叛乱时，从江西、浙江抢掠了大量人口。耿精忠降清后，被抢掠的人口大多被没收为官府和旗人的奴婢。这老人是从江西掠来的。“我还算是好的，总算留下一条命。那些老弱病残的更可怜，许多人无以为生，早已横尸荒郊，被野兽吃了。”他语声哽咽。

“你妻子儿女呢?”

见于成龙问，老奴答道：“妻子做了旗人的烧火婢，儿子做了王府的马夫。老母在江西老家，只身一人，不知死活。一家人搞得七零八落呀!”他已眼泪汪汪。

“你自己保重，我想总有一天，你和家人会团聚的!”他安慰了一下老奴，回到宿舍，叫仆役给扫地老奴送去一条做好的鱼。

看到这鱼，老奴又一次流泪了。他捧着盛鱼的碗，哽咽着说："我好多年没吃到鱼了。这鱼真香啊！"他喝了一口汤，"这鱼汤真鲜啊！于大人真是穷苦人的贴心人哪！"

"我得想办法叫他们一家团聚。叫这些流离失所的人回到故乡！"于成龙心里说。但要解决这批人的劳役，就得为他们准备好赎身钱。这赎身钱，每人需要不少呢。人数如此众多，非比救济囚犯那么容易，需要大笔钱财！需要造声势，需要发动全省来募捐。

想到此，他立即折回衙门开始写募捐文告。

第二天，大年初一，四面八方的人都看到了省按察使衙门《为奴婢赎身募捐》的告示，其中道：

"人人只道黄连苦，可有谁知道世上就数奴婢最苦。因为战争，使得他们失去家园，更失去了人身自由。战争中被抢掠的人口，大多被没收为官府和旗人的奴婢。他们妻离子散，不能团聚；他们卖身为奴，没有自由。尤其那些老弱病残者，更是遭遗弃无以为生，横死荒郊野岭。眼前，有多少奴婢在啼饥号寒？有多少骨肉分离，亲人不得团聚？尤其逢年过节，众人都欢声笑语，可他们却涕泪横流，痛断肝肠！"

告示在叙述了奴婢的惨状后，最后呼吁：

"众乡亲们，让我们怀好生之德，伸出援助之手。有一个余钱，捐一个；有一两积余，助一两。若是能为一个奴婢，为其一家捐赎，更是功德无量！"

于成龙发动募捐，重点在两个阶层：一是官吏，二是富人。他在省城举办了一个新春聚会，目的是在富人中募捐。

首先，他把事先谈好的绰号"东门富翁"的严员外和"西门豪客"的裘员外两位请出来。

一个说："我捐钱救赎三十个奴婢！"说着把沉甸甸、白晃晃的三百两银子拿了出来。

另一个也不甘示弱："我救赎三十二个！"说着便把三百三

十两白银端了上来。

这样，众多富豪就不好意思太小气了，也纷纷慷慨捐赎。最少的捐赎五个，最多的竟捐银五百一十两（赎三十四人）。

在官吏中，于成龙自己带头。他拿出自己当月全部俸禄，加上往月积余共三十两银子，捐赎了两个。

此次募捐赎奴婢的行动，得到了总督、巡抚的大力支持。他们也带头捐了两个月的俸禄各二十两。甚至连康亲王也派人送来了一百两白银，并将王福忠奴婢十人，不要他们一分赎身钱，都放了。这么一来，那个骄横的福州将军也只得捐了二十两，放了五个奴婢。

正月十五元宵节，一大批奴婢赎身成了自由人，并得到了返乡路费。他们喜极而泣，抱头哭成一团，喜泪哗哗地流。

按察使衙门扫地的老奴，带着一家老小前来告别。他们明天就要回江西景德镇老家了，特地来谢救赎之恩。他诚恳地说："大人，我没有什么东西可以表达谢意，我是一个捏泥人的。昨夜专门捏了一个东西。"说着他拿出一个大榕树的塑像，"祝愿大人如同福建遮天盖地的大榕树一样，让更多的百姓受到庇护。您的大恩大德此生难报，只好磕头相谢。"说完，一家人跪倒在地，端端正正地磕了三个响头。然后，一步三回头，泪流满面地走了。

"于大人，还有许多小孩怎么办?"这些小孩不知道自己是哪里人，也不知道爹娘是谁。

"先养在衙署里，设法查访他们的籍贯，然后派人送回家。"于成龙说。

于是，按察使衙署顿时成了"保育院"。孩子们已有几年没这么开心了，他们嚷着，喧闹着，争抢着果品。有的还爬上于成龙的膝盖，拔于爷爷的胡须。

于成龙一时笑得格外开心。

三、智斗都统捕贪官

最近，于成龙为官员的腐败伤透了脑筋。

近阶段，他巡视了全省各州府，发现官员腐败问题十分普遍。鱼肉百姓，贪赃弄财，假造账目，向下索贿等，五花八门，应有尽有。

官不清则衙门风气败坏。于成龙把巡视调查情况做了档案，将有贪墨行为的官员档案，装在一个小布袋里。小贪者，给予警告，劝其改过；贪污达一定量，但还没有触犯刑律者，给予降职处分；对那些贪贿已触犯刑律者，他已下定决心要狠狠惩治。

一天，于成龙接到一封举报信，说厦门知府范清廉有严重贪污受贿行为。

他先给厦门兵备道冯道台发去一张“风票”，限十天之内查明情况上报。但过了十天，没有动静；他再发“火票”，仍然没见动静。他火了，便发出了最紧急、最严厉的“雷票”。

原来，这是他针对官吏延误期限，敷衍塞责现象所采取的三种催号票。“风票”，即雷厉风行之票；火票，十万火急之票；雷票，不但十万火急，且含责备、警告。各票上写明某案于某日内理完结报。

然而，当于成龙发了“雷票”，冯道台仍未如期而至。他很恼火。他先以“马尾船政部门需购置几条船”为由，将冯某调去“督办”，然后亲赴厦门调查。一查，竟查出了造假账目、克扣军饷二千五百两白银和索贿五百两的大案。在此案中知府得到五百两，其他都落入道台冯国都的腰包。

这下，他震怒了，立即赶回省城，以“商量事情”为名，待兵备道一进按察使衙门，便立即将他扣押起来。

当夜，于成龙便立即开始审理此案。

“冯国都，你快把贪污受贿之事，交代清楚吧。”他不紧不慢地说。

“什么贪污受贿，我没什么可交代的!”冯道台硬邦邦地说，“我一个堂堂正四品道台，你没资格审问我，我只接受福建都统将军指挥!”

“哈哈，”于成龙冷笑道，“我按察使的职责，就是考察吏治。这是朝廷赋予我的权力，为啥没资格查问?”然后一声吆喝，“来人，将他的官服剥了，再审!”

兵备道怒吼道：“谁敢上前!”说着拔出雪亮的宝剑拉开了架势。

于成龙顿时大怒：“敢咆哮公堂，威胁上司！来人，将他拿下，先重打四十大板!”

冯道台寡不敌众，被绑了起来。正要行刑，不料一个张飞般的人物闯了进来。

原来是福州都统将军。他大喝一声：“谁敢对我手下官员用刑?”

“都统将军，冯国都克扣军饷，贪污巨款，罪不容赦。你不要做他的保护伞。”于成龙严肃地说道。

“即使罪行严重，也轮不到你来审!”都统说着，命令手下四个将校一齐上前，解了绳索，要将冯道台带走。

“将军，你如此害怕审他，是不是怕引火烧身——怕这贪污巨款之事，把你也牵连进去呀?”于成龙一句话，就把将军闹了个大红脸，“不然为啥如此性急要带走啊!”

都统呆了，愣了。但很快，他便清醒过来。他几乎是吼道：“我堂堂正正做人，有啥好怕?”

“好，既然如此，请将军明天来按察使衙门和我一道审查他如何?”于成龙邀请道。

将军无法，只得硬着头皮，勉强点头。

“将冯道台带到客房，待明天审理。”于成龙暂时结束审理，

然后吩咐，“准备酒菜，为将军洗尘。”

“喝酒就免了！”将军说。这个于成龙平时小气得要命，在他这里能吃到什么好菜？喝到什么好酒？“不劳你款待，我回府喝。”说完，留下四个将校把守客房，“你们给我好好看住人，等我明天再来。”他交代了一番，便大摇大摆地坐上八抬大轿走了。

“将军走了，他不喝，我们喝几杯。”于成龙对四个将校（两个千总，一个守备，一个游击）道。

四人一齐道：“我们不想喝。”他们是怕误事不敢喝。

“啥，你们看不起我是吧。”

于成龙此话一出，四人连说“不敢”。于是便喝起酒来。今日的菜还算丰盛。想不到平日的于老抠，今天对我们将军府的军官，还不算抠门。守备心里说。看起来，著名的铁公鸡于老头在我们威风八面的将军府军官面前，也只好忍痛拔几根毛羽了。他心里吃吃地暗笑着。

“我想问你们四位一件事。”于成龙开口道，“文臣和武将，酒量哪个大？”

四人立即豪气冲天地喊：“武将大！”

“我可不信！”于成龙露出满脸的不屑。

“那就比试比试！”四人摩拳擦掌，于是一来一往，于成龙与四人连干了十五杯，没分出高低。

“我真服了你们武将！”于成龙道，“我如今老了，不行了。要是像你们这个年纪，定要叫你们趴倒在桌案下！”说着，他摇摇晃晃就想走，“不比了，我要回房间睡觉了。”

四人一起大叫：“还没分出高低，不能走！”

“你们饶了我吧，我的确不能再喝了，再喝就只好趴倒到地上了。”

听于臬台这么一说，四人更是不依不饶地拉住他，非要让他出洋相。

于成龙无奈地摇了摇头，十分痛苦地说：“那我只好舍命陪君子!”

四人立即重整旗鼓上擂台。两边又一来一往地干起来，干到二十五杯，游击、守备醉倒了。但还有两个仍然在跟于成龙干杯。待干到三十杯，两个年轻力壮的千总也醉倒了。

“好危险哪，再喝两杯，我也爬不起来了。”于成龙笑道，“快拿醒酒汤来!”看着死猪般的四个军人，他立即下令，“把这四人抬到客房锁起来。”

喝了一大碗鱼汤，于成龙开始挑灯夜战——突击审讯冯国都。

当冯道台被押进大堂时，于成龙厉声道：“都统闯堂，已遭康亲王训斥。现在，我奉总督和康亲王之命审理你的案件。”

冯国都听了顿时两腿一软，跌倒在地。

“你还是如实交代吧，知府范清廉已经招供了。”

谁知此话一出，冯国都却毫不承认，蛮横地说：“范清廉贪污，与我有何相干？血口喷人！别人都喊你什么于青天，我看你才是个庸官、昏官、狗官!”

“你是不到黄河不死心，不见棺材不落泪!”于成龙啪地将惊堂本一拍，“如今证据确凿，你还死不承认，竟敢咆哮公堂。你这种人，”说着怒喝一声，“来人，先打四十大板!”

冯国都立即被按倒在地，打了货真价实的四十大板。

“你这狗官、瘟官，你打死我算了!”冯道台连声咒骂。

于成龙真想再打，杀掉此人的傲气。但他知道，不能意气用事。他猛然觉得，冯国都好像要用辱骂来激怒自己，希望把他击毙杖下。如打死他，自己则也触犯刑律。最要紧的是，冯国都是此案的重要人证。他下通知府，或许，在他上面还联结着更粗的线，更大的鱼呢！不然，此人似乎没有如此大的胆，敢于一下子吃进二千五百两白银。

想到此，他对冯国都道：“知府范清廉承认从中贪污五百两，

另外二千五百两都给了你!”

此话一出，如同惊雷，把冯道台震得目瞪口呆，脸色发白。

看到范清廉的白纸黑字和鲜红的指纹印，冯国都低下了头。接着，他爽快地承认：“对，范某说得没错，其余二千五百两都是我贪污了，我罪当诛杀。”

“二千五百两都是你一个人拿了？你的胃口也太大了吧。”于成龙慢条斯理地说，“你自己没拿的银子，何必要承认，何必要替别人背黑锅?”

于成龙不相信这笔巨款全被冯国都一人侵吞。他估计冯国都必定会与上层人物共同分赃。他怀疑是福州将军。不然，为何一见自己审查冯国都，将军便怒火万丈地跳出来竭力阻挠。

然而，无论于成龙怎样动员劝说，冯国都只是一句话：“除五百两分给范知府外，其余都是我一个人侵吞。”说完，他当堂画押。

鸡已啼过三遍，天快亮了。

审完此案，于成龙终于舒了一口气。

第二天上午，八旗都统、福州将军坐着八抬大轿，鸣锣开道，前呼后拥，威风凛凛地来到按察使衙门。见手下四个将官还在客厅里迷迷糊糊睡大觉，不禁怒火顿起，拿起马鞭噼里啪啦就赏了他们一顿鞭子。几个将官从睡梦中蹦起来，刚想开口骂娘，见是怒目圆睁凶神恶煞的都统将军，顿时吓得连忙跪地磕头不止。

“冯道台呢?”都统瞪起生红筋的牛眼喝问，“他在哪里?”

“我，我们，还没，没去看。”一个千总战战兢兢，口吃地说，“不，不知道……”话音未落，只见都统猛地抽出宝剑，将他挥为两段。

都统知道事情有些不妙，便直闯按察使衙门。

于成龙连忙招呼仆役：“给将军看坐。”

“我们开始审案吧。”都统虎着脸说。

于成龙胸有成竹，开口道："我知道将军日理万机，军务繁忙，因此，我昨夜已经审理清楚。他已招供。"说着拿出冯国都的供状。

将军顿时惊呆了。

于成龙于是写了一封奏本弹劾将军。

很快朝廷下旨："福州将军，属下官员犯严重贪污，不但隐匿不报，还阻挠调查，充当罪犯保护伞，犯严重失职罪，降一级，罚俸三个月，调湖广前线。"

福州将军带兵赴湖广前夕，来到按察使衙门。

"于成龙，你不是想赶尽杀绝，置我于死地吗?"他哈哈大笑，"可惜你的官太小了!"他伸出小指比划着，"我如今还不依然是将军！好了，后会有期!"

于成龙回敬道："你别太得意，要是下回再撞到我手上，绝饶不了你！后会有期!"

他俩都说"后会有期"，实为一时随意所说。谁也没料到，四年后，命运竟戏剧性地安排他们再次相遇，并展开了一场更为惊心动魄的较量。

一天，于成龙来到莆田巡查。此地有一起纵火案，二十天了还未破。他先后发了风票，火票，十天前又发了雷票，可至今未见破案，也未见报告。于是，他骑着一头毛驴风风火火地赶来了。

"我发了雷票，至今已有十天，为何还丝毫不见动静?"于成龙严厉地问，"既然未查出，为何至今不报告?"

"没有接到雷票呀!"知州诧异了，"我火票才接到没几天呢。"

"你们接到火票几天了?"于成龙也不禁诧异，"是谁送的?"

"只有五天。"知州答道，"就是那个号称神行太保的赵都头送的。"知州不解地说，"赵都头为何要如此捉弄我们呀?"

师爷抑制不住道："大概是你没给他送银票的缘故吧。你不

送银子，他为何要及时将催号票送到你那里呀！”他停了一会儿，“别的衙门都五两、十两甚至几十两的送，最少的也给他三两，你一毛不拔怎么行啊！”

原来是这么回事。神行太保掌有送风、火、雷三票的权力。他利用职务之便打起了发财的主意。你给他票号费，他就及时将票送到你手里；若不给，他就扣留一段时间。如十天期限，他就扣留你五天再给，这样，你接到火票，办案时间只有五天，五天没办成，十万火急的雷票就来了。当你以为期限还有五天十天时，实际上最后期限已到。因此根据于臬台所定的规矩，雷票到期未完成，立即派差役拘拿问罪，依法严办。

这类似于天方夜谭的事，使于成龙简直难以相信。自己执法如此之严，竟还有手下吏目如此胆大妄为，贪赃枉法！他怒火填膺，立即委派贴身亲信赴各地州府专门查证此案。结果令他大吃一惊：实行催号票办差短短三个月，此人竟然索得银子四百多两，还有古董字画等物。

自己眼皮底下竟发生这种事，他顿时感到无地自容。

“你们为啥不早举报？”他问一位知府。

知府哭丧着脸说：“我们怎么敢啊，他是您的亲信，得罪了他，我们今后怕遭殃啊！”

这天黄昏，神行太保刚喝了酒，哼着酒歌，摇摇摆摆、醉醺醺地往宿舍晃荡，忽听衙役前来邀请：“臬台叫你前去领赏！”

他三步并作两步，满面春风前往：“臬台大人，您找我给赏？”

“哈哈，你差使完成得好，理应受赏。”于成龙冷笑一声，然后问，“听说你下去送票，还伸手索要钱物，有这回事吗？”

神行太保一下子呆了，随即结结巴巴道：“我没索要，是下面府州县送的。”

“你回忆一下，有多少笔？共收了多少银子？”于成龙微笑着，递给他纸笔。太保真的一笔笔写了出来。

"你如此行事，贪赃枉法，不能再在按察使衙门待了，还是快些回去吧。"于成龙道。

神行太保懵懵懂懂地问："小人跟从大人办公事，回到什么地方去呢？"

"回黄泉去吧！"

神行太保顿时酒意全消，扑通一声跪下，紧抱住于成龙膝盖，泪眼婆娑道："念我跟大人一场，饶我一死吧！要打要关，任你处罚！"

看到于按察面色铁青，丝毫不为所动，还拔出了佩剑，神行太保知道自己的末日已到，便道："小人罪虽当杀，怎奈家有老母和幼子，请允许我回家辞别亲人再处死吧！"

"老母、幼子，你不需忧虑。幼子由官府照顾到成年。"说罢，于成龙立刻吩咐将神行太保抄家，将敲诈所得钱物全部没收，归入国库。同时，于成龙另取自己私银五两，派人送到他家供养老母。

神行太保于是被斩首示众，首级高挂城头。此事震慑了府县各级衙门，全省衙风为之一振。

连续几件事下来，百姓纷纷传扬："闽省有青天了！"

康熙十八年（公元一六七九年）九月，康熙皇帝接到巡抚吴兴祚和总督姚启圣联合上书：

"于成龙执法决狱，不徇情面。屡伸冤屈，案牍无停。不滥准一词，不轻差一役，而刁讼风息，扰害弊除。捐赠监狱口粮，遍济病囚医药，倡赎被掠良民子女数百口，资给路费遣归。拒绝所属馈送，性甘淡泊，吏畏民怀。任臬台未及一年，闽省吏风为之一变，功绩昭然，为闽省廉能第一。"

看到自己亲手树立的廉吏典型又作出如此功绩，获得如此之高的评价，康熙帝十分高兴。

我要提拔他，要重用他！可提拔他任什么官职呢？用在哪里呢？康熙帝头脑中突然闪出与闽省仅一海之隔的岛国，那个令人

头疼的地方。当时康亲王刚刚平定了耿精忠叛乱，驻师福建，进攻据守台湾的郑经势力。军需开支庞大，供不应求。每次摊派到民间的钱粮均难如数完成，官府逼索百姓，因而大失民心，令人伤透脑筋。大兵未动，粮草先行。钱粮得不到保障，怎能打胜仗？如今“三藩之乱”已平，只剩下最后一个孤岛没有平定，那里急需要一个声望卓著、才能超群的理钱粮的布政使！对，于成龙是最合适的人选！用此人，有几大特点和好处：第一，此人毫无钱财贪欲，所经手款项，他一分一毫都会全部用于公务——剿灭台湾郑氏势力；第二，他对朝廷绝对忠诚；第三，他在百姓中有极好的口碑，有崇高的威望，素有“于青天”之称。这是一个“寓苛派于仁惠”的抚民高手！说得直白一点，即使他所派钱粮很重，百姓也会积极响应。因为百姓对他这个海瑞式的清官一百个放心呐！

想到此，他立即下旨：“于成龙清介自持，才能素著，允称卓异。”

当月，于成龙即升迁为福建省布政使。

可谁知他刚一上任，便引起轩然大波。

四、为民请命裁撤民工，不料竟激起军政对立的轩然大波

一天，于成龙骑着一头毛驴，带着个跟班，来到田野巡视农事。

此时正是秋收冬种季节。抬头望去，沉甸甸的稻子金黄一片，玉米棒子个个如同水牛角一般大，一片丰收景象。

他正暗自高兴。忽然，有隐隐的哭声传入耳际。循声看去，只见不远处一棵大榕树底下，许多农民哭成一片。

于成龙感到奇怪：五谷丰登，社会安定，老百姓应该高兴

呀，为啥号哭呢？是不是出人命案啦？

他将毛驴加了一鞭，很快来到田野中那棵大树底下。

他问："乡亲们，你们怎么啦？为啥哭？"

有人认出了他，连忙喊了一声："于青天来了！"

众人顿时围了过来。

有个老者道："这事难如上天哩！你们还是不要为难于大人了。"

众人一时无话。

于布政急得来回走："乡亲们，你们有啥难处尽管对我说，我一定想办法替你们解决！你们难道不相信我吗？"

这时，一个大胆的便道："我们今天刚把这片庄稼收割了，县衙便要我们明天赶往军中服役，要全乡的精壮劳力都去铡草。想到眼前正逢秋收冬种，稻谷玉米都没收，今冬会没粮吃；麦子没播种，明春吃什么？"

"你们向官府反映过没有？"于布政问。

"我们向知县诉过苦了，可知县说，这种事，不但府、县没办法，只怕省里说了也不顶用，因为这是康亲王下的令啊！"

于成龙感到疑惑："康清王去年不是就下令不再招募[illegible]夫（铡草民工）吗，为何现在又派工呢？"

他立即差人传来当地知县祖寅亮询问情况。

祖寅亮禀报道："乡亲们反映的情况属实。八旗官兵已有好几拨来到县衙，向我们摊派索要[illegible]夫。而这摊派也是康亲王下的令，要闽省照旧拨给各旗官兵铡草民工。"

至此，于成龙才感到了问题的严重性。

康亲王所带大军平定耿精忠叛军后，驻军福建，准备进攻台湾郑经抗清武装，因此福建大兵云集，徭役繁重。需要在军营服役的民夫难以计数，光给军队铡草的民工，就成千上万。平定耿精忠叛乱历经三年，百姓已不堪重负。如今忽听又要摊派铡草民工，农民们只得悲伤哭泣。

民情大于天！

于成龙立即赶到康亲王府，向亲王请求："闽省百姓经数年战事，本来已疲惫不堪。如今又要摊派，确实难以再承受！请减免剿夫。"

康亲王不允许："军队要打仗，没有民工哪行？"

于成龙再次上书请求："国家安危在于人心得失；而人心得失，又在于用人行政，识别其顺逆之情罢了。孟子曰：得天下有道，得其民才能得天下。得其民有道，只有得到他们的心才能真正得到民众。——得到民心的办法就是：符合百姓心愿的就施惠于百姓，违背百姓心愿的就不强加硬施；若是一意孤行，就要失去民心啊！"

康亲王看了书信，心中为之一动："此话有道理。但军队征民工，事关重大，要与将军等人商讨方能决定，可将军正率领诸将忙于操练军队，还是等过几天军队休整时再讨论吧。"

不料第二天傍晚，又一封书信《再上康亲王启》送到案头。

亲王将信打开。这信直让人看得惊心动魄：

"康熙十八年（公元一六七九年）七月二十八日，京师地震，震破太和殿。康熙帝即下《罪己诏》，拳拳以爱民察吏为念……赖我亲王体察皇上之心，敬天畏灾，屡屡下令告诫军队将士勿骚扰百姓。英名王爷，下痛民间隐情，上通皇上爱民之心。若如今又要摊派民工，岂不有违皇上旨意，出尔反尔，自打嘴巴？"

看了开头这段话，康亲王已是如坐针毡，汗流浃背。

"成龙我年逼古稀，受亲王知遇之恩无以报答，只有审察民心顺逆之原因，敬献狂瞽之言，请求亲王俯念国家与百姓相互依靠之理，以'一民衣食不足，官说自己有责；一官吏违法，上司说自己有过'作为保国治邦的根本……"

康亲王越看越激动，也越感动。于成龙的话可谓金玉良言：国家与民是相互依靠、鱼水相依呀！你为民着想，对民好，民众

才会拥护你。如今台湾郑氏势力尚未平定，更应考虑百姓利益和疾苦，否则将失去民心！想到这里，他立即下达命令：“全部裁撤福建劓夫。”

顿时，民众一片欢腾。

然而没过几天，八旗军中便人声鼎沸，官兵怨声载道。有人骂于成龙：

“这个老浑蛋，光顾自己的‘爱民’美名，不顾我们军人死活，不派劓夫，太可恨了！”

“他是汉人，又是明朝的副贡生，骨子里自然仇视我们清朝！”一些将官刻毒地说，“我们跟郑经反贼打仗，他表面上不好反对，就净给我们出难题，阴险啊！这种人就应该当反贼抓起来杀掉，我们打台湾才没有后顾之忧！”

还有人骂起了康亲王：

“这亲王老糊涂了，真是有眼无珠，瞎了眼！怎么会重用于成龙这条老狗！”

“哈，依我看，必定是康亲王收了人家好处，才会同意于成龙那老东西的馊主意！”

“什么？于成龙给亲王送礼？这恐怕不会。于成龙是清官啊，平时生活寒酸得很！”

“哈哈，清官？哪条狗不吃屎，哪个官不贪污？别看他表面清廉，实际上很可能是个大贪官呢！他掌管全省财赋，几十万、几百万的银子经他手，随便手指一勾，一拨拉，拿个几千几万容易得很！他又管全省人事，官员的升迁、调动、罢免，全捏在他手里，哪个官不向他进贡？就算一个官员每年给他五十两银子，全省这么多州府，这么多县，还有省直属的司道，最少也有五千一万两。实际上，打点谋官那个不出几百两甚至上千两？据说打点谋知府一级官，起码得几千两银子呢。这样一算，哪怕于成龙公款一分不贪，光是受贿，也能富比王侯呢！”

康亲王听到军中怨声鼎沸，很懊恼。

很多高级将校三天两头到王府去哭闹：“王爷，我们又要忙打仗，又要忙铡草，没日没夜干，哪受得了啊！”

他们哭丧着脸：“我们是您手下的兵，您不爱惜谁爱惜？于成龙那老东西是不会可怜我们的呀！”

“亲王，您是王爷，权高位重，怎么还听于成龙那老东西的？听他瞎胡闹！”

康亲王有些挡不住了。他没想到这剿夫问题会闹得这么凶！看样子，听于成龙的建议全部裁撤剿夫有些失算。

想到此，他紧急下令：“总督，巡抚衙门高级官员，和军队中高级将领，来康亲王府议事，满汉大臣一起，重新商讨当前迫在眉睫的剿夫问题！”

一位满族总兵霍地站起抢先发言：“军队历来靠地方支持。眼前要打大仗，没有剿夫帮助军队铡草、运草，军队还怎么打仗？”他声如雷鸣，把矛头直指于成龙，“你于布政是地方官，怎么不支持我们军队？”

于成龙朗声道：“国家养兵，目的为了保民——保百姓平安。若是百姓都害怕兵，这样，养了兵又有啥用处？”

话音刚落，便有一位满族大臣——八旗都统迫不及待地说：“当前，攻打郑经反贼，光复台湾的大战即将打响。这场战役，事关全国统一大业。请问于布政，你在这节骨眼上，裁撤掉剿夫，这不是存心拖我们军队后腿，拆军队的台吗？”此话很恶毒。他把裁剿夫上纲到破坏大军攻打郑氏集团，平复台湾的朝廷大政。也就是说，裁剿夫就等于支持反贼。

果然，听了这话，巡抚吴兴祚顿时面色发白，惊得额头上冒出一粒粒豆大的汗珠。就连权高位重，每逢大事有静气的总督姚启圣也打了个寒噤。看来，这件事搞得不好，要遭杀身之祸呀！

可于成龙却完全没意料到其中暗藏的杀机。他冷冷一笑道：“照你这么说，地方官一与军队打仗有意见不合的地方，就是支持郑经，勾结郑经，就是反贼喽？”他干脆将都统的言下之意挑明，接着口气变得十分坚决，言辞也变得十分严厉：“我们做地方官的，只知道遵照朝廷的旨意，以江山社稷为重，而以军队为次。有违圣上旨意，对国家不利的，我于成龙坚决不干！军队行动，遵循朝廷旨意，有利于国家，我们就支持；反之，我们就不支持，甚至坚决反对！”

都统火了，众将领火了。都统双目圆睁，一拍佩剑，威吓道：“谁反对军队，跟军队过不去，我们就要他人头落地！”

于成龙也怒目圆睁，凛然道：“谁反对朝廷，危害国家，坑害百姓，我们就叫他葬身在百姓汇成的汪洋大海，葬身在百姓点燃的燎原火海！”

此话如滚滚惊雷，掠过众人头顶。

吴兴祚巡抚、姚启圣总督顿时呆了，傻了。他们为于成龙的勇气胆略而钦佩，也为他如此直言无忌的刚烈性格而担心。他们想劝解，可又不知如何劝？因为这类话太敏感，稍有不慎，便将大祸临头哩。

其他汉族高官，个个噤若寒蝉。

康亲王没料到讨论劓夫问题，竟会激起如此轩然大波。他深知，军队离不开地方的支持，否则，寸步难行。

于是他立即怒斥都统道：“我们商讨劓夫问题，上什么纲？还动不动把剑拍得山响！地方官是敌人吗？你想动凶吗？地方官是我们自家的亲人，于布政是全国著名清官好官，你怎能如此无礼？你杀地方官的权力是谁给的？再如此像疯狗一样乱咬，我立刻报告皇上革掉你的职！”

他转身又对于成龙道：“于布政，你就不要跟他计较了。”然后对满汉大臣说，“我们都是为朝廷办事，为皇上分忧，军队和地方应该同舟共济。”

巡抚和总督看到这个场面，连忙附和：“对，对！军队和地方是一家，兵民不可分，我们应精诚团结。”

康亲王看到劓夫问题牵涉面大，若再派，必然引起百姓反

感，激起地方官强烈不满，引起满汉官员严重对立，再加上自己早下过裁撤命令，如今若变更，出尔反尔，有损自己威信，于是最终还是没有再摊派剿夫。

一场严重的军政对立终因剿夫被裁撤而化解。

一天，于布政骑着毛驴下乡巡查，晚上一回到衙署，就跑进伙房，问伙夫长："饭热了没有？今天跑的路多，累死我了，肚子也快饿扁了！"

不料伙夫长苦着脸道："中午就已经没粮了！我去找您，又听说下乡了。晚上是一粒粮食也没有了。"

"别愁眉苦脸。一顿饭不吃有啥要紧？"说着，于布政便进了房间。一会儿，他拿出了他那一套宝贝铠甲——冬天穿的棉袍，"现在只有十月底，天还不冷，还用不着这个，你先拿到当铺去当点钱来买米——哦，还是买一半红薯回来吧。"他笑道："这红薯粥真香甜，我好长时间没吃了，馋得慌呢。"

伙夫长哭笑不得。

过了几天，伙夫长又来找于成龙："大人，粮又没了！"

"那就一天吃一顿吧。"于成龙吩咐道。

伙夫长直摇头，后悔地轻声叹息："我真不应该来这里呀！"

原来，他是全省名厨，一个月前听说这里缺人，硬是从按察使衙门调到这里。原想，布政使是全省的财神爷，布政衙门富得流油，干上几年一准发财！谁知到这里后，不但自己煎、炸、烧、烤、煲诸般绝技无法施展，大江南北名菜毫无市场。别人的馈送一毫没有，甚至连一日三餐都不能保障。

"我还是赶忙离开这个穷地方、鬼地方吧！"这么一想，他很快便提出辞呈。他溜之大吉了——溜到军营都统那里去了。

王按察见于布政日子过得实在太清苦，便劝道："你以前在州县做官，因为地方穷，生活上你只得将就；如今有条件了，应该稍稍改善一下，不能对自己太严苛了。"

"我生来喜欢穿布衣，吃蔬食。生活上，只要不挨饿受冻就够了。”他叹了一口气，动情地说，“范仲淹有句名言：先天下之忧而忧，后天下之乐而乐。现在正逢战争年月，我们福建还有多少百姓吃不饱，穿不暖呀！我当省里管财赋的高官，怎能享乐在前呀？”

董参议问：“于布政，您为何一点也不收人家钱财呢？亲友馈赠，本属正常，礼尚往来，你却一毫不接。这是为啥？”

于成龙微微一笑，道：“我不知道世界上有‘享乐’二字，也不知道馈赠交际有啥用处！计算俸禄，自给自足已有余，要那银子有何用？”

十一月中旬，西方圣诞节这天，几艘大型外国货轮来到福州。几个金发碧眼高鼻梁的外国商客一齐向布政使衙门走来。他们准备将一船货物向海关报关。

货物报关，本来是不需要批的，但他们知道中国官场的规矩：官员俸禄极低，办事就得打点。否则，就会枝节横生，寸步难行。因此，他们来布政使衙门拜访。

“于布政极其清廉，从不接受馈赠。”中方翻译介绍，“他衙门里有副对联，常用来自警。”

英国商人耸耸肩膀，笑道：“有的人故作清高，一副道貌岸然的样子，其实，比一般官员更加贪得无厌呢。那对联，只不过装点门面罢了！”

一个中年外商先走进中堂，开言道：“于大人，上次蒙您关照，给海关下公文，使我那船货物很快便报关验收。”他感慨道，“今天是圣诞节，是我们西方最重要的节日。我敬重于大人，就送一个圣诞老人吧。”说完，恭敬地呈上一个老人像。

于成龙一看，这老人不是木头、铜、锡等一般材料做成的，而是用纯银铸造，价值至少在百两白银以上，于是把脸一沉，严肃地说：“你快拿回去！”见他不收回，便两眼一瞪，厉声怒喝道，“赶快收回去！若不收回，我立即将你连同这老人像送交巡抚衙门！”

客商见他动怒，便立即取回，匆匆告辞。

德国老商客见英国商人连礼都送不出去，不觉好笑：“你这白痴也不想想，人家是什么官？是掌全省财赋大权的一方财神！又不是小知县，能见你这百两银子就眉开眼笑吗？”他打定主意，今天于布政这码头自己拜定了。有了这棵大树做靠山，今后还能不财源滚滚？

德国老商客踌躇满志，满面春风地走进布政使衙门，只见紫薇堂上高挂着一副对联：

累万盈千，尽是朝廷正赋，倘有侵欺，谁替你披枷戴锁

一丝半粒，无非百姓脂膏，不加珍惜，怎晓得男盗女娼

看到这副对联，德国老客商心中不禁一阵嘀咕：“堂中挂此联，当警钟时时敲，警醒自己，此人还真与其他官员不同！”但马上就被另一个声音否定了：“中国自古以来，哪级衙门不高挂‘明镜高悬’、‘清正廉明’一类匾额，可又有哪级官员不贪赃枉法？”

来到议事厅，他把要求海关签证之事一说，于成龙马上拿出一张票据，交给他。

老客商见转眼之间便拿到签票，心中非常感激，马上拿出一架“自鸣钟”奉上，说：“大人，这自鸣钟，每天只要上一次发条，就会准确显示钟点；每过半个钟点，它又会报时，比报晓的公鸡还准确呢！”

说着，他演示了一番。果然，他一上发条，那钟摆便摆动起来，很快还当当当地敲打起来。“现在是下午三点。”

看到这么巧的东西，于成龙果然眼睛睁得老大，并爱不释手地模仿客商所教的方法演示了一番。

这回老客商得意地笑了。但很快，他的笑容僵住了。他看见于布政把钟依然包好，说：“这钟你还是收起来吧，我不能收这

礼物。"

老客商心想：这老头一定是嫌我的礼物欠重吧。于是，这天夜里，他又敲响了于成龙那简陋住宅的门。

"大人，这是一颗钻石，是我从非洲得到的，请笑纳。"他讨好地说。

"你快收起来！"于成龙怒目圆睁，厉声道，"我跟你说过，为商船办货物签发，这是法令允许的。你们外国客商，只要缴清进口关税，其他一毫不用交。"说着把钻石重新放入盒中，"快——快拿回去！"

可老客商连连摆手，然后转身一溜烟地跑了。

第三天，当老客商坐上客轮准备启程回国时，忽然听到一个朋友告诉他一则新闻：有个外商送给于成龙一颗钻石，已经充公；那自鸣钟，高挂在府学大门上用作报时。而那颗钻石，则被送入当铺换了五百两银子，正开工建一所孤儿院。

德国老客商闻言大惊，对翻译道："天朝真是洪福齐天，竟出这等大清官！我走遍天下几十个国家，从没见过这么一尘不染的高官！"

一次，视察福建的钦差——于成龙乡试的恩师来到布政使衙门，特地进到他的卧室。只见小房低阁，阁中有一副对联：

心到穷时，现许多峭壁层崖，欢富贵功名，何似林禽野兽

路逢狭处，经无数行云流水，任磐桓谈笑，休辜翠竹苍松

几案上一只竹筒，内放朝板。锅里泡着稀饭。房里还有数十卷文卷书册，再无别物，也无人陪伴。

钦差不禁赞叹道："于公，古代圣人云：富贵不能淫。你真正做到了。我走遍大江南北，再没有见到像你这样的廉吏了。你真正称得上天下第一廉吏呀！"

康熙十九年（公元一六八〇年）二月初二日。俗话说："二

月二，百样种子都落地。”这是一个播种的季节。

于成龙正在田间与许多农民一起忙碌。他在帮一些孤寡老人耕田，下种。忽见一匹驿马飞奔而来，一个衙役请他快快回衙接旨。

这是一道什么旨意呢？是吉还是凶？莫非那都统向皇上告了刁状，等待我的是一场横祸？

第五章　直隶“于济民”

一、冒欺君之罪，先粜后奏，开仓发国库粮救济饥民

于成龙心事重重地来到布政使衙门，只见总督、巡抚已一起来到。

他正忐忑不安之际，忽听钦差打开圣旨，朗声宣读：

> 奉天承运，皇帝诏曰：福建布政使于成龙，廉洁奉公，政绩卓异，特予以破格提拔，授以直隶巡抚之职……

当时，直隶不设总督，于成龙便是直隶最高行政长官。

自己任布政使只有半年呀，就被再次提拔为京畿要冲的封疆大吏，这是何等的隆恩？他不禁热泪纵横，喃喃地说：“圣上隆恩，成龙纵使肝脑涂地也难以报答！唯有鞠躬尽瘁，竭尽驽钝……”

因布政使事务繁多，一时脱不开身，直到六月，他才到达直隶省会保定。

此时，他绝对没想到，一场大饥荒已追随着他的脚步，席卷而来：直隶大地，哀鸿遍野。百姓缺粮，竟卖掉妻子儿女以求自保。

面对直隶重地和大饥荒，于成龙心中无底。怎样才能不辜负皇上信任，治理好直隶这京畿重地呢？

他认真思量了一番。还是从调查研究开始，找出解决当前最迫切问题的办法！

于成龙骑着一头毛驴，带了一个仆人，白天在乡间行走，广泛听取百姓反映；夜间审理案卷，查询灾情。

“于抚台，我们百姓最大的危害，就是交纳荒粮啊！”许多人呼吁道。

他立即找来守道参议董秉忠商量。董参议介绍：“河北西北部内外长城一带，有大量水冲沙压地。怀安卫有一百九十一顷二十一亩，蔚州卫有三百一十八顷二十三亩，西城有三百四十三顷六十亩，东城也有不少。”他一边计算一边说，“以前百姓指望水退沙消后，可以勉强耕种，以完成交正税（钱粮），结果水涨一直不退，耕种不了，自康熙十四年（公元一六七五年）以来，这灾害一年比一年重。”

得知这一情况，于成龙立即派人实地勘察，果有水冲沙压地九百五十顷二十九亩。他立即上书康熙《请蠲宣属冲压地粮疏》：

“臣思量百姓有土地，原想凭借它所产粮食以维持生计。今土地荒芜但皇粮仍存在，不但不能维持生计，而且受到危害。穷苦百姓有多少能力？怎能永远包赔损失？这些地方的荒粮，一天不免除，百姓生活便一日不得安宁……合计四处荒地本色粮，不超过三千余石，折算银子仅一千多两。免去这些荒粮，对于国家仅是滴水之损，然而对数千户贫民，则受惠无穷。祈请皇上特赐洪恩，准予免除。”

不久，户部果然批准从康熙二十年（公元一六八一年）开始，免除这四处荒地的钱粮。

虽免去水冲沙压地钱粮，但康熙二十年前欠下的钱粮，仍要征收。可直隶地面，夏天大旱，秋天又遇水灾，很多民众啼饥号寒，挣扎在死亡线上。这可怎么办？

于成龙找来董参议紧急商量。

“于抚台，我看，可采取‘缓征平粜’两种方法。”

“你说说具体办法。”

看到于抚台十分焦急的样子，董参议沉吟一下道，“宣属地区，每年约征本色粮九万石，征得多，用得少。除去年散给蒙古并交放官兵外，国库仍有存粮二十万石，去年应新征九万石，但灾情严重，很难缴纳，即使收缴，积留在仓，也没有急用之处。因此，依我看，不如对遭灾地区分别按轻重情况，给以缓征去年的钱粮。”

“东西两城怎么催缴?”

董参议见于成龙问，便补充道，“东西两城，比其他地方灾情稍轻。其定额的钱粮，除折银两照数催纳外，本色粮可先征十分之三，剩下十分之七，到明年秋天再征。这样，可以暂宽时日。官府稍缓一分追索，百姓可受一分益处。而对钱粮的收缴也毫无亏损。而平粜，就是将国库粮仓里的旧米，以平价粜给饥民，以解饥荒。”

于成龙一听，不禁两眼一亮，精神一振。是啊，东西两城存粮约计四万五千余石，有霉烂之趋势，而百姓却粒米艰难。平粜旧米以解饥荒，这的确是两全其美的办法。

他立即表态：“那我们赶紧按此法办理。”

“但动用国库粮仓储备，这事非同小可呀!”

董参议的话，令于成龙陷入了深思。他知道，这样做，必须经皇帝圣旨批准才可！否则，便是欺君之罪。于是他连夜起草奏章《急救口北饥民疏》：

> “……值此百姓饥寒交迫之际，灾民难以存活，而再用催迫科派，臣担心即使急征，也不能得到。国家储备粮极重，臣不敢轻易议论全免钱粮；但百姓性命关系，又不敢不体察皇上爱护百姓之意，特急请怜悯抚恤。其办法是，将陈积之粮平价粜给百姓，粜米时，不许外境人贩卖，不许富户多买，只让灾民按人口购买。

如此，米价既平，百姓易于得食，使百姓大灾之年安乐于故乡而不流离他乡。”

但挣扎在死亡线上的饥民，哪有银子购粮？即使平价粜给，也无济于事呀！想到此，于成龙的心情顿时又沉重起来。必须发动官吏和士绅民众大力募捐才成！

很快，通过劝谕守道官吏和口北道官绅士民，得到捐银一千三百八十三两四钱，米七百七十九石九斗，即刻委派保定府同知何如玉前往灾区赈济。留存二百八十三两八钱三分银子作为应急。

于成龙给皇上的奏疏刚刚送往京师，何如玉也刚刚前往灾区，于成龙便因劳累躺倒在床起不来了。他头晕眼花，浑身酸痛，腰骨像断了一般。

这天夜里，他正躺在床上做噩梦，董参议和南路通判陈天栋匆匆赶来报告：“省城东西两城百姓，春夏以来，以草根、树皮为食，到了秋冬，捐赈的粮饷，如杯水车薪，而草根树皮也已吃光，山光树秃，十几天内，已经饿死几十户人。”

听到这个消息，于成龙惊得一下子从床上蹦起来。想不到灾情竟如此凶险，竟然饿死了几十户人！这都是我没尽到责任啊！他心头无比沉重，两眼默默地流出了悲伤的泪水。

当务之急，必须立即开仓粜粮！

但给皇上的奏疏还没批复下来。他暗自思量：即使皇上准了平价粜米的请求，还得有段时间，况且也只能救有钱无米之人，不能救身无一钱奄奄待毙之民。若是再写奏疏给皇上，请求发国库粮赈济灾民，还需一个月。这一个月内不知又会饿死多少人啊！

怎么办？到底怎么办？因为给皇上的报告还没批准，所以若是平粜，就是违反国法，要遭严处；而没得到朝廷同意，擅自动用国库粮，更是犯了弥天大罪，要冒充军甚至杀头的危险啊！想到这里，他不禁冒出一身冷汗。

“我身为朝廷大臣，难道能眼睁睁地看着百姓再饿死吗?”他心里在问。

“不能，绝不能!”他斩钉截铁地说。

“我是直隶巡抚，我必须对直隶全省百姓负责！至于朝廷的处罚，那只是对我一个人的，我不必多去考虑。只要全省百姓得到拯救，就让朝廷处罚吧！即使充军杀头，也是为了百姓，我无怨无悔!”他一锤定音，下达命令，“立刻开仓放粮!”

然后又速招来保定府同知何如玉，吩咐：“请你星夜驰赴东西二城，查出实在贫困不能生活的贫苦百姓，开仓发粮，每人救济米粮二斗。”

董参议既为于巡抚敢作敢为的行为而敬佩，也为他的政治前途而担心：“于抚台，未得圣旨擅自粜国库储备粮，这是天大的责任，罪当革职甚至更严厉处罚呀!”

于成龙道：“救民生死，迫在眉睫，我怎能只为个人安危考虑?”他凄凉地一笑，“于谦的《石灰吟》说得好：千锤万凿出深山，烈火焚烧若等闲。粉身碎骨浑不怕，要留清白在人间。我想，我这样做，即使粉身碎骨也值得。”

他微微一笑：“何况，我先粜后奏，事出无奈。皇上是一代明君，必定会理解我这样的做法，恐怕不会有杀头的风险。再多，也就是革职罢了。”说完，拿笔写起给皇上的奏疏《再为口北饥民题请急赈疏》，详细说明采取平价粜粮紧急措施的原因和过程。

很快，康熙下旨。不但没责备他，相反大为赞赏。

于成龙奉旨粜米，足迹遍布直隶灾区，使这场凶险的大饥荒终于得以度过。

第二年，省城保定以北，张家口，小五台山以东，赤城、延庆以西，及内长城和昌北县以北广大地区，风调雨顺，单穗的麦子竟然生出双穗。

当地百姓欣喜而激动地说：“这全靠于抚台的恩德。这是

‘于公穗’啊!”

灾荒一过，于巡抚便开始大力整顿吏治。他接连烧起几把火。

第一把火，是严禁火耗。

他深知，火耗是官吏剥削百姓脂膏的重要途径。何为火耗?火耗就是在熔铸银两时消耗掉的部分。确实，在熔铸赋税银两中，要消耗掉一部分，但当事官员借此为名，将大部分装进自己的腰包。

于成龙在直隶颁布了《严禁火耗谕》:

“……种种窃脂之行，无异盗贼……当民穷财竭之日，饥馑到来之时，稍有良心之人，莫不抚膺长叹，立即多方体恤，尤苦国赋难完，民力难支，又怎能忍心在正供正数之外，敲吸穷苦百姓之骨髓，以达到一人一家之私欲?忍心而危害天理，祸必不远。天道好报，绝不失期。”

最后，他严厉警告:

“凡各州县官务须洗心涤虑，痛除积习，切勿横征暴敛，恣意剥削……若有贪官污吏，甘蹈陋规旧习，不体恤民间冤屈，不顾鬼神谴责，或快意于轻裘肥马，或肆志于田宅妻妾，或近为耳目之娱，或远为子孙之贻，本院必依照王法，绝不玩忽法令徇私放纵!”

第二把火，是严禁下级向上级送礼。

这个禁令，源于中秋节前发生的一件事。中秋节前夕的一个傍晚，于成龙刚办完公事回居室，忽见仆役喜滋滋地前来禀报:“大名县知县送来中秋礼物。”说着，拿出一个手本。

于成龙一看，只见上面写着:“尊敬的抚台大人，值此中秋佳节即将来临之际，在下聊备薄礼一份，以感谢大人对我的栽培提携之恩。”

“我与你从未谋面，何来栽培提携?简直是胡扯!这是一个阿谀奉承之徒。”他心里说。再往下看，他更是生气，只见开列了许多礼物：

特制高级月饼一盒　　　　山东乐陵金丝枣两袋

精致核桃酥两盒　　　　　山西百年陈酿汾酒一坛…

“这些礼物，值多少银子？”

见于巡抚问，仆役顺喜拿起一盒月饼道：“这是定制的高档月饼。这种月饼，一盒至少得二十两白银，说不定还不止这个数，是五十两，甚至一百两呢！”

于巡抚吃了一惊，两眼瞪得大大的：“怎么这么贵？那简直是金子做的了！”

“对，礼盒里那个大月饼周围一圈，镶的就是纯金的。”顺喜道，“我曾在布政使那里见过这种高档的月饼礼品。”

“如此说来，这坛汾酒就更贵了？”于成龙疑惑道。

于成龙知道，汾酒有着三千多年的历史，一千五百年前的南北朝时期，汾酒就受到北齐武成帝的极力推崇，作为宫廷御酒被载入二十四史，使汾酒一举成名。晚唐著名诗人杜牧那首《清明》诗：“借问酒家何处有？牧童遥指杏花村”，更使杏花村汾酒名扬天下。

“汾酒本来就贵，陈年佳酿就更贵。年份越长越贵。像这种百年佳酿少之又少。此坛汾酒至少得上百两银子，甚至几百两都有可能。”顺喜道，“听人说，这酒看起来酒液晶亮，闻起来清香幽雅，入口纯净柔和，喝后回味悠长，赛过活神仙……”

他的这番话，没想到却遭到于巡抚的一顿臭骂：“你给我闭嘴！”他不知平时对下人和蔼可亲的于巡抚此时为何发火？

“立即将礼物退还！”于巡抚两道白眉一耸，如同两把明晃晃的飞刀。

仆役一走，他便陷入了深思。此事若不严肃处理，后患无穷。我手下官员数千，若是逢年过节都送礼，那还了得？下级向上司送礼，必然加剧官场贪污受贿的风气。必须狠刹这股歪风！他暗暗咬牙。

当夜，于巡抚便挥毫写下严禁馈赠礼物的通告，严禁全省各级官员在中秋、重阳、冬至、元宵、春节及寿日等时节送礼。他在文中点名批评大名知县，并将他连降两级，调离大名府首县，放到一个很次要的偏远小县任职。

这一举措震撼了全省大小官员。官场送礼之风很快销声匿迹。

人们纷纷嘲笑大明知县拍马屁拍错了地方——拍到了马蹄子上。

那位倒霉知县哀叹道："天底下竟有这样油盐不进之人!"他十分后悔，"以前我早就听说于成龙清廉的名声，以为是假装清廉。谁知如今弄巧成拙，自己搬起石头砸自己的脚啊!"

第三把火，是饬查劣员。

于成龙通过一段时间的调查，知道廉洁的地方官员不到二三成。他们中，有的征粮滥收火耗，有的严刑拷打危害百姓，有的遇有差事便派取搜刮民间，有的听信贪酷仆役任意对平民诛杀求索。这些贪官污吏不除不戒，怎能国泰民安？于是，他发布《饬查劣员檄》，命令各司道官员明察暗访，揭报贪官污吏。

很快，各道揭发上报了近百名官员的劣迹。

于成龙正和省里几个高官重新审查这批官员，准备落实处理时，这些官员反过来纷纷告发审查他们的府道官员。

水清县知县万一鼎，是被霸昌道道台沈志礼上报为劣员的。可于成龙还未开始查万一鼎，便接到万一鼎对沈志礼的呈告：因自己不服从沈的勒索，上司便蓄意诬陷。

于成龙怕沈志礼真有勒索丑行，便委托守道和巡道官员会讯。但此案还未审清，又接到献县知县齐国栋对河间府知府徐可先和同知周从谦的告状呈文："于巡抚严禁火耗，尽除节礼，中秋没有馈送，因此府厅怀恨在心，借鲁道村崔成失事一案，明知是交河地方，捏诬献县。"

于成龙的头都大了。他决心查个水落石出。

原来，鲁道村是交河与献县相交之地，原属献县。崔家被盗后，报与献县知县乔国栋。乔借口鲁道村属交河县，不予受理。天津道委派河间知府徐可先勘察。因乔国栋恶意诬陷，致使徐知府不敢定案。天津道又派府同知周从谦前往勘察，查明乔国栋将鲁道村等一切在逃盗匪全推给交河县。天津道得报，欲处置乔国栋。乔怀恨在心，便以来送节礼为辞，加上多件往事，公然直接上告到巡抚衙门。

了解这是一起诬告案后，于成龙十分恼火，于是便以诬告为名将乔国栋革职。

不久，又查明水清县知县万一鼎，也是一起诬告，便又将其革职。

于成龙思忖再三，决定给康熙帝上奏折《请禁讦告以正名义疏》，概述讦告之危害，叙述了万一鼎、乔国栋等人诬告之原因。然后，提出自己主张："各属下官吏，包藏祸心，任意横行妄为，苛刻剥削小民，道府不敢过问。法纪不振，将何以制止贪官污吏？我国家数十年整顿纲纪，大小官员无不自我控制，怎能容忍此辈挟持上官，败坏纲纪于京师周边重地？若诬告之风不除，群相效仿，风俗人心将大坏。请求皇上下旨吏部，严加议处。"

接着提出具体措施："如道府诬告上司，官有官带者革职，无官带者，交刑部议罪；查道府不法，督抚包庇不上报弹劾，降三级调用……"

不久，这道疏，经吏部刑部审议，成为通行大清全国的定例。

乔国栋、万一鼎见翻案无望，恨得把牙齿咬得咯咯响："于成龙，你不让我好过，我也不让你好过！"

乔国栋收拾起两万两银子和细软，起程进京，准备打点关系，要跟于成龙斗一斗。

二、微服私访，发现沧州赌博黑幕时，于巡抚已跌入深不可测的陷阱

深秋的一天，于成龙骑着一头毛驴，带着仆役瘦猴微服出门访查民情。

刚出省城来到郊区，便看到几个人正在沿街乞讨。其中两个大人，是年约三十岁的青年夫妇。他们拖儿带女，带着三个小孩，大男孩年约十岁，妇女怀里抱着一个小的。

“可怜可怜，舍口饭给我们——”蓬头垢面的妇女，声音颤抖，落泪纷纷。

待主人倒给她一碗冷饭，她深深地鞠了一躬。然后，继续沿街乞讨。

于成龙感到奇怪：大饥荒已过去将近一年，今年以来夏粮、秋粮都大熟，怎么还会有人要饭？再说，即使还有最困难的家庭接济不上，省里都下过令：由保甲负责照顾。即一家没粮，由甲负责；一甲救济不了，由保负责；一保解决不了，便由乡负责。重点的穷困乡县，省里都派官员作了重点安排。这样一来，即使过年前后那段饥荒月份，也没看到过乞丐。为何如今饥荒过去这么长时间了，反而有人讨饭？莫非是保、甲、乡不管这户人家？

这么一想，他连忙上前询问那男子：“大兄弟，饥荒时，官府作过规定，贫困人家，由保、甲和乡里负责救济，你们一家难道没人管？”

“我——我——”穿着破衣的男子，结结巴巴地刚说出两个字，便两颊绯红，再也说不出一句话。

那个妇女接下道：“都是他赌博造的孽呀！”

于成龙当即差仆役找来地保，吩咐道：“你把这户人家带回他们所在的保甲，先安置一下。”说完，继续往前走。

他心情有些沉重：这赌博真是害人匪浅呀！

这天下午，他来到满城郊区。还没到城门，远远便听见阵阵撕心裂肺的哭声。他立即给驴加了一鞭，来到护城河旁。只见河边有个披头散发的青年女子，在一个淹死的男子尸体旁哭天号地："我的天啊，你这一走，叫我带着一堆儿女，怎么活啊！"

"这男子为啥投河？"于成龙问围观的人。

"他赌博输了大笔银子，卖了田地，典了房产，继续去赌。准备翻本，结果又输了，连媳妇子女都抵押给富家做奴婢了。这才跳河自杀！"

"这赌博太害人了！"一个白眉老翁直摇头，"输得惨了，有的难以糊口，只好出去讨饭；有的无依无靠，便将自己像卖牲口一样卖给旗人；有的则把妻子儿女卖给别人做奴婢；有的干脆当强盗抢劫；还有的就只能上吊、跳河、自杀走绝路了。"

"赌博这么凶，保甲和乡里怎么不过问？就不管一管？"于成龙问。

老人冷笑道："管，怎么管？开设赌场的人，都是地头恶棍，或是保甲乡长，怎么管？"

"那还有县、府、道官府呀？"

老者看了于成龙一眼，听他是外地口音，便说："老弟，那些地头蛇都与官府有牵连，或直接是官府的代理人，不少放赌人还是八旗子弟。他们横行乡里，连官府也无可奈何呀！"

赌博是整个社会的毒瘤，不铲除这个毒瘤，必将给社会带来灾难！想到此，于成龙立即回衙，着手起草《严禁赌博谕》，陈述赌博带来的严重后果和悲惨情景，劝告人们安分守业，并郑重宣布：

"从布告之日起，不许群聚赌博。如敢违禁，定将赌博之人，与开场放赌并抽头之人，一律照定例治罪，绝不轻饶！并对举报人，给予一半银钱的奖赏。"

一天，于成龙骑着一头驴，带着仆役瘦猴，来到沧州地面微

服察访。

刚进沧州城，他就被遍地开花的麻将摊惊呆了。大街两旁，客栈、饭店、家庭院落，到处响起麻将牌的碰撞声。

他十分气愤。禁赌的严令已下达不短时间，此地竟敢如此明目张胆抗拒。他真想立即进县衙府衙，直接查办一批！但想了想还是强压住怒火，问一位须眉皆白的驼背老翁："老哥，这里赌博为啥这么盛？难道地方保甲乡镇不管？"

老者笑了一声，轻轻道："地方保甲和乡镇官吏，都参与其中。"他用手一指，"这些赌摊，都和乡镇头面人物联通着。"

"县衙也不管？"

见于成龙从毛驴上下来，是个外地人，驼背翁压低声音道："县令是这些赌场的后台。"

"听说省里下了严禁赌博的号令，这也太大胆了！"

老者道："省官不如现管。巡抚官虽大，但与当地人接触少，利害关系不大，当地人当然还是听县里的。县官不但不管，恐怕还希望赌博兴盛，他们的油水会更大呢！"

正议论着，忽然来了两个人。

他们拱手向前："老先生，我家员外有请。"

"你家员外是谁？姓甚名谁？"于成龙询问，"请我有何事？"

"我家员外姓尤，想请你们喝茶。"说着，面带微笑做了个请的手势。

顺着一条街道，转过几个弯，便到了一家黑漆大门、门前蹲两尊威风凛凛的石狮的高门大院。

"何方刁民，竟敢到此寻找我们的不是！活得不耐烦了吧！"尤乡绅先来了一个下马威道，"来人！把这两个刺猬绑起来丢到牛栏里去，叫他们尝尝牛粪的滋味！"几个凶神恶煞的彪形大汉立即拿出绳索，要来捆绑。

"且慢！"好汉不吃眼前亏，瘦猴立即按原先于成龙吩咐过的口径说，"你们不能动粗！若动粗，叫你们吃不了兜着走！"

他手指于成龙，“我们老爷是本地县尉。”

尤乡绅不禁一愣。几个狗腿子也傻站着不敢动手。

“哈哈哈，是哪个龟孙子敢冒充县尉?”县令贝进财从一个客厅里踱了出来。他横了一眼于成龙，“我是县令贝进财，你这老东西胆子也忒大了吧。”随即喝叫几个大汉，“把这两个骗子绑了，先给他们吃一顿杀威棒!”

打手们纷纷拿起绳索要动凶。

“你一个小小县令，最好别轻易动粗！若是动粗，知府定然饶不了你们!”于成龙目光如剑，凛然不可侵犯地逼视着面前这个生着酒糟鼻子的县令，“老实告诉你，我是知府派来巡视的刚上任的府同知。”

贝县令目瞪口呆。他眼珠骨碌碌转了几下，看到面前这个老头子宠辱不惊，似乎是个见过大世面的人，于是向那些打手摆了摆手，又附耳对尤乡绅吩咐了一声。

尤乡绅急匆匆而去。

“上茶——上点心!”随着贝县令一声吩咐，一碗热气腾腾的金丝枣和几盘糕点摆了上来，“大人，请用茶。”

正用着茶，忽然门外一声通报：“府台驾到——”话音未落，那生得十分凶悍，绰号“老狼”的知府已匆匆来到。他只看了于成龙一眼，便破口大骂：“简直胆大包天，竟敢冒充二府?你们想必是活腻了吧!”立刻喝令将两人各打四十棍棒。

打手们高举起棍棒正要，瘦猴大喊：“府台大人，不须用刑，我实说了吧。”

“从实招来!”老狼两眼闪着狡诈的幽光。

“我家老爷是省按察使司衙门派来的——”瘦猴道，“担任按察副使之职。”

老狼一听，倒抽一口冷气，“乖乖，幸亏没用刑，否则就惹出大麻烦了。”立即吩咐举办酒宴为按察副使压惊。但他还是怀疑于成龙等人的身份。因为他跟按察使司衙门关系很好，以往按

察使司衙门派人来沧州地面，必定要通知自己。可他又怕出错，于是暗地里命一捕快飞马赶往省城打听消息。

当夜，正当于成龙和瘦猴酒足饭饱，准备睡觉之际，突然被几个彪形大汉抓到府衙。

原来老狼此刻已得到省按察使申虎写来的短信：“乱弹琴，省里何时派过副使到沧州访查？”这一下令老狼大怒。

“说！老实交代你们从何处来？”他立即吩咐大刑伺候，“不说实话，今天就敲死你们！”他咆哮道。

“哈哈哈，”于成龙纵声大笑，“你简直无法无天，你拒不执行省里的禁赌令，你该当何罪？”他正气凛然地说，“你难道不怕王法？不怕于巡抚来查？他可是像海瑞、包文正一样的清官！”

一听这番义正词严的话，老狼大惊。此人在如此境地，尚且如此从容，又对官场如此熟悉，究竟是什么人？难道是微服私访的监察御史？

此刻，瘦猴开始破口大骂起来：“你这狗官，我看你才是活腻了，竟敢在太岁头上动土！只怕你今天猖狂，明天就要蹲大牢，遭充军！”

“你家老爷是什么人？”老狼这回小心翼翼地问。

瘦猴受过于巡抚的吩咐，不能说出真相。但又怕好汉吃了眼前亏，于是灵机一动，说：“我家老爷姓清，是朝廷派来的御史。”

老狼心中咯噔了一下。但还是半信半疑：此人真是御史吗？

正当他犹豫不定时，诸葛师爷一番话使他疑虑顿消：“此人信口雌黄，最先说是同知，接着又说是按察副使，如今又说是监察御史，其目的无非是为了逃避惩罚。”师爷进一步分析道，“若真是御史来此，按察使怎会一点也不知道？臬台若知道，又怎会不透露给我们？”

老狼连连点头，露出了凶恶狰狞的面目：“先将这两人收监。我马上做张状子到省臬台衙门，务必结果两人的狗命！”

于是，于成龙主仆二人立即被枷锁加身，推进臭不可闻的死牢。

第二天早晨，于巡抚对一个前来送饭的狱卒附耳道："烦你给我带一封信到省按察使司衙门。臬台是我的亲戚。事成后，有重赏。"

狱卒一听，吓得战战兢兢，不敢答应，但一想这老头有如此大的来头，又听说有重赏，立即出门找到一个要好朋友，骑快马飞奔省城。

可是，这封信按察使申虎并未收到。因为他已经来到沧州。

当接到沧州知府老狼要将两个骗子判处死刑的呈文，他感到十分蹊跷：这两个骗子为什么竟敢冒充臬台衙门副使？沧州是受他保护的重要领地，万一朝廷派御史微服私访，麻烦就大了。因此他匆匆赶来，怕万一搞错。

在知府带领下，按察使申虎来到府牢。

他不看犹可，一看不禁吓得面如土色。

"怎么了，臬台？是巡按御史吗？"见绰号"虎按察"的臬台摇了摇头，便胆大包天道，"既然不是，那就马上将他处死，以绝后患！免得走漏风声。"

"你知道他是谁吗？"此刻"虎按察"牙齿有点打战，"他，他比监察御史，还，还厉害，是，是本省巡抚，于，于成龙大人！"

"啊！"老狼顿时目瞪口呆，浑身发抖。

"你死到临头了！竟敢将他打入死牢！"

听了臬台这句话，老狼整个人几乎要瘫软下去。不，我不能坐以待毙！我必须死里逃生！想到这，老狼冷笑道："我死到临头，难道臬台大人就能逃脱厄运？虽然你可以对此番监禁巡抚不负责任，但若是于巡抚深查沧州赌博等内幕，你能逃脱了干系吗？若是查出你是地下黑势力的最大保护伞，他难道能饶得了你吗？"说着，带点威胁地低声道："到时若是严审，我扛不住，

只得吐露内幕。”

“虎按察”一听，如五雷轰顶。多年来，自己坐地分赃，收受了大量金银财宝；沧州黑势力为所欲为，欠下五条人命，打伤几十人，至今凶手逍遥法外。到时候，这些账算到自己头上，后果不堪设想。

“那你说怎么办？”他脸上露出了冷酷决绝的表情。

“我听你一句话。”老狼狡猾地说。

“我当然要放走于巡抚，因为我是他属官。”“虎按察”道。他立即来到监牢，叫牢头打开牢门。

“于抚台，我来迟了，让您受委屈了！”“虎按察”连声不迭道。

接着，“虎按察”指挥人用八抬大轿把于成龙接到府衙，并立即扣押了知府老狼。“等明天，我亲自来审理这些府、县狗官！”

于成龙大喜，同时感到这几天实在是太累了。他吃了点“虎按察”叫人送来的点心，便安然上床睡觉。

此刻，老狼所派刺客飞天蜈蚣已经出发。

巡抚衙门的参将山鹰这两天焦急得如同热锅上的蚂蚁。于巡抚去沧州已经五天了，至今未见音讯。出发时说过四天就回来，可如今到了第五天晚饭后仍未回来。他估计必有事端，于是带着几名校尉连夜骑马直奔沧州。

一大早他们便到达沧州。参将山鹰随即布置校尉们分头探听消息，傍晚在著名风景名胜铁狮子下面聚齐。

校尉跳蚤正好来到新华镇，那是于巡抚原先打探过的地方，只见一个须眉皆白、脸上满是伤痕的驼背老头正半躺在躺椅上晒太阳，便上前施礼道：“老大爷，我是巡抚衙门的，想跟您打听一个人。此人面目清瘦，满头白发，须髯很长——”

话未说完，驼背老头便道：“大事不好，四天前的黄昏，是有这么一个老人来过这里。我们交谈了没几句，他就被尤乡绅叫走了——我也被尤乡绅手下几个地痞流氓打伤。”他压低声音，“听说那个老人已经被关进县牢房了。”他咳嗽几声，喘了几口气，随即从房里叫出一个人，“这个是府衙牢房里做牢饭的田小五，他是特地来通风报信的。”

校尉对一脸惊诧的驼背老头说：“那个老先生是从京城来的一位铁面御史。”

驼背老人一下子坐了起来：“终于盼到救星了！”他连忙叫儿子和小五给校尉带路。校尉立即和两人先赶到铁狮子下面聚集。

参将一听校尉跳蚤的叙述，大喜。于是参将假扮成狱官，其他几个扮成狱卒，神不知鬼不觉地来到关押于成龙的死牢。但是没有找到于巡抚。

参将叫田小五一打听，原来于巡抚已被邀请到沧州府驿站，顿时松了一口气：“这下好了，于抚台没有危险了。”但马上有一个声音提醒他，“越是貌似平安的时候，越是要警惕。还是赶紧找到抚台大人为妙。”

于是，参将山鹰带着几个校尉悄悄来到驿站。

忽然，一个黑影从远处呼呼奔来，顷刻已来到驿站。只见他一纵身上了一棵老槐树，又一纵身上了二楼。

参将山鹰看这黑影来得蹊跷，连忙吩咐手下：“你们在此守候，待我前去看个究竟。”说完立即施展出轻功绝技，如松鼠一般紧跟过去。

这黑影正是刺客飞天蜈蚣。

于巡抚和瘦猴因连日劳累，又喝了酒，很快呼呼入睡。

飞天蜈蚣大喜，刷地抽出佩刀，正准备下手，不料耳旁突然响起一句低沉有力的吼声：“休得无礼！”随着话音一把宝剑直刺过来。

飞天蜈蚣连忙迎战，斗了二十余回合难分胜负。山鹰突然一声呼哨，手下三个校尉一齐上前，将飞天蜈蚣围在垓心。飞天蜈

蚣猛然大吼一声，如平地响起一声炸雷，众人一愣，飞天蜈蚣已冲出包围圈。但没跑多远，他便被一支飞镖击中屁股。只听哎呀一声，他当即扑倒在地，被众校尉活捉。

参将山鹰立即吩咐一人火速赶往保定省城驻军营地搬救兵。

尹提督接到信，立刻率领一支轻骑兵赶来。

第二天，正当沧州知府老狼率领一伙兵丁和暴徒气势汹汹地赶到府衙，准备对于成龙下毒手时，忽然发现自己已被大队兵马包围。

老狼见参将山鹰和一班校尉正怒发冲冠地向自己逼过来，想到与其被捉受辱，不如自己了断，于是拔出佩剑准备自杀，却被山鹰一剑拨飞。

第二天，于成龙准备提审飞天蜈蚣。忽报此人趁看守松懈之际服了毒药，现已不省人事。他连忙派郎中前去救治。

"你受谁指使?"参将追问。

"让我死，"飞天蜈蚣苏醒了过来，但已奄奄一息，"我不会……告诉你……"

"你知道你要刺杀的人是谁吗?"参将山鹰严肃地问，痛心疾首地摇头，"他是天下第一大清官，直隶巡抚于成龙大人呀!"

"啥？于……于青天?"飞天蜈蚣惊得呆了。他积攒起全身的力气，竭尽全力道，"我……我……老狼知府……指派……按察使……默许……"说完，他十分艰难地在自白书上签字画押。

老狼很快被审判。按察使也参加了审判。"你要老实交代，争取宽大发落。"老狼啥也不说。第二天，当他得知头天夜里按察使已派人准备将他杀人灭口时，便交代了按察使的种种罪行。

于是，于成龙写下一道奏折向皇帝禀报。

康熙大怒，命将按察使判处死刑，秋后处决。知府老狼、贝县令均被处决。

沧州这个大赌场终于被彻底清除。

这一雷霆行动，震慑了全省。很快，赌博之风便在全省范围内被刹住了。

三、康熙帝对满朝文武说：于成龙真是天下第一廉吏！

康熙二十年（公元一六八一年）正月，工部奉旨令于成龙督造孝昭皇后的梓宫，并挑选一万八百多名吏役去京师沙河修造。由保定到沙河，途经京师，于成龙要求进京觐见皇帝。皇帝素知于成龙廉洁奉公，于是欣然同意。

二月初五，于成龙到京见驾。康熙帝命侍卫在午门外设席，召见于成龙："巡抚年老不胜步，宜少坐。"

接着，康熙便在太和殿接见他。赐座、赐茶后，康熙开言道："你为当今天下第一廉吏，十分难得。朕听说你以前在黄州，土贼啸聚山林，你一去招抚，立即投顺解散。你是用什么办法达到的?"

于成龙答道："臣没有其他能耐，只宣布皇上威严和德政。"

康熙又问："直隶属下有无清廉官吏?"

于成龙举荐知县谢锡衮，同知何如玉。同时，将自己的任职情况禀报。皇上与他相谈很久，赐食御书房，君臣同餐。

二月十二日，翰林院掌院学士库勒纳亲到沙河传旨：

"直隶巡抚于成龙，自外任小官，即闻有清廉之名。继而升巡抚，益励清节，自始至终并无改操。曾有亲友相识和相请托者，概行推却，绝不允从。及往沙河，所属人员并亲友赠送之礼品，拒而不收。节操如此公正廉洁，朕闻之不胜赞许喜悦。"

最后道："念于成龙为官廉洁，家庭贫困，特从宫廷内务府发给银一千两，并将康熙帝骑的骏马一匹连同鞍一同赐给。"

十八日，又命武英殿大学士明珠、翰林院学士库勒纳亲到沙河，赐予于成龙御制诗和序。

序曰："直隶巡抚于成龙秉性淳朴，廉介夙闻，朕心嘉赖。

俾典节钺，保厘畿辅，唯能激浊扬清，始终如一。清洁之操，白首弥励，真国家之可重，人所不能也。兹来陛见，于是赐以诗，用示鼓励之义，且以风有位焉。”

皇上接二连三嘉奖，令于成龙感激涕零。他在《陛见蒙赐谢恩疏》中说：“愧感交深，似此殊恩，异数诚旷，古今稀闻。臣何人，期乃邀荣于非分？唯有益加砥砺，以无负我皇上知遇之恩。”

初夏，宣化府发生灾荒。

六月初七，户部谕于成龙同户部员外郎叶伦赈济宣府。

于成龙立即由保定启程。十四日抵达宣府，会同叶伦议赈。第二天，立即开仓赈济宣府饥民。接着，用当地存仓米豆及所带粮饷，在万全、怀安、深井堡、东城、西城等地，逐处亲查行赈。共赈成年人四千四百二十八人，每人给米二斗四升；赈儿童九百一十一人，每人给米一斗二升。月底赈济完毕，行程五六百里。

他松了一口气。

可不料真定府灾荒接踵而来，而朝廷对地丁银依然照收不误。他亲自到真定府所属各县走访，详细了解实情。看到“釜甑生尘，糊口无策。炊烟断绝，十室九空”的灾情实况后，他开始向康熙上《真属被灾州县请停征疏》和《请缓征灾邑房课疏》，指出其严重情况：“有土地者因征地丁银而逃；有房舍者因征房号而逃；人口一天天减少，即使催逼也难完成征赋。”

疏中情真意切地说：“若是不为民请命，终究没有周全的方法。臣等人的生命，固然没有什么可惜，但又怎能不考虑而白白地看着千万生灵倒毙于沟壑之中？故不得不冒昧申请。”

康熙准了他的请求，将真定府井陉、平山、获鹿、灵寿、曲阳五县地丁银和房税推后再征。

然而缓征地丁银和房税，并不能救灾民于水火。

于巡抚立即从省城保定快速赶到灾区。看到哀鸿遍野，他心里在阵阵发抖。立即开仓赈济饥民。但杯水车薪，无济于事。当地存仓米豆及所带粮饷全部用完，却只救济了十分之一。

各地警报接连传来：

获鹿粮荒！

平山成千上万人断粮！

灵寿人成群结队出外讨饭！

曲阳发生抢米风潮！

井陉百姓已开始吃树皮草根！

怎么办？公粮公款已用完，再散粮就只得采取民间募捐。

于巡抚忽然想起皇上赏赐给自己的那笔银子。他立即命令郭千总火速赶回保定，用那笔银子全部买米运来此地！

谁知他这个决定，却引发了一场家庭危机。

为这笔银子，家里简直成了一锅沸滚的粥。

皇帝赏赐于成龙千两白银的消息，早如一阵春风在神州大地传开。县令亲自坐着马车，急急地赶了五十多里地来到来堡村，把这个特大喜讯，第一时间通报给于家。

于成龙的两个儿子廷劢和廷元听到这个喜讯，高兴坏了。他们当即打起了如意算盘。

“现在有钱了，我们可以打六孔敞亮的新窑，把旧窑破屋用来放柴火煤炭，关猪羊牛牲畜。”

听了廷劢这话，廷元简直笑弯了腰：“有这么多钱，为啥还要鸡蛋壳里做道场，在来堡村建什么房？完全可以去县城甚至州里建房买房呀！”

“对，对！去县城或是州城，买一套大四合院的砖瓦房，再买一匹骡一匹马。骡用来耕地，有了马，去县城，去州里办事就方便了，再说去亲朋好友家串门又方便又体面风光。”廷劢附和道。

但他们的想法被刚从煤场赶回来的廷翼否决了：“爹一向崇尚节俭，反对铺张浪费。他肯定不会接受你们这种奢侈打算。我

的想法是，把旧窑洞重修，换上新的门和窗；把两间破屋拆掉重建。这个计划，我想爹是一定能够接受的。”

早春二月。狮吼狼嚎的风夹带着大雪一直下个不停。忽然，咔嚓嚓，轰轰几声巨响，打断了于家三兄弟的谈话。

原来，一溜三间窑洞的中间一孔塌了，两间关猪羊牛的木屋也倒了。兄弟们慌忙去抢救那些被惊吓得直叫唤的牲畜。

“事不宜迟，赶快派人去爹那里报告窑房倒塌的消息，向爹要上一笔银子来开窑造屋!”廷翼知道，此番一孔窑塌了，修补已是很难，只有选址重挖新窑。听了大哥的话，廷元第二天天刚蒙蒙亮就动身了。

从家乡到保定，路途遥远，有一千几百里地，再加上天气恶劣一路风雪，靠步行，没有十天半月难以到达。这急如星火的事，不能老牛拖破车慢慢来。想到此，廷元灵机一动，先到县城找县令，借了一匹驿马。然后一路疾行，只用五天就赶到直隶省城保定。

但抚衙门房告诉他：“于巡抚不在，他去真定府赈灾了。”

廷元便直接去找父亲的贴身管家夏顺国（夏老太爷孙子）：“夏大哥，皇上赏赐给我爹的那一千两银子，保管在你这儿吗?”

夏管家点点头，答道：“是在我这儿，你准备怎样?”

“我家窑塌了，想拿这笔银子去挖窑造屋。”

“窑塌了？这可是大事！可是……按理我应该把这笔银子给你，”夏管家为难道，“但于抚台交代过，没有他同意，不经他签字盖章，任何人不得动用哩!”

“这是我家私银，不是公款，家人动用它天经地义!”廷元摆出十分充足的理由，“据说此番皇上是说我家贫困，赏赐给我全家的，并不是赏赐给我爹一个人的!”

一番话说得管家哑口无言。这笔银子确实是于抚台私银，皇上也确实是因于抚台“家计凉薄”而赏赐。如今他家屋倒窑塌大难临头没有理由不给。“但不经于抚台同意，我负不了这个责任啊!"

"这个容易，我给你签字盖章。"

"即使这样，我也只能给你一半。"夏管家说。

"我家有三个兄弟，加上我娘我爹，共是五个，这笔赏赐按人均分，每人可得二百两。那就把我爹那份留下，我带八百两走!"

廷元磨破了嘴皮，但管家毫不通融。

于是廷元签字盖章，拿走了五百两银子。他在街上买了几个包子，就往回赶。

郭千总马不停蹄地赶到保定，只拿到五百两。

于成龙听说小儿子拿走了五百两，大为恼火，立即命令郭千总："限你一天内追回银子，不得有误。追不回，军法从事!"

郭千总快马加鞭只用了半天，就在出入山西的咽喉之地娘子关追上了廷元。

"小公子，等等我——"等廷元停下，郭千总拿出自己的官牒，说："你爹叫你把银子留下先救济灾荒。等灾荒过去，再给家里一点银子。"他说得非常委婉。

廷元知道父亲的性格脾气。这银子一拿回去，就肉包子打狗一去不回了。于是说："我家里遭大难了，你知道吗？这是我家私银，不是公款，他管不着!"

郭千总见来软的不行，只得来硬的："你立刻交出银子，否则你走不了。这是于巡抚的命令!"

"我不是他手下官员，他没权对我下命令!"廷元毫不客气地说。说完，他就要催马前行。

"公子！你不能走。"郭千总拉住了廷元的马缰绳，"你不留下银子，我不好向抚台交代，要挨抚台处罚的。"然后哀求道，"要不你和我一起面见抚台，由他处理吧。"

绝不能去见父亲。一见，恐怕又会拿走一半，说不定会拿走三四百两呢！廷元打定主意不跟千总走。见千总缠住不放，就严

厉地说：“我家里的事谁要你管？我不认识你！你难道要拦路抢劫不成？”

一句话呛得郭千总愣住了，只得放手。

廷元立刻催马前行。行不数里，便见两骑飞奔而来。原来是中军田万侯和郭千总追到。“公子，快停下，我有一事相告。”田中军转眼来到面前，“奉你父亲于巡抚的命令，叫你留下银子。”

“我不留！”廷元道，“这是皇上赏赐给我家的私银，我为啥要留？”说着，他就要走。但被中军拖住不能脱身。

廷元恼火了，不禁骂道：“我们家私事，谁要你这个外姓人来掺和？真是狗拿耗子多管闲事！”

“说得对呀，我真是多管闲事呀，”田中军心里说。他们一万年还是父子，要我这个外人掺和做啥？我何必做这种吃力不讨好的事？于是放开了手。

廷元连忙上马便走。

又行不到数里，忽听得后面马蹄嘚嘚，转眼一看，只见尘头大起。原来是父亲亲自追来了！

“廷元，你把银子留下，真定发生大饥荒，这一千两银子，要用来救济灾民。”于成龙对儿子边解释边劝说，并拍马上前，动手解下廷元挂在马背上的银子。

“皇上这笔赏赐，是给我们全家的，我们三兄弟和娘四个人，拿一半并不过分！”廷元硬邦邦地说，“你那是个无底洞，有再多的银子也填不满这个窟窿！”

见父亲不同意，廷元便说：“那我就拿自己应得的部分。”廷元说着，急急打开沉重的大褡裢，取出二百两，“我拿回去救家里急难！”

“家里修屋，哪用得了这么一笔巨款？”于成龙上前一把夺回。

“那我拿一百两总可以吧。”

廷元急急抢了一百两，但被父亲喝住：“家里窑洞和牲畜房随便修一修就行了，怎么会用得了这么大笔银子？”

没有办法，廷元最后只得满怀委屈地伸手取了五十两银子，就要上路。

“这银子你不能拿！一两也不能拿！”于成龙黑着脸，严肃道，“百姓流离失所，啼饥号寒，挣扎在死亡线上。我要用这笔银子救大灾荒！”于成龙口气斩钉截铁，毫无商量余地。

“家里窑塌屋倒，难道不是遭灾？”廷元也冒火了。

“真定百姓在吃树皮草根，在讨饭，在死人！”于成龙训斥道，“可我们家还没到这般地步。你难道能眼睁睁看着千万生灵倒毙在沟壑之中吗？”

“家里遭大难，我只拿五十两，道理笔直通到天上！”廷元理直气壮道，“就是朝廷皇上也会支持我！”廷元死死抓住五十两银子不松手。

“我道理已跟你说尽，你真是个油盐不进、不明事理的混账东西！”于成龙不禁骂出声来，然后狠命地一把将银子夺了过去。

廷元见最后这根救命稻草也被抢走，急了，使狠命前来抢夺。他拼命扯住父亲的袍袖，死不松手。

“你松不松手？”于巡抚两眼圆瞪，布满血丝，如同一头要吃人的狮子。他嗖地从腰间拔出尚方宝剑，恶狠狠地说，“你再不松手，别怪我宝剑无情！”

廷元两眼噙满泪水：“你砍吧，杀吧！除非你把我杀死！”他死死拖住父亲的袍袖，绝不松手。

突然，于成龙举起明晃晃的利剑。只见手起刀落，哧的一声，于成龙将被儿子拖住的那截官服袍袖一剑斩断。

廷元仰面朝天重重地摔了一跤，后脑勺砰的撞在地上，痛得他眼泪夺眶而出。

郭千总和田中军连忙奔过去扶，却被廷元一把推开。

廷元泪流满面道：“你这个狠心的父亲，你这个不近情理六

亲不认的爹！你不是人，是吃人的老虎！不，你绝不如老虎，虎毒还不食子呢！你是道道地地的冷血动物！难怪别人骂你‘于活埋’！你如今果然要斩杀自家人，活埋起自己儿子了！”

田中军忙上前相劝：“于公子，你不能这样说你爹。你爹为直隶百姓日夜操劳，是天底下罕见的好官，被百姓称为‘大青天’。你应该为有这样的爹感到自豪！”

“哈哈，自豪？自豪个屁？”廷元冷笑着，怨愤地说，“我做于成龙的儿子有啥好？他一不能扶持儿孙做官，至今我们兄弟三人仍是田乌龟、煤黑子；二不能让我们发财，连小财也不让我们发。你知道吗，至今我们家穷得风扫地月当灯。”他边诉说边擦去不断涌出来的泪水，“我连外出探亲访友的衣裳都没有！我身上这套衣裳，还是向外人借的呢！”

他气喘吁吁，好像挑着二百斤重担在爬坡。他不停地抚摸着起伏不停如同拉风箱的胸口，继续说道：“在别人眼里，我是巡抚的儿子，要啥有啥，住的是高楼大厦，吃的是山珍海味。可有谁知道，我家是金玉其外败絮其中，我们住的是破窑洞，家里连粗茶淡饭，连温饱也难以保证。”

他哀声道：“摊上这么个爹，算是我们兄弟倒霉！简直倒了八辈子大霉！他做官，我们全家跟着倒霉。我们吃糠咽菜没过上一天舒心日子。每当他带去的仆役死了，我们家都要遭一次大难！有这个爹如同没有，比没有更糟！我不要这个爹！哪怕他是全国青天，也不是我们于家的青天，对我们家没有任何好处，我不稀罕！如今，家中窑塌屋倒，他居然连五十两银子都不给，居然拿尚方宝剑来斩杀！”

说到这里，廷元大吼一声，道：“如今他斩袍断义，我们父子已经情断义绝，我再也不是他的儿子！我不承认他是我爹！我更不想做他儿子！他在我眼里已经死了。他是个十足的官迷！从今往后，就让他去做大清官，去做大青天！”

他泪流满面，哭着号着，疯了一般跳上马便走，头也不回。

于成龙气得直发抖。

此刻，他心如刀绞。他想说话，想解释，但一句话也说不出。他怕一解释心里就会软，就会把他刚拿到手的五十两银子拱手而还。

他把涌到眼眶的泪水逼了回去，吩咐中军和千总道："我们走！真定千万户百姓还等着我们买粮救灾呢！"

"大人，您家窑塌房倒，总该给家里留点银子吧。"田中军道。

"这一千两，有数有脉，绝不能短少一两！"于巡抚紧皱眉头道，"我算了算，纵使一千两全部买粮，也只有两万石，恐怕还不够，还差了一点。"

"您家遭难，总不能一点也不管吧。"田中军忧虑道，"家里人一定心如油煎，眼巴巴等着银子。若是一点没有，老夫人岂不伤心，家里岂不乱成一锅粥？"

听了这话，于巡抚抖抖索索地从贴身衣袋里，摸出一个手巾包。这是他一个月的俸禄。

他无可奈何道，"我算了算，加上这十五两银子，此次真定救灾粮正好够。现在只好把这笔银子给家里了。"他摇了摇头，"实际上，家里窑洞因陋就简修一下，花不了几个钱，家里凑一下，紧一下，还是可以筹措的。"

他见儿子已经走得无影无踪，便对郭千总道，"只好辛苦你跑一趟，到大市场托人把这笔银子带到我家。"接着又特别交代，"叫家里抽出四两交驿站，用于付驿马费。另外，叫廷元向驿站赔礼道歉，并保证今后再不动用。因为驿马是用于国家公事，传递紧急公文呀！岂可随便动用？若此风蔓延，岂不乱了套？"说完，又摇了摇头，有点不好意思地对中军道，"老弟，你先借我一两银子——给我做这个月的饭钱。"

郭千总于是便去市场托人，终于找到两个从直隶去永宁州的柳林、临县一带收购优质红枣的客商，托他们带十五两银子回家

救急。

从此，于家依然住着旧窑洞。比原来的窑洞还难看——中间凹进去，成为下昔乡乃至全县一道奇特的风景。

康熙得知于成龙把一千两赏银买了两万石粮食救济灾民后，感慨地对大臣们道："你们都学于成龙，天下怎能治理不好？于成龙真是天下第一廉吏！"

康熙二十年（公元一六八一年）秋，于成龙正在衙中办理公事，忽见笔帖式郎图进来禀告："中丞，皇上巡行京畿，托人捎来两包鱼、两只鹿、一只兔、二十只鹰，说是奖励您清操苦节。"

"快将皇上所赐，分发给同城文武官员。"于成龙道。

不久，康熙降旨召见于成龙。

于成龙带领守道参议董秉忠、巡道佥事吴元莱、保定营参将张玉麒驰赴雄县行宫见驾。

行宫里，康熙不禁询问起增驿站工料的事。原来，于成龙曾先后五次向康熙上奏折：《请增直隶驿站工料疏》，但康熙一直未批复。

此刻见面，于成龙激动地说："直隶为万国交会之地，驿站尤为重要。但差役俸禄不足，驿马草料奇少，若再不增加工料，差役断无不逃，驿马断无不毙，邮传断无不倒。请求皇上恩准，增加驿站工料，以救摇摇欲坠之驿站。"

康熙沉吟了一下，笑着说："朕知道了。"

于成龙于是又向皇上报陈灾民之疾苦，说得他老泪纵横，泣不成声。

"老爱卿爱民之心，亘古未有。若朕有你等数千老臣，则国家实在幸运极了。"

过了一会儿，康熙问："爱卿所属官员谁最优秀？"

"于成龙最优秀。"于成龙毫不犹豫地答道。

“老爱卿怎么举荐起自己来了?”康熙心里充满了疑惑，不禁紧盯着须发皆白的于成龙。

于成龙当即意识到皇上误解了自己的意思，连忙解释：“臣下所说的于成龙，是指通州知州。”

“老爱卿为何举荐同名同姓之人?”康熙不禁皱眉道，“据爱卿之见，那个于成龙其人怎样?”因为据吏部介绍，此人受过两次处分：一次在代理滦州知州时，因牢中囚犯脱逃，降调为乐亭知县；还有一次，因抓捕盗贼超过规定期限，又遭吏部严责。

“古人荐贤不避亲仇，庸才怎敢因同名同姓之嫌疑就不举荐贤良?”于成龙坦诚地说，“此人行为品德，不在庸才之下；他的政绩和通权达变，又足在庸才之上。他才干超群，庸才与他相比，望之莫及!”

康熙点点头，赞许道：“通州于成龙的才干品德，朕已耳有所闻。如今你又竭力推荐，可见一定是个贤臣。朕将留意给予提拔。”

后来，通州的于成龙果然受到提拔重用，一直做到直隶巡抚、河道总督，成为政绩卓著、官声响亮的廉吏。尤其在治理水利和破案方面，堪称专家高手。曾主持运河通州峄县段、黄河荥泽砀山段各堤加固工程。康熙三十七年（公元一六九八年），在直隶（今河北）主持排浚浑河，加固堤防工程。浑河就在此时改名为永定河。可惜因操劳过度，年仅六十二岁即卒于河道总督任上。这是后话不表。

四、回乡葬母，住省城最低等客栈，被当歹人，惊动山西官场

康熙二十年（公元一六八一年）九月，吴三桂之孙吴世璠兵败自杀，云南平定。自此，三藩彻底安宁。

于成龙得知云南平定的消息，不禁悲喜交集。喜的是天下从

此转向太平，国泰民安；悲的是养母停柩五年，至今尚未入土安葬。

不久，他终于向康熙上折《请假归葬疏》："立身竭忠，必先尽孝。世上没有哪个官吏道德不好，而能侍奉君王管理百姓的。臣本山西一寒儒，早年丧母，蒙继母李氏视臣如亲生，教养勤劳，恩同哺乳……"

接着提到，开始任广西罗城县令，远隔万里，想奉养母亲，力不能及。在粤七年，于康熙六年升授四川合州知州，又因蜀道险阻，想迎母亲侍奉而不能。后来在湖北黄州武昌任职，又正逢三藩乱起，未达迎养之目的。

他悲伤地写道："臣于继母，生不能养，死不能葬，罪已深重。今停柩五年有余，尚未归土。天伦父母大事，至今未曾操办，叫臣如何做人？何况臣今年六十有五，日见衰迈，若再迟延，留下此等大事未了而忽先去世，则通天大罪百纪莫追。故每一思及就抚胸顿足，悲情难抑。"

最后，他说："如今正逢太平盛世，非从前多事之时，若不归葬母丧，便是贪恋显荣，忘亲背义，不孝之名不免被天下后世人讥笑。祈请皇上体谅臣之内心隐痛，批准臣回籍安葬母丧，完此一生大事。"

十二月十八日，康熙降旨，准假三个月，回籍葬母，事毕速行赴任供职。

仅隔十日，二十八日，于成龙又被康熙提拔为两江总督。

康熙二十一年（公元一六八二年）正月二十七日，于成龙被授予"兵部尚书兼都察院右副都御史"职衔。

回乡前，于成龙向康熙推荐守道参议董秉忠署理巡抚。三月初六日，于成龙将直隶巡抚官印和书卷移交给董秉忠。

"于总督，您此番回家葬母，银子够否？"董秉忠担心地问道。

于成龙有些不好意思地说："我已筹集了五十两，估计差不多。”

“这点银子哪够?”董秉忠拿出二百两白银，说：“这是我个人的私银，就算我借给你的。”

“既然如此，我就向你借三十两吧。”他把多余的银子全部奉还。

董秉忠知道他性格，也不再坚持。

于成龙启程回乡。他走出巡抚衙门，只见门口已安排好两辆马车，一队亲兵，三顶轿子，其中一顶是绿呢大轿。

于成龙问董秉忠：“董抚台，您这是干啥呀?”

董抚台道：“这是最简单的安排。若按朝规，两江总督是朝廷一品大员，该是八抬大轿，护兵数百，鸣锣开道呢!”

“我是回家葬母，又不是会见外客，摆这些排场干吗?”于成龙说完，立即严肃地下令，“赶快撤去，我只带一名仆役，配两头毛驴就行。”

可董巡抚坚决不同意：“于总督，这不行，若在路上碰到盗匪，出了事，怎么办?这责任我可担当不起!”

两人争执着。董巡抚见于总督坚不相让，只得叹了一口气，道：“其他都依您，但必须派一名武艺高强的侍卫保驾前往，我才放心。”于是派了一名参将。

于总督和参将、仆役一行三人，不声不响地回籍。

于成龙穿着便装，骑着毛驴，南下石家庄，过井陉，出娘子关，进山西，一路上连驿站也不住，专挑便宜的客栈住宿。

经过多日奔波，这天傍晚，一行人终于来到山西省城太原。仆役接连找了几家客栈，发现最便宜的单间房每人也要半两银子一夜，可于总督还嫌贵，最后只得在卧虎山脚一处偏僻冷清的客栈——清风明月客栈，花一两银子，三人共住了一间。

因连日劳累，三人吃过饭洗脸洗脚后，倒头便睡。

谁知刚进入梦乡，便听到一阵嘭嘭的敲门声。原来是巡夜的人前来查房。

“你们是啥人？做啥生计?”巡夜人中，一个头发剃光如同和尚，光着上身，下穿一条黑长裤衩的小头目瞪起一对红红的牛眼问。

“我们是做小本生意的。”仆役按照原先于总督吩咐的话说道。

“小本生意?”光头充满怀疑，“做小本生意的既没挑着担，又是三人合伙，鬼才信!”他看了一眼那个身材魁梧，走起路来威风凛凛的人，断定此人像江湖中人，说不定是绿林强盗呢！如此一想，他便查得更严更细。他看到两人对那老头子很恭敬，于是来到于成龙面前，命令道：“伸出手来，让我们查验一下!”

他将于成龙的手一看，见手上没有一点老茧，便明白了：“此人绝非生意人!”他忽地想起不久前上司所发的通缉布告中，缉拿杀人越货、劫走数百两银子的大盗一事，立即指挥另外几人把这个老头子用麻绳捆绑。

“不得无礼!”仆役箭步上前，一声吆喝，道出真相，“我们主人是两江总督于大人!”

光头愣了一下，马上便哈哈大笑：“你们是骗三岁孩童吧。哪有堂堂总督住如此低等客栈？——就连县令、巡检也不会的!”于是吩咐手下：“他们一定是江洋大盗无疑，快将他们捆绑了送官府!”

几个人一拥而上，正要捆绑于成龙，只听得参将猛喝一声：“你们真是瞎了狗眼!”边喝边伸出双手轻轻一格，上前行凶的两人便扑通一声倒在了地上。其他人见势不妙，连忙逃窜。

不一会儿，紧急的钟声和惊心动魄的锣声喤喤地响起，甚至响起了轰隆隆的土炮声。

紧接着，数百人手持刀、枪、长矛等武器，蜂拥而来，将小客栈包围得水泄不通。

“强盗听着，快快出来投降，免得受皮肉之苦!”保长高声叫道。

“我是新任两江总督于成龙。”于成龙在两人的护卫下，走出客栈，“你们要干啥?”

保长哈哈大笑：“你以为我会相信你的鬼话吗?”堂堂两江总督，怎会住这种破旧小客栈？想到此，他随即喝道：“快把这三个盗匪捆绑解官!”立即便有三四个后生，拿着绳索，恶狠狠地冲上来，要捆绑于成龙三人。

参将一声怒吼：“休得无礼!”一个扫堂腿，将四人一齐扫倒在地。然后，他抽出一把寒光闪闪的宝剑，双目圆瞪：“谁无礼，我就用青锋剑斩之!”

“不得动粗!”于成龙喝退参将，然后对众人说，“你们若是不相信，我跟你们到官府便是。”说完，吩咐参将宝剑入鞘，三人随保长等前往太原府衙而来。

太原知府听说此事，直摇头：“要说两江总督住三钱一夜的寒酸小客栈，打死我也难以相信！再说两江总督也不姓于呀！这人肯定是个骗子，说不定还是江洋大盗呢!”这么一想，他立即坐堂，喝起堂威，将惊堂木一拍，厉声道：“大胆老奴，你手下人身带利器，显然不是良民。快快如实招来，是匪是盗？若有半句谎言，定不轻饶!”

“府台，我是新任两江总督于成龙!”

听了于成龙的话，知府道：“你拿出证明身份的文书来吧。”

于成龙仆役果然拿出了皇上任命于成龙为两江总督的谕旨。曲知府不禁呆了。他左看右看，此人怎么也不像两江总督的做派。若说微服私访，这山西不是两江地面；据他说是回家葬母，可我们怎么一点消息也没听到呀？若说轻车简从，怎么竟连轿子也不坐，大冷天只骑着一头小毛驴?

正当他心中犹疑不决之际，师爷在他耳边说了一番话：“光有这个谕旨还不能说明问题。万一强盗杀了真正的两江总督，冒名顶替，然后来太原府抢劫行骗；或是来此准备谋杀巨商呢？要知道，晋商可是很有名呀!”停了停，又道，“我们还可以用一

种办法来检验，看这几个人带的银子多少。若真是回家葬母，堂堂总督至少有千两以上白银；说不定几千两上万两也是有的。若银子带得少，便值得怀疑。”

“若是江洋大盗，银子也肯定带得多呀。”曲知府不解道。

“江洋大盗若劫得大宗银子，必然深藏在秘密地方，绝不会带在身上呀！”师爷一说，知府茅塞顿开。

于是曲知府故意正话反说：“请你们拿出身上银两，若有大宗银子，只好怪我不客气把你们当歹人了！”

于成龙仆役一听，很高兴地拿过褡裢，把银子如数拿出。一数，总共不到八十两。

“你们有没有偷藏？”知府问。见三人都摇头，便说，“我不相信。”

“你若不信，可以搜。”听于成龙一说，曲知府叫两个差役上前，将三人脱下的棉袄，逐一细搜，还将他们身上摸了个遍，结果发现，确实只有七十多两。

此刻，只听曲知府大喝一声：“快将这个大盗贼拿下！”

“你凭什么拿人？”参将见知府动凶，急了，嗖的一声亮出青锋剑。

十几个衙役和捕快一齐拿棍棒刀剑拥上前。

于成龙笑道：“曲知府，你凭啥要拿我们？”

曲知府道：“好，那我就把道理说出来，让你心服口服！”他喝了两口人参茶，“堂堂两江总督，竟然只带区区七十多两银子回乡葬母？你骗三岁小孩吗？这不是天下奇闻吗？”

一句话，竟使于成龙呆住了。他张了张口，却怎么也说不出令人信服的理由。

知府见此情形，立即喝道：“快快束手就擒，若负隅顽抗，格杀勿论！”

参将怒吼一声，如半天起一个霹雳：“谁敢无礼，我叫他人头落地！”说着，把一把宝剑舞得密不透风，将于总督死死罩住。

曲知府不禁愣住了。这时，只听于成龙道：“我要面见山西巡抚！”

曲知府只好派人立即赶往巡抚衙门禀报。

听说此事，巡抚急急打轿来了。

一进大堂，巡抚连忙将众人喝退。此时，他已看清了老者的面容，不禁大吃一惊：这不是原直隶巡抚于成龙吗？此人以前自己见过。他在进京路过保定省城时，因为是山西出的高官，特地到保定省城拜访过，所以认得。不久前，他在邸报上已获悉，于成龙巡抚已出任全国首屈一指的总督——两江总督（当时直隶没设总督）。幸亏自己及时赶来，若是在山西地面伤了这位大总督，自己这个巡抚也就当到头了！想到此，不禁惊出一身冷汗。

他立即上前，向于成龙连连作揖，叫苦不迭道：“总督大人，失敬失敬，卑职来迟，致使下属冒犯尊颜，望乞恕罪！”

于成龙笑道：“你手下官员警惕性非常高啊！我差点被当作江洋大盗进了牢房。”

此言一出，巡抚更是惭愧得无地自容，也更加恼怒曲知府。

见巡抚对老者如此恭敬，太原府衙的官吏和差役个个吓得不知所措。

过了好一阵，曲知府才从麻木状态中清醒过来，立即抖抖索索地奔上前，扑通一声跪倒在于成龙面前，声音颤抖地说：“望总督大人格外开恩，饶恕卑职冒犯之罪！”说完，两个巴掌左右开弓扇起自己嘴巴来。

巡抚道：“你不用表演苦肉计了，还是等着我参劾吧！”说完，立即吩咐跟随自己的中军：“摘去他的知府官印！由同知暂时代理。”

曲知府闻听此言，吓得“啊”的一声昏倒在地。随即便被差役拖了出去。

巡抚还在连连作揖：“冒犯冒犯，卑职该死！”

于成龙哈哈大笑道：“感谢抚台及时赶来，消除了一场误会！

成龙现在既已自由，我看我们还是赶快上路吧！”

巡抚说什么也不让于成龙走，吩咐左右：“快摆酒宴，为总督压惊洗尘！”

于总督连忙道：“抚台老弟，您的好意于某心领了。回家葬母，刻不容缓，恕我就此告辞！”说完，立即命仆人牵过毛驴，就要鞭驴动身。

巡抚挽留不住，只得吩咐手下人去饭店买了几屉包子给客人在路上吃。

五、面对纷至沓来，难以拒绝的礼金，于总督使出一招令人意想不到的撒手锏

于成龙终于回到家乡。

刚走到村口大榆树下，便见人们像蜂群一样往他家拥来。

不知谁喊了一声“总督大人驾到！”霎时鞭炮齐鸣，鼓乐喧天。

于成龙不禁皱起了眉头。县令、知府、道台和省里巡抚派来的布政使早已列队等在村口迎接。

于成龙心中纳闷，喃喃道：“自己微服而行，难道这些官员竟会未卜先知？”

中军田万侯笑道：“大人微服到清风明月客栈时，已出了大名，闹得名扬全山西呢！”

于成龙一听，不禁笑了。

他走进家门，小儿子廷元高兴得立刻便拿来了一大沓十分精致的礼单——官员们送的礼金单。

“爹，我们家这下可发了！再也不用受穷了！”廷元喜滋滋地说。他盘算着：这么多银子，可以重挖一排新窑洞重盖新房，可以在县城州城甚至省城买房！

侄子于准赞同极了："我在离石州里上学，若是有一套房子，那该多好呀！"

"你们以为这是好事吗？"于总督剜了他们一眼，把两个儿孙吓走了。

于总督将礼单逐张打开，只见上面写着：

山西巡抚（由布政使转交）　　白银四百两
布政使　　四百两
按察使　　三百两
提督学政　　二百五十两
其他司、道　　二百五十两至三百两
大同知府、临汾知府、运城知府各三百两
永宁知州　　二百两
当地县令一百五十两　　县尉、巡检各一百两
周边县令等官吏　　一百五十两至一百八十两

粗略一算，约有礼金上万两。

他感到问题严重了。

"众位请回吧！"于成龙虎着脸，对布政使等一班官员道："本人从不接受馈赠。你们把礼金通通拿回去！"

但官员们没有一个人拿回。这是他们送高官最起码的礼金。此刻见于成龙不高兴，以为是嫌礼金送得少了，于是纷纷道："一点薄礼，不成敬意，请笑纳！"

于成龙知道众官员误会了自己的意思，于是正颜厉色、一字一顿地说："本人一向清廉，被皇上称为廉吏。你们给我送银子，难道要将我置于贪官行列？将当今圣上置于不明之地？"

此话一出，果然有几个官员战战兢兢、很不情愿地拿回了自己的礼金。但大多数都丢下礼金走了。

"藩台，臬台，请留步。"听到于总督呼唤，布政使和按察

使只好硬着头皮留下来。两人被安排在客厅用茶。

不一会儿，于成龙拿来一份奏折，对布政使道：“你们若是不把礼金通通拿回，我就只好把这份奏折，上奏皇上，由朝廷处理！”

两人一看奏折，不禁心惊肉跳。原来这是一份弹劾奏章：

“……臣闻山西官场请客送礼、阿谀奉承成风，此番回乡葬母，才知所传不虚。省级官员送礼，一出手就是三四百两白银（据说这还是最起码礼金），多者上千两；司、道官员和知府，动辄也是三百两；知州二百两，县令近二百两。就连县尉、巡检一级也是上百两。试问他们的俸禄是多少？巡抚、布政使年俸不到二百两，可一次送礼就是四百两，相当于两年的俸禄！这钱来自何处？还不是刮自民脂民膏，来自贪污受贿？不然何以如此慷慨大方？此类歪风若任其蔓延，将后患无穷，必然造成贪污盗窃成风，出现‘三年清知府十万雪花银’的腐败局面，使朝廷纲纪废弛，国库空虚，百姓怨声载道，大清江山摇摇欲坠。

“为使国富民强、江山永固，臣特提议狠刹此风！具体措施有三：一、所送礼金全部收归国库，并给送礼官员以三倍的经济处罚（详见官员礼单）；二、吏部给送礼官员以‘严重警告’处分，并通报全国官员；三、朝廷委派都察院和工部大员，联合审查山西省司、道各衙门账目，调查巡抚、布政使和按察使有无贪污受贿行为。若有此等行为，严肃处理……”

布政使和按察使只看得冷汗直冒。

“真是狗咬吕洞宾，不识好人心！”布政使心里骂道，“我们敬重你，谁知你却要我们的老命！”他非常清楚，如今的官员是经不起查的，一查准有大毛病。

想到此，他连忙对于成龙道：“总督大人，既然您不喜欢我们送礼，我们遵命就是。”说完立即传令手下，“各人拿回礼金，立即回衙！”

顿时，大群官员作鸟兽散。

忽然永宁知州拿着三百两银子，上前道：“总督大人，您回家葬母，家境清贫。朝中有人叫我将这笔银子给大人，用于丧葬。”

话音刚落，于总督勃然大怒。他一把拿起银子，啪的一声掼到地上，大声喝问：“你这是何意？我已说过禁止馈送，你却仍然想坏我规矩，明知故犯！快快收回去，否则，我将以馈送上司行文山西督抚治你之罪！”

知州立刻跪地道：“大人，请息怒。这不是我馈送，是皇上降旨，叫我从国库中支出，赐予大人葬母之资啊！”

于成龙闻言大惊。他当即扑倒在地，将丢弃的三百两银子，一封一封艰难地拾起，牵起蟒袍，将银子紧紧地包裹在里面，然后摆起香案，向北方叩拜谢恩：“皇上，您的万千恩德，老臣只好衔环结草以报！”说完，泪水哗啦啦流个不停，很快湿透了衣衫。

于成龙面前，还摆着许多张记满密密麻麻名字，并且还在不断增加的乡亲们的礼单。本县的乡绅、员外，什么王百万、张百万，还有地保、甲长，还有四亲九眷，朋友邻居等，就连从来不认识的人，也榜上有名。粗略一算，竟也有上万两之多。

“把乡亲们的礼金也通通退回！”于成龙斩钉截铁地说。

这回，夫人邢氏不满了。她没好气地说：“亲朋好友和邻居送的礼金，又不是贪污受贿，何必要退回？再说，都是礼尚往来。今天我们家有婚丧喜事，他们来送；明天他们家有婚丧喜事，我们同样要送，赖不掉的。现在我们家有事不收礼，我们光出不进，岂不是做赔本买卖？再说又如何倒贴得起？”

“过去我没当官时，哪有这么多亲友和邻居送礼？又哪能送这么重的礼？”于成龙左手拿起礼单，右手指着上面，“王百万、

张百万都送了三百两重礼。除了他们，本县的富豪大户，几乎都送了重礼。朔州煤炭大王送得最多，竟是五百两。除了本县、本州的富豪大户，还有临汾铁矿大王、省城太原大富豪客栈掌柜、祁县钱庄掌柜、阳泉无烟煤大王、铝矾土大王、运城无机盐大王，甚至连潞城的‘大风丸’药房、灵石的王家大院、榆次的常家庄园、五台山寺院、酒都杏花村、闻喜县的裴柏村（中国宰相村）、解州关帝庙（武庙之祖）、大同云冈石窟，还有江宁、扬州、苏州来的客人……真是三教九流，应有尽有啊!”

看到这里，于成龙激动地说：“你们看，这么多豪门大户，社会名流，我们以前何曾有过半点交往？当我们危难时，我哥死时，我爹去世时，何曾见过他们的人影？我清楚地记得，爹死时，无钱下葬，去向张百万借五两银子，他连一个钱也没拿出，还放出恶狗来咬人。”

说到此，他一把提起右脚裤腿，露出一个铜钱大的疤痕，愤激地说：“这些富豪大户为啥现在要来奉承吹拍？还不是为了靠上我这棵大树，或是官商勾结发更大的财，或是在他们有事时做他们的保护伞。总之，他们今天出了三百、五百两银子的重礼，明天就会要求十倍甚至百倍的回报，你说到时给不给？不给，情面难却；若是给，就要违反国法败坏纲纪，既成为国家的罪人，又要遭万民唾骂。那样，我就是上辜负圣上对我的莫大信任，下对不起百姓对我的交口赞誉，就会毁了我‘天下第一廉吏’的赫赫英名！到那时，我就会骑虎难下，就会被放在火上烤！与其如此，不如现在一点礼物不收，不欠人家一点人情，以后进退自如。”

见妻子听了自己的一番话很受感动，连连点头，于成龙的语气不禁和缓了下来。他耐心地说，“把礼物通通退回去吧。以后至亲好友有事，该送的我们还是要送，量力而行，送份人情意思意思。倒贴就倒贴一些吧。”

随着一笔笔礼金被如数退回，家里很快清静了下来。

“真是门前冷落鞍马稀呀！”廷元感叹道。

听了廷元的感叹，于成龙立即吩咐：“快拿纸笔来，我有好多天没写字了，手痒得慌。”

“世人盛爱牡丹，予独爱莲之出淤泥而不染，濯清涟而不妖，”于成龙凝神运笔，全神贯注，边吟诵边写。这字力透纸背，入木三分，“中通外直，不蔓不枝，香远益清，亭亭净植，可远观而不可亵玩焉。”很快一幅颜体写好了。

“把这幅字挂到你爷爷的画像旁。”他对孙子于准吩咐道。接着，他手指着儿孙们，“你们每个人都要把这幅字背熟。”

廷元大笑道：“爹，这篇《爱莲说》谁不会背？在我们家，就连五岁孩童都会哩。”

“会背不等于会做，会做一时不等于会做一世。”他严肃地说道，“当小官清廉不难，当府道官员要清廉就难了，当巡抚、总督一级官员，要继续清廉就更难。有金钱美女等许多陷阱在等着你，一不小心，你就会跌落陷阱，卷入旋涡，身败名裂！”

他喝了一口于准递过来的极苦的山西酽茶，润了润干渴的喉咙，语重心长地说：“出淤泥而不染，虽说只有六个字，但要一生一世做到，很难很难。若是真正做到了，就是一个高尚的人！”

此刻，于成龙用十分专注的目光紧盯着已经中举的大孙子于准，满怀期望地问：“若是让你当官，你准备当啥样的官？”他知道，孙子年纪轻轻就中举，肯定会比他早当官。

“我要以爷爷您为榜样，‘出淤泥而不染’，做个利国利民，深受万民爱戴的好官、清官！”

“好，好！我们于家、于氏后继有人啊！”于成龙哈哈地纵情大笑起来。

他笑得是那么欣慰，那么开朗。笑声霎时充满了狭小的旧窑洞，飞出窗棂，飞出农家小院，在静寂的夜晚，在早春二月白雪皑皑的旷野里，如同隐隐的深沉的雷声在滚动。

于成龙准备将继母李氏与父亲于时煌合葬在方山县方山乡的

河东杏叶沟村口外。

亲戚朋友邻居蜂拥着前来帮忙。有人窃喜：“于总督这么大的官，为他家葬母，一定有好酒好菜招待，说不定会用猪蹄髈呢！再说，咱们干的可都是力气活呀。”

中午开饭时间到了。果然，他们见到了平日难得一见，只有逢年过节才能吃上的珍贵的白面馍，可是菜蔬却只有很普通的三个：豆腐、青菜、山药蛋（土豆）。豆腐中夹着一两片薄薄的猪肉。

“于总督也太抠门了！当了这么大的官，招待饭菜连碗猪肉都没有。”有人抱怨道。

“于叔是清官，从不贪污受贿，哪有钱?”有人为于成龙抱不平，接着指了指那两间东倒西歪的偏房，“要有钱，他家还能这个样子?”

“可是他毕竟有朝廷发给的一份俸禄呀！听说每年有三百两白银。还听说外放的巡抚、总督，一年养廉银就有几千两呢!”

“听说皇帝不久前因他清廉，还奖赏了一千两呢。”

“皇上给的一千两的奖赏，他买了两万石米救济了直隶一带遭饥荒的百姓!”于成龙本家有个了解情况的堂哥解释道。

人们一边干活一边议论。前来帮忙的乡亲越来越多，同村，邻村，同乡，同县，人们纷纷涌来。

经过几天紧张劳碌，方山乡河东杏叶沟村口外的墓地终于建成了。

匆匆安葬完母亲，于成龙准备四日后便动身去江宁赴任。

“你的假期不是还没到，还有一个月吗?”邢氏不满道，“家里房屋东倒西歪，你也该修修了。不然，来几阵风雨，就要倒了。”

“皇上对我如此信任，委我以两江重任，我虽肝脑涂地，无以回报，只有早赴任上，把两江治理好，才能报答朝廷深恩!”他吩咐收拾行李。

“那你此番上任，家中哪些人与你同往?”

“我想带你这位诰命夫人同往。”他看了一眼白发苍苍，腿脚已经不灵便的邢氏。

“你待我真好啊!”邢氏用讽刺的口吻道，“我没有做大官夫人的福气!”她哀怨地说，“你在福建做大官时，没有带我上任；到离山西不远的直隶，仍然不带我去。如今，等我风烛残年腿脚不灵便，毛病满身了，却说要带我，这不是太虚伪、太可笑了吗?”

她发了几句牢骚，然后道：“我也看透了，你是怕家里人妨碍你当官，妨碍你办事，所以从不带家人在任上。此番去江宁，不管你怎么想，你必须带几个人前去！别的官员，一人当官全家享福，可你当官，家里没得到过一点好处。没有银子寄回家，没有扶植过家里孩子中科举。你去打听打听，人家县令的儿子也不在家当农民，可你这么大的官，却让几个儿子至今整天陷在泥土里，这真是天下奇闻!”

“科举功名是要考试的。他们自己没本领，考不上，怨谁?”于成龙道。

“人才要靠培养。你在学业上关心过他们吗？培养过他们吗?”邢氏多年的怨愤一起爆发了出来，“我们家几个儿子，不痴不呆，从小都挺聪明伶俐，但都没有条件让他们走出去读书。若是去县学、府学，肯定能有出息。”说到此，邢氏不禁眼泪汪汪了。她一字一顿地说：“小儿子，年纪还轻，大孙子于准，年纪轻轻已崭露头角，好好培养，他们或许能继承你。不然，就你一代好，以后再也接不上，后继无人，难道你不觉得悲哀?”说到此，她态度十分坚决，双目圆睁，“此番，你必须把小儿子和大孙子带到任上，若是不依，我也不想活在这世上了!”

“夫人，何必发这么大火？我依你就是。”于成龙说着，从行囊中拿出一个小盒子，递给邢氏，“这是给你的一个礼物。”

“啥东西?”邢氏问。

于成龙微笑道："你打开看看。"

邢氏笨手笨脚，拨弄了好几次也没打开。

于成龙拿过来帮她打开，只见里面躺着一枚金戒指。

送妻子一枚金戒指，这是于成龙四十年来的一个夙愿。结婚时，于成龙就许愿，等自己中了举人，就给妻子买枚金戒指。可一直过了二十年也没实现。去罗城赴任时，于成龙又许愿：等做了官有了俸禄，一定要买枚金戒指给妻子。谁想到，官越做越大，这个夙愿仍然一直未能实现。直到这次从直隶回家葬母，才从皇上赏赐的银子中拿出五两，买了这枚金戒指。

他满怀深情地对邢氏道："夫人，你跟我大半生，没享到啥福，相反苦了你。如今补偿一枚金戒指聊表心意!"说着，便把金戒指亲手戴到邢氏手上。

看着这枚在油灯下闪闪发亮的金戒指，邢氏兴奋得两颊绯红，双眸闪亮，神情犹如青春少女。

这枚迟到的金戒指，令邢氏心花怒放，心里充满甜蜜。从这枚小小的戒指上，她深深感受到做了大官的丈夫还是深爱着自己的。她抬起手，再次将戴着戒指的手指放在灯光底下。面对着闪闪发光的戒指，她喃喃地说："俺要永久珍藏!"

于成龙离家的头天傍晚。一家人正吃着玉米糊，忽然来了几个外村乡亲。

原来他们是当年跟随于成龙到广西罗城的几个随从的家人。

见几个不速之客到来，邢氏暗吃一惊，不知他们又要搞些啥名堂？她连忙上前。

"我们是来贺喜的。"水牛母亲牟氏首先开口。于是几个乡亲纷纷把鸡蛋、红枣等土特产献上。

牟氏接着道："大兄弟，于大人，您现在当了大官，有财有势，只可怜我那个早死的儿子呀——"说着，便一把眼泪一把鼻涕地哭泣起来。她这一哭，另外一个中年妇人，一个老头，也跟着哭起来：

“我的大兄弟，你死得好惨啊！”

“我的小儿子，你走了，叫我以后指望谁呀？”

山泉也拍着胸脯哭喊道：“可怜我去罗城成了大麻脸，娶不来媳妇，要断子绝孙，以后老时无靠哪！”

邢氏和几个儿子媳妇对这几位不速之客很是反感。当初他们家人出事时，于家典田卖牛，跪下求情，赔偿损失，好不容易才渡过难关。都说以后不再纠缠。可如今时过二十年，又重提此事，再来纠缠，实在令人厌憎！这些人该不会是来打秋风，秋后算账的吧？

正想着，那牟氏哭了一阵，果然开口对于成龙道：“大兄弟，于老爷，你如今当了大官，只要动一根小指头，就会变成一棵大树，让我们遮风挡雨。你就可怜可怜我们家里亲人跟你到广西一场，好歹再给我们一点补偿。要知道，你身上拔根汗毛，也够我们过一年半载哩！”

面对此情此景，于成龙还能说啥呢？

他身上除了去江宁的盘缠外，再没有丝毫余银，只得对邢氏道：“夫人，借你的戒指一用。”他从邢氏那带着体温的手上取下金戒指，并脱下身上的老羊毛皮衣（一次见驾时，皇上看他冷得发抖赐予的），叫随从去当铺当了八两银子，给了每家二两。

于成龙送给邢氏的这枚戒指，就这样仅仅只保留了一天，便不属于邢氏了。

“再给我们一点吧。”牟氏和几个人露出十分失望的神态恳求道，“于大人，你如今是一品大官，听说你的俸禄一年有上万两银子。你当了这么多年的大官，想必应该是金山银海吧。你身上随便拔根汗毛，也比我们的大腿粗啊。

“成龙是个清官，从不收受贿赂，也不向别人敲诈勒索，只有一份俸禄，很有限。”邢氏解释道。

众人都把头摇得像拨浪鼓一般：“大嫂，你别装穷叫苦，你家就有再多的银子，我们也不会来分你的。我们只想沾沾你家的光，来向你们讨要一点点。”

“我虽当了直隶巡抚，但一年俸禄不到二百两银子。”于成龙看着大伙道。

来人个个都把眼睛瞪得老大。打死他们也不相信巡抚只有这么一点点银子！人家做了一任知县，一任知府，便建屋造宅。堂堂巡抚、总督怎会如此清贫，鬼才信！

“我一不贪污，二不受贿，三不收礼，没有其他进账，只有一份俸禄。”

几个人听了，只得嘟嘟囔囔很不高兴地离开于家院子。

刚走出院门，其中一个便大骂：“于成龙，你这个小气鬼，真是官越大越抠门！你是准备积起银子造宅买田吧。保你那金山银海，被大水冲个精光，被强盗抢个精光！”

这时，一直眼噙泪花的邢氏，再也抑制不住心中的悲伤，哇的一声大哭起来：“我算啥总督夫人呀，还不如一个保长婆娘强哩！”

第二天一早，于成龙便带着小儿子廷元和大孙子于准动身前往江宁。

于成龙假期三个月，但他只在家待了一个月。提前两个月上任，既是为了报答皇上知遇之恩，也是为了避开山西官员的送礼风潮，同时也是为了摆脱借银度日的窘境。

“这可真是一箭三雕啊！”于成龙带着苦笑说。

第六章　两江“活包公”

一、不畏权贵擒大盗

当长途客船沿京杭运河进入高邮湖时，忽然一阵大风席卷而来。顿时，客船在风浪中颠簸飘摇。眼见形势十分凶险，水手们连忙将船靠岸躲避。

天已黄昏，于成龙和随从只好到高邮城暂住。

高邮，是宋代苏门四学士之一秦少游的故乡。于成龙准备借此机会参观游览一番。一进城门，只见百姓神色慌张，议论纷纷。一打听，原来是昨夜出了一桩惊天盗窃案：全城首富沈百万将要出嫁女儿的五十杠价值上万两银子的妆奁全部被盗。于是全城恐慌，草木皆兵。

于总督当即赶到州衙，询问知州：“请问，盗嫁妆案有眉目没有？”

尹知州正在为此事苦思冥想，忽见一个须发皆白的老头前来询问，便想斥退他，但见他年龄大，强忍住没有发作，没好气地说：“破此大案，你以为像捉只鸡一样容易吗？抓个小偷还得十天半个月呢，何况如此大盗？”

“尹知州，不知你准备用啥好办法去查？”

知州见老者不走，又很不识相地在这里唠叨个没完，便很不耐烦地说：“去去去，别在这里添乱！我没啥好办法，难道你有

什么好办法不成?”

“既然你没有啥良策，那就请你让出州衙大堂，让有能耐的人来缉查吧。”

闻听此言，知州不禁恼羞成怒，呵斥道：“你是什么人？胆敢在本州面前发号施令！念你年老昏庸，不治你的罪，否则我治你一个咆哮公堂，目无王法，叫你尝尝铁窗的滋味!”

“休得无礼!”站在于总督旁边的中军副将田万侯两道剑眉一竖，亮出了“两江总督”的大印。

尹知州不禁傻眼了，结结巴巴道：“不知大人尊姓大名?”

“老夫于成龙。”于成龙语气十分平淡。可在知州听来，却如当空劈下一个惊雷。妈呀，面前这人就是原直隶巡抚、现两江总督，有“天下第一廉吏”之称的于成龙!

尹知州立即跪地求饶：“卑职有眼不识泰山，言语冒犯，罪该万死，望大人恕罪!”说完，磕头如捣蒜。

“起来吧，快去召集捕快衙役，等候听令。”

“是。”知州心有余悸而去。

于总督开始坐堂调度破案。

他下令全城戒严，三个城门关闭，只留南门供人出入。接着传令守门兵丁衙役：“凡多次进出城门者，立即扣押!”

第二天下午，守门兵丁便扣押了两个多次出城的青壮男子。

“如实招来!”于总督一拍惊堂木，威严地讯问道，“你们是怎么偷盗沈百万家妆奁的？同党何人?”

两人大喊冤枉。

于总督冷笑道：“看样子，你们是不见棺材不落泪!”他随即吩咐几个士兵，“剥去他们的外衣!”

外衣剥去，两人顿时原形毕露。果然穿着好几层女人的衣服，都是五颜六色的绫罗绸缎。原来这两个窃贼见城门紧闭，官府查缉严紧，便采取化整为零、老鼠挪窝的办法转移赃物。

两个盗贼哑口无言，只得交代了作案的经过。于是，沈百万女儿的妆奁全部被追回，盗贼被严处，知州被作为庸吏而降职。

此案一破，于成龙神奇破案的美名便迅速在两江地面传扬开来。

康熙二十一年（公元一六八二年）四月底，于成龙带着副将田万侯和两名随从，轻车简从，来到古都江宁（今南京），就任全国第一督——两江总督。

两江，原指江南、江西。此时，江南省虽已分为江苏、安徽两省，但统辖江苏、安徽、江西省的总督，仍称两江总督。

于成龙此时所任官职的全称为："兵部尚书兼都察院右副都御史，总督江南、江西等处地方军务兼理粮饷操江。"他总管江西、江苏、安徽三省的军政，是三省地方的最高长官。

于成龙一上任，立即宣布革除一些陈规陋习，禁止设宴迎接拜贺上司。

江宁地方官吏们只好以集体的名义，办一顿酒宴为他接风。酒宴摆好后，江苏巡抚、布政使领着群官去邀请于总督。

于成龙不赴宴。

派人送去酒菜，又被退回。

布政使、按察使、江宁知府等个个愁眉苦脸，不知何故。"莫非于总督要下狠手，将江宁官场来个大换血？"众官员人人惴惴不安。

这时，与于成龙儿子有同窗之谊的按察使自告奋勇去于总督处探听消息。

于总督问："你们为何违反禁令设宴接贺上司？"

按察使答："大家想为总督大人增寿。"

于总督肃然道："办酒宴为我增寿，不如拿鱼壳为我增寿！"

原来，于成龙一进江宁地面就风闻鱼壳无恶不作，被江宁百姓称为"首恶"。

按察使将探听到的消息，立即报告给巡抚。布政使和江宁知府等官员不禁长出了一口气，但立即又紧张起来。因为这鱼壳非

比寻常，是江南地面的江洋大盗。此人不但武艺高强，凶悍异常，在江南无人敢敌，而且据说和江宁都统有很深的关系。因此，官府都十分畏惧。

巡抚对众官员道："于总督下了如此大的决心，我们若不尽快将鱼壳缉拿归案，今后的日子谁也不会好过的。"他满脸愁云，"但鱼壳本领高强，来去无踪，到何处去找比他武艺高强的捕快呢?"

按察使分析："抚台大人，据我了解，要捉拿鱼壳，就连大内高手恐怕也未必能成功。因为鱼壳不但陆地功夫了得，飞檐走壁，七支飞镖连发，而且水性极好，有水鬼之称。江宁多湖泊江河，玄武湖、前湖、莫愁湖、秦淮河，又紧靠长江，若围捕得紧急，他就可能从水中逃生，官府也奈何不了他。"顿了顿，又道，"要想捉拿鱼壳，除非请雷公到场!"

"啥，雷公?"巡抚疑惑不解。

按察使知道巡抚误会了自己的意思，便道："抚台，这雷公，不是天上的雷公，是名闻大江南北的捕盗高手，名叫雷翠亭。他不但剑术高明，轻功了得，还号称'海上蛟龙'。曾有全国多少盗贼来到上海滩，都栽在他的手下，就连国外入境的大盗也哀叹：上海滩是雷公爷的天下，任何盗贼到此都插翅难逃哩!"

"那我们赶快派人去请呀!"

听了巡抚的话，按察使连连皱眉："抚台，此人早已淡出江湖，隐居在浙江舟山群岛的普陀山。此人非比寻常，须我亲自前往邀请，晓以大义，并许以重金才可请动。"他显得十分为难，"可我们悬赏缉盗，平时最高限额只有百两银子，新到任的于总督又是天下著名清官，这笔开支没地方可报账。即使他能同意，也只有百两，远远不够呀!"

布政使道："为了除掉这个祸害，即使花几千两银子也值得。"他非常爽快，"缉捕鱼壳，情况特殊，我们可以从省藩库中拿出三百两银子。这笔银子，由我向于总督报告，我想他会支持的。”他沉吟了一下，用商量的口气对巡抚和按察使道，“所欠部分，由我们发动两江衙门官员捐献筹集如何?”他瞥了一眼按察使，“我捐献一百两银子。”

“我也捐献一百两。”巡抚当即表态。

这缉盗之事，是按察使的职责，于是按察使也捐了一百两。然后，江宁知府自告奋勇捐助一百两。接着，各位官员纷纷认捐，很快筹集到两千两银子。

按察使立即调动了一条快船，带着赏银和几个衙役，连夜从水路赶往浙江宁波。船经过上海县时，按察使特地停留了半日。

衙役不解：“臬台，找雷公急如星火，为何在此停留?”

按察使笑道：“我要带只千里眼前往。”很快，他便把上海县冯县尉——小雷公带在身边。原来，此人是雷翠亭的高徒。

经过数天行程，他们一行来到号称“海天佛国”的普陀山。这里是佛教圣地，与山西五台山、四川峨眉山、安徽九华山同为我国佛教四大名山。普陀山是观音菩萨显灵说法的道场，有大小寺院上百座，名胜古迹极多。普陀山的山体由肉红色钾长花岗石构成，它三面岛屿罗列，东临碧波万顷的大海，视野非常开阔，自然景色十分幽美。但按察使重任在肩，没有心思观赏美景。一踏上此岛，便两人一组，分头行动，寻找名捕雷公。

从“短姑道头”码头登岸后，东行不远便到了南天门，过金沙，到“不肯去观音院”。因是暮春，游人不多，他们没发现雷公影子。按察使走进潮音洞。这洞窟在紫竹林内，龙湾之麓，吞吐巨浪海潮，声如巨雷轰鸣。这洞窟是一组长约六十米、高七米、宽约五米的破碎带，崩塌形成的海蚀巷道。洞内怪石嶙峋，有裂隙贯通，犹如天窗。

按察使和随从沿巷道而行。游人不多。走着走着，当按察使来到尽头处，忽见一个年约五十岁，浓眉小眼的男子，手拿一顶草帽，正倚岩俯视脚下那如蛟龙奔腾，奇险迭出的景致。见有人进来，他连忙戴上草帽，说了句：“前客让后客，你们来观赏

吧。"说完，便匆匆而去。

"师父！请留步。"按察使见此人形如影绘图形上的雷翠亭，连忙上前道，"您是雷公……雷翠亭师父吧！"

"哈哈，我不知道什么雷公雨公，你认错人了！"说完，迅疾走了。

"快找小雷公来！"

听到臬台吩咐，衙役急忙而去。待小雷公来到，那人早往北飘过百步沙，往普济寺方向去了。

普济寺，是普陀山历史最悠久、最大的寺院。几经兴废，寺院已经破旧。但因名声远播，香火旺盛，游人众多，熙熙攘攘。按察使与小雷公在大门口守候了一个钟点，也没见到那个像雷翠亭的人出现。只好兵分几路，去朝阳洞、悦岭庵、大乘寺、杨枝庵寻找，重点寻遍了岛上另外两大寺院——法雨寺和佛顶山的慧济寺。又派专人去那陡峭如削，曲折幽深，波涛汹涌，通向大海的梵音洞，仍找不到雷公的丝毫踪迹。

按察使将快船上的水手也调来帮忙，在岛上如头梳梳头一般，在这南北长八点六公里，东西宽三点五公里，面积不到三十平方公里的狭长形小岛上，仔细地寻找了三天三夜，依然没有发现雷翠亭。

按察使感到绝望了。

他见小雷公冯县尉自从来到岛上，几乎一言不发，于是对他道："我们准备回江宁，寻找你师父的重担只好由你挑了。"他给了三天期限，"你务必在三天之内把你师父找到！否则，你也不必再去上海县上任了。"

此言一出，只听小雷公徐徐道："大人，此岛人来人往，比较嘈杂。我师父既退出江湖，大概不会在这等世人拥挤的地方，而会选择更为清幽的世外桃源吧。"

"那你估计，这个世外桃源在哪里？"

见大人问，冯县尉道："与普陀山咫尺之遥的洛迦山小岛，

您应该去看看!"

普陀山东南的洛迦山，是面积仅零点三四平方公里的弹丸小岛，它与"不肯去观音院"隔海相对。

一大早，按察使便带领衙役和众位水手踏上洛迦山。

岛上雾气弥漫，景色变幻多姿。此处人迹罕至，确实是个世外桃源。他们找了大半天，也没看到一个人。

傍晚来临，晚潮刚刚退去。冯县尉来到西山脚下的洞穴水晶宫。

宫内暮色苍茫，雾气缭绕。一个身材瘦长的人背向而立，正在观赏洞内奇景。他目不转睛地盯着前方，全身一动不动，仿佛石化了一般。忽然，他听到几声清晰而飘忽的脚步声，便喝道："你小子到此何事?"

冯县尉恭敬地答道："官府请师父出山擒大盗!"

"我与官府已经断绝关系，水米无交。你快走吧!"他下了逐客令。

冯县尉知道师父与江苏官场的那场恩怨。就是这场恩怨，导致师父退出官场。雷翠亭原是上海滩大名鼎鼎的捕快，任松江府捕快头目。江宁知府为了治理好脚下这片八朝古都的繁华之地，要调雷公到江宁任捕快头目。于是有一天，按察使便来到松江府召见雷翠亭："雷捕快身手不凡，我准备推荐你到江宁担任缉捕首领。"

雷翠亭当即表示感谢："谢谢臬台的栽培提拔!"

这时，按察使忽然注意到雷翠亭腰间佩带的一把古代短剑，不禁问道，"雷捕快，你这是什么剑?"

见臬台问，直爽的雷翠亭自豪地回答："这是祖传的宝剑——名叫莫邪雌剑。"说着，从腰间嗖的一声抽出宝剑。霎时，一道白光上下升腾，只见寒光闪闪，令人毛发直竖!

"好剑——真不愧是古代名剑!"按察使连声喝彩，目不转睛地盯着宝剑，"雷兄——这剑可否借我带回衙观赏十天半月，并试试宝剑的神奇妙用?”

雷翠亭知道，虽说是借，但一借出便是肉包子打狗——一去不复返了。想起祖辈为铸炼这把名剑所付出的艰辛，为这把名剑物归原主所作的惊心动魄的争斗，直至献出了生命的沉重代价，想起祖辈传下的一句遗训：“人在剑在，剑失人亡。”于是，他答道：“臬台大人，这莫邪剑是祖传之物，亦是我防身捕盗之利器，须臾不能离身。恕雷某不能出借。”

按察使微笑道：“我是跟你说着玩的。这剑是你心爱之宝物，我岂能掠人之美，夺人所爱?”

事后，有朋友说雷翠亭傻，死心眼。你只要将这柄祖传宝剑奉送给按察使，升职进古都江宁的事就十拿九稳了。

果然，按察使走后，雷翠亭升任江宁府巡检的事就黄了，再也无人提起。不久，竟然又发生了一件料想不到的事：他竟被以“私藏国宝”罪名遭到起诉。就在江宁都统派人要没收他的宝剑，押赴江宁治罪之际，他携带宝剑只身潜逃，从此在江湖上销声匿迹。

“雷公，我们久慕大名，想请你出山，为民除害。”按察使不知何时已来到现场。

“雷某戴罪之身遭缉捕之人，惶惶如丧家之犬，何能有心为民除害?”雷公的语气中满含一腔怨怒。

按察使道：“诬蔑之词，何须听它?我们现已为公洗清冤屈。”说着，拿出一张公文，叫冯县尉呈交雷翠亭。

雷翠亭展开一看，原来是一张委任状：“特委任江南名捕雷翠亭，为江宁府巡检，专管缉盗治安。”

雷翠亭看着看着，不禁泪流满面。三年来，为了躲避官府追捕，他亡命天涯，到过东北、西北、西南，变得有家不能回。如今好了，通缉令解除，还委任自己要职，这是何等的恩惠?再不出山，岂不成了无情的草木?但自从遭通缉后，自己便与家人失去了联系。听说官府拘捕了家中老母和一家妻小，至今未知生死。

想到此，他提出要求："老母和妻小，不知存亡，我想先回故乡一趟。"

按察使告诉他："本司临行前夕，已从江宁府牢放出伯母及你妻小，并拨出城中一套小楼供你家居住。你到了江宁，自然可以与家人团聚。"

"雷某漂泊三年，早已身无分文，"雷公又道，"现在重新出山，我想赎回老屋，还需要一笔安家费。"

按察使道："已准备重金在此。"说着，叫衙役呈上两千两细丝白银。

雷翠亭见安排得如此周到，已感动得无话可说。细想一番，他突然对按察使道："大人深恩，雷某虽粉身碎骨难以报答。"他停顿了一下，接着便把自己的忧虑说了出来，"江宁缉盗，首推鱼壳。可大盗鱼壳，根基深厚。他背靠着一棵大树呢！恕雷某直言，臬台大人，如今要抓捕鱼壳，岂非以卵击石？并非雷某危言耸听，弄不好，大人与雷某可能会如盲人骑黑马，夜半临深池，死无葬身之地啊！"

"雷公所虑不无道理。但此番除了为民除害，我们也依靠了一棵根深叶茂的大树。雷公所担心之祸绝对不会发生！"

"哪棵大树？"

按察使喜形于色："皇上的红人，号称天下第一廉吏，现任两江总督于成龙大人。"

"哦，于青菜于糠粥任江督了！这可是两江百姓之福呀！"雷公禁不住鼓掌道，"好！我答应你——出山除害！"

一行人立即上船起程，在一个夜晚潜回江宁。

话说鱼壳这天在直隶地面盗得几件宝物，在上海脱手后，准备去江宁古都秦淮河快活一番。

手下徒弟告诉他："两江总督换人了——号称天下第一清官的于成龙已经上任。师父您千万不可去那里，自找麻烦呀！"

此话刚出口，便被鱼壳骂了个狗血喷头：“屁话，啥叫自找麻烦？此番这批宝物，就是在直隶——于成龙辖地得到。他若有大能耐，就不让我得手了！他是清官不假，但一介书生，听说已经老态龙钟了，还有啥大能耐？若是把我惹火了，我连他那官印也盗了，看他还神气不?”

“师父还是小心为妙。这于成龙不比别的官，他不贪财，清正廉明。这种官不好惹呀!”

“你别灭自己志气，长他人威风!”鱼壳吼道。

于是，鱼壳带着几个徒弟和朋友游览了南京玄武湖、紫金山、明孝陵，还在燕子矶旁的长江中畅游了一番。

连续多天游玩，到处风和日丽，他不禁自负地夸起口来：“你们看，我这不是很安全吗？两江总督衙门的人还算识相，没有找我麻烦。”

正说着，他突然看到一只老鹰从天上盘旋下来，随即右手一抬，袖口呼地飞出一支闪亮的金镖。转眼间，老鹰已栽落在地。

“老实说，他们若找我麻烦，他们自己就会惹上更大的麻烦。到时候，我将于成龙他本人都盗了，丢到长江里喂鳄鱼!”说完，鱼壳哈哈大笑。

这天傍晚，鱼壳带着两个徒弟大摇大摆地来到江宁夜晚最热闹、繁华的地方——秦淮河。这里的“挹翠楼”里有他日夜思念的女人——绰号“玉石琵琶”的头牌女子。她是鱼壳常年包养的情人。这女子自从一年前被他看中，把初夜权给了他之后，一直被他包养在深闺。此番，鱼壳要来为意中人赎身。数月前与“玉石琵琶”分手时，他说去上海收一笔账，原以为他是以此为托词，一走了之。谁知鱼壳却一诺千金，说到做到。不但重回此地，而且真的出重金为她赎身，并买下一幢小楼，供她以后住宿。

鱼壳办完赎身手续，接着便在“秦淮河酒家”为她举行告别宴会，庆贺她脱籍重生。众姐妹赠与礼物，并歌舞弹唱同乐。

“玉石琵琶”感动得珠泪纷纷。此女子的父母从北方逃避战乱来到南方。她长到十来岁，父母在瘟疫中双亡，自己便被辗转卖到妓院。老鸨见她相貌漂亮，聪明伶俐，便延师调教歌舞弹唱。很快她便脱颖而出。因她肤色美如玉石，琵琶弹得精妙绝伦，加之一出现便倾倒古都江宁，便被人称为“玉石琵琶”。

正欢乐中，酒楼门口忽然响起一声低沉可怜的乞讨声。

鱼壳一看，只见门口站着个脚穿草鞋，身穿破棉袄的老乞丐。看这乞丐脸虽有些脏，但仍掩饰不住健康的肤色和眉宇间的英武之气，不禁心中一阵疑惑：莫非是官府派人前来探听？

他拿起身边白晃晃的佩刀，切了一大块猪蹄髈，然后将肉放在白晃晃的钢刀上，递给老乞丐。

老乞丐面不改色，将这足足有好几斤重的猪蹄髈一把抓起，然后狼吞虎咽。鱼壳又斟满一大碗酒递上，也被老乞丐咕噜噜一饮而尽。接着，他望着鱼壳笑道：“谢谢大侠赏赐！”声音底气十足，铿锵有力，嗡嗡有回声，如同一阵低沉的雷声从天边隐隐滚过头顶。

鱼壳大惊失色：莫非是名震江湖的捕盗高手——雷公爷吗？他不是早就隐退江湖，洗手不干了吗？

他镇定地问：“你是雷公爷？”

“不错，正是雷翠亭，”雷公道，“恕我冒昧，因受官府严遣，公务在身，不得不来，还请老弟恕罪。”

还有什么可说的呢。鱼壳没想到于成龙刚上任，百废待兴，两江事务多如牛毛，日理万机，竟会首先拿他开刀！更没想到隐居江湖多年的雷公会重出江湖。他开始后悔了，后悔没听徒弟劝告，竟自投罗网。

他估量了一下自己眼前的处境。身在三楼，虽能跃身入河，但雷公号称“海上蛟龙”，自己水中功夫虽好，仍不是他的对手。再说，雷公既有备而来，必定在楼下水中布下罗网。而陆上功夫，以前自己曾同雷公交过手，是他手下败将。难道就这样甘

拜下风，束手就擒吗？不能！雷公已年过五旬，隐退江湖，必定武艺日下，而我只有三十来岁啊！

想到此，鱼壳抖擞精神道：“请雷公稍等，待我换件衣裳，便跟你走——”话音未落，左手臂向上一扬，嗖嗖飞出三支利镖。但见雷公宽袖一抬，三支飞镖尽被收入袍中。鱼壳右手一扬，又呼呼连放出四支飞镖，直朝雷公面门扑来。只见他一张口，用牙紧咬住一支。与此同时，早抽出九节钢鞭，只听得叮叮当当，几支飞镖在钢鞭的挥舞下纷纷落地。

雷公纵身上前，举起双鞭正要使出手段，鱼壳摆手道：“不劳雷公动手，大丈夫一人做事一人当，岂能连累你？”

说着，束手就擒。雷公手下的捕快迅速给鱼壳上了枷锁。

就在要押出酒楼时，猛听得一声女子尖叫：“等等，将我一起锁拿！”

雷公一看，是江宁名妓“玉石琵琶”。

“我不累及无辜。你不必自投罗网！”雷公道，“你原来并不知道他的真实身份。”

此时的琵琶女，已经知道为自己赎身的所谓大富商是江洋大盗。但她只犹豫了片刻，便毅然决然地要跟鱼壳走。此人虽是大盗，可对我却是一片深情。如今他遭殃，我岂能离他而去？只听她决绝地说，“我是他婆娘，怎说无辜？”

雷公没理睬她，吩咐衙役：“押走！”于是，鱼壳被押赴两江总督署。

听说新任两江总督于成龙一上任，便擒拿了为害江宁数年的大盗鱼壳，整个江宁城沸腾了。

这天，鞭炮齐鸣，锣鼓喧天，从官府到百姓，像过年一样热闹。然而人们高兴得太早了。鱼壳被关进总督署监牢的第二天夜里就出了事。

半夜时分，鱼壳趁夜深人静，两名捕快昏昏欲睡、防备松懈之机，举起镣铐打倒了他们，然后捣毁枷锁，轻易逃脱了。

鱼壳没有远走高飞。他潜入了总督府。他要刺杀于成龙报仇雪恨！

此刻，于成龙正在大堂挑灯批阅公文。

鱼壳倒悬在大堂的梁柱上，慢慢抽出藏在裹腿里那把锋利的小匕首。也许是出于好奇，他想看看堂堂两江总督这个传奇人物究竟是怎么生活的。

初夏的江宁城，天气相当闷热，蚊子嗡嗡地飞。于总督穿着洗得发白，打了好几块补丁的粗布短袖衫，手拿一柄旧蒲草扇，一边扑蚊，一边批阅。案前的公文堆积如山。

"怎么不叫佣人为他打扇赶蚊呀？"鱼壳有些惊讶和不解。

"爹，已经很晚了，你怎么还不睡呀？"于成龙的儿子廷元进来道。

"还有一叠没批，批完就睡。"于总督头也没抬，继续伏案批阅。

"那我叫伙房做点夜宵来，免得你肚子饿。"廷元关心地说。

于总督一看时间已过子时，便点点头答应："好吧，按老规矩办。"

一听说做夜宵，鱼壳的肚子顿时咕咕地叫了起来。他已经三餐没吃了。早饭，他刚被抓，吃不下；午饭、晚饭虽送来，他一看很差劲，就没吃。堂堂两江总督的夜宵，一定是葡萄美酒、山珍海味一起来！

鱼壳这么一想，便准备等吃过这顿夜宵再行动。人是铁饭是钢，不吃饱饭怎么行动？说不定今夜还有一场惊心动魄的厮杀呢！

不一会儿，一壶黄酒烫了出来。鱼壳知道，这酒是市面上普通老百姓喝的最低等黄酒，一定是给佣人或衙役吃的。紧接着，端出一碟熟川豆；很快，又端出一碟青菜加豆腐；接着拿来一个馒头。

鱼壳有些失望。莫非那些山珍海味在后头？他心里估计着。

“爹，酒菜上来了，你快吃吧。”儿子开始为父亲斟酒。于成龙兴味盎然地喝着酒吃着菜。

就在菜快吃完时，伙夫长突然用小盘送来一条红烧小鲫鱼。

“谁叫你擅自加菜的?”于总督声色俱厉道。

“大人，您吃得太素啊!”伙夫长委屈地说。

“我不是定过规矩吗，五天一碟荤菜。前天刚吃过一块红烧肉，为啥今夜又加荤菜？快端回去!”

“大人，已经做了，你就吃了吧!”

“不行！您想想办法，将鱼盘放在冷水里，后天中午再吃。”

“大人，您可是两江总督啊，不能这样亏待自己!”伙夫长眼含着热泪。

“江宁百姓生活还很艰难，他们哪能五天就吃上一次肉？我现在生活已经够好的了。有酒喝，有豆腐吃，真是做梦一样的生活！想我在广西罗城的日子，吃的是糠粥。以后到湖北，逢三藩之乱，三餐都吃青菜粥，哪有豆腐川豆吃？哪有老酒喝?”

堂堂一品总督，过的竟是如此清苦生活！还要日夜操劳！难怪所到之处，皆呼青天。我今夜若是杀了于成龙，以后必将成为两江百姓、天下百姓的敌人。四海之大必将无我鱼壳容身之处，也必将死无葬身之地！想到此，他不禁全身一阵战栗。

“谁?”于总督一声吆喝。

鱼壳猛吃一惊，不禁从梁上跌滑下来。

于成龙一看，竟是鱼壳，不禁又惊又疑，张大嘴巴合不拢口。一瞬间后，于成龙便喝道：“你到此何干?”

此时，闻声赶来的雷翠亭及众捕快已纷纷围了过来。

鱼壳转身就逃。只见他出中堂，奔大院，一纵身便上了花园高墙。待众人赶到，他已跃入墙内。

中军副将、按察使不禁一齐叫苦。因为下面的院落即是江宁都统府。这都统，便是当年于成龙在福建任按察使时的对头——福州都统。

于总督听了汇报，立即命按察使在都统府围墙外布置了捕快、兵丁，接着，打着灯笼火把，叩开了都统府大门。

此时，天已蒙蒙亮。

“何人如此不懂规矩，深夜闹府，搅得我觉也睡不好？”肥头大耳的都统将军，一见到于成龙便冒火道。

“将军，深夜打扰贵府，是为了一件紧急公务。”于成龙道。

“啥紧急公务？难道竟等不到天亮？”都统坐在客厅的太师椅上，架起二郎腿摇摆着，大大咧咧十分不满，“皇上圣旨也是在白天宣读，难道你那公务竟比圣旨还重要？”

“大盗鱼壳刚从大牢逃脱了。”

“这同我有何相干？”都统黑着脸。

“此人已逃进将军府第。”于总督又道。

“你有何凭据，简直血口喷人，乱说一气！”

“许多人亲眼看见。”于成龙斩钉截铁，“你敢让我的属下进府搜查吗？”

“于成龙，谁给你这么大的权力？”都统勃然大怒，“我堂堂都统府，只有皇上才有这个权力，你不配！”

于成龙忽地抽出一把宝剑：“这是皇帝钦赐的尚方宝剑，有先斩后奏之权，请将军配合。若逃了这个大盗，全城百姓舆论恐怕对将军不利。”

没有办法，都统只得说：“若是搜不出人怎么办？”

“那时，我当向皇上禀报，自动辞职，缴还尚方宝剑。”

见于成龙如此说，都统心中暗喜，“好，你们可以仔细搜查。若搜不出人，别怪我翻脸不认人！”

整整搜了两个时辰，没有搜出人。

这下都统发火了，大骂：“妈的，欺侮到老子头上来了。”立即吩咐道，“中军将，鸣号角，集合军队！”

一阵号角惊心动魄地响起。大批八旗兵迅速集合，将于成龙总督署一帮捕快和兵丁衙役包围起来。

“于成龙，你现在不说出个子丑寅卯，我今天不会跟你干休！”都统想下令官兵捆绑总督府兵丁和衙役，但碍于于成龙手里的尚方宝剑，不敢鲁莽。

总督署中军副将田万侯率众兵丁捕快早已一齐亮出兵器，紧紧护住于总督。

一时间，双方气氛紧张到极点。

“快收起兵器！”于总督命令手下众人，“我与将军都是为了大清朝廷和江宁百姓安宁，应精诚团结。”

这时，门外中军一个千总急急进来禀报：“总督大人，鱼壳从都统府地道逃出，已被我们张网捕获。”

于总督大喜：“走！”他一声令下，众人纷纷出了都统府。

都统一下子软倒在太师椅上。

第二天坐堂，于总督亲自提审鱼壳。

“你知道自己犯了死罪吗？”于总督问，“你现在把自己犯下的罪行统统交代，免得受刑罚之苦。”

“我知道自己罪孽深重。江宁、苏州、扬州、上海，还有杭州，近年发生的多起特大盗窃案，几乎都是我所干，或是跟我有关——是我派徒弟去干的。”鱼壳直言不讳地承认，但他随即又为自己辩护，“不过，我是劫富济贫，盗的都是不义不财，或劫官府，或盗富豪，从不去盗平民百姓。我还经常行善，救济穷苦人家。我这次盗卖的宝物，就是为了帮助一名歌妓赎身，帮她跳出火坑。这样，即使说罪行严重，也不至于死！”

“你劫富济贫，是小善；四处作案，是大恶。小善抵不了大恶。”于总督驳斥道，“官府库藏，来自百姓赋税。你盗窃府库，既是盗窃百姓民脂民膏，同时又是扰乱社会安定。至于帮助歌妓赎身，你是贪恋她的美色，怎么能算作行善？”于总督严肃地说，“就凭你四处盗窃，奸淫良家女子两条，就该杀头！”

鱼壳慢慢地低下了头。

“听说你是江宁将军府的座上宾，你和将军有啥来往？你送过将军啥重礼？”于总督又问，“你若是能彻底坦白交代，我将根据立功受奖条例，保全你一条性命。”

鱼壳蓦地一惊：“于总督知道我和将军的关系？”转而一想，从将军府地道逃出一事，不就充分暴露了自己和将军的亲密关系！

“我和将军的关系非同一般哪！”鱼壳心里说。此刻，那一幕幕往事禁不住浮现在他眼前。

自己曾从海天佛国普陀山普济寺偷来镇寺之宝——价值连城的玉石观音菩萨像，送给将军作五十寿礼。

有一次，将军对他说：“北京雍王府，收藏着明初著名画家戴进的名画《松岩萧寺图》，这画价值连城哪！听说为这幅画戴进遭到谗害，差点被朝廷杀头呢。”

鱼壳感到好笑。他因经常盗取古董字画，对这方面知识很了解。心想，这将军真是个大老粗！戴进遭谗害，并非因《松岩萧寺图》，而是祸起于《秋江独钓图》。因为图中的渔翁穿了红袍，这分明是有辱皇上——红即是“朱”（皇帝之姓），其中隐含的深意就是，皇上在钓鱼（誉）。这岂不是污蔑当今皇上在沽名钓誉吗？真是用心险恶！于是被逮遭审，差点掉了脑袋。他画技高超却一生坎坷，晚年贫病而死。他想纠正将军的说法，但刚愎自用的将军能听你的吗？说不定我一说，他会勃然大怒杀了我呢。

“《松岩萧寺图》你见到过吗？一幅纸画为何这么值钱呢？”将军很不理解地问。在他看来只有珍珠宝贝古玩才值大钱。

“我没看到过真迹，只看到过这画的摹本。此画约是纵二十二公分横五公分的水墨图。画的是一老者进山的情景。它的远景是高耸的山崖，山间云气氤氲，飞瀑悬挂，气势非凡。进山沿途有茂密的森林，有小桥，有溪流，有石阶。其笔墨率性自然，遒劲苍润，实为画中精品。”鱼壳侃侃而谈，如数家珍，“明初至嘉靖的两百年间，戴进首创浙江画派，对后世画坛影响深远。明

代著名画家、画论大家董其昌盛赞：明朝画史以戴进为大家。”

他口若悬河，说得将军目瞪口呆。

“你为何对古画如此精通?”将军不禁问。

“我爷爷就是个画家和收藏家。”他从小耳濡目染，所以很有鉴赏力。

“那你是书香门第了!”将军哈哈大笑，接着又不解地问，“那你为何要干偷盗营生?”

“说起来话长。我的偷盗，起因于家中一批画作被抢。”鱼壳有点心酸地说。此刻，数十年前的往事仍然历历在目。他的眼前忽然燃起熊熊大火。这是“扬州十日”，清军对扬州人大屠杀的日子。清军一个千总，杀害了他爷爷和家人，抢走了字画，然后一把火把他家气派的宅院烧了个精光。从此他四处逃难，流落他乡。他清晰地记得爷爷临死前，双手紧抓住一幅名画的哭喊声：“你们青天白日抢我的画，简直是强盗！——”他暗暗发誓要夺回这批画作。当他费尽心机打听到那千总下落时，那人已做了堂堂正二品总兵，府第巍峨，岗哨林立。画作在狼窝虎穴中怎么夺回？于是他拜武林高手学得一身本领，然后用飞檐走壁的轻功取回爷爷的画作，杀了那个清军将领。从此隐姓埋名，流落江湖。

但这天大的秘密，怎能对江宁都统说！他叹了一口气，说道：“自从盗回画作后，见古玩字画，就禁不住手痒难耐，寝食难安，必欲偷盗到手方才罢休，于是便成了惯盗。这就像俗话所说那样，上船容易下船难。偷盗了几回，要想洗手不干就难了。”

“都说你手段高强，你若能将这幅画盗到手，本将军就服了你!”

那幅画，王爷藏在重重封锁的“藏珍楼”，钥匙时刻不离身——藏在贴身内裤口袋里。结果，鱼壳在一天夜里潜入王府王爷卧室，把事先准备好的一把带泥沙的水草，神不知鬼不觉地放到王爷睡觉的床上。王爷睡梦中醒来，感觉屁股黏糊糊，以为自已拉了肚子，于是赶忙脱了贴身内裤，丢到床下……于是，他便顺利取到那把钥匙，打开藏珍楼，偷到那幅名画，献给了将军。从此，他和江宁都统成了莫逆之交。

还有一次，将军在杭州看到一位倾国倾城的美女，顿时垂涎三尺。他想弄来做小妾。谁知一问，竟是京师王翰林的夫人。这下，他可伤透了脑筋。他先是用金银财宝引诱，可偏偏这女子知书达理，是个女才子，不为财宝所动。若是威逼强抢，又怕那王翰林在京告御状，自己要倒霉。

将军茶饭不思，最后又托鱼壳去办。鱼壳深夜潜入深闺大宅，用一炷熏香将美人迷倒，然后施展飞檐走壁绝技，将她从楼上香闺中偷出，用小轿抬进将军府。将军奸淫了个这美人。谁知此女子醒来后，不慕富贵，任将军怎样威逼利诱，断然拒绝做将军小妾，甚至做“将军夫人”，还口口声声要写信告知夫君，揭发他的罪行。结果被将军杀死，丢到江里喂了鲨鱼。以后尸体浮上来，将军又谎称是盗贼见财起意将她杀害……

但这一桩桩一件件，自己能说出来吗？一说出来，纵然于总督可以免自己一死，那将军也不会饶过自己，一定会杀人灭口！

想到此，鱼壳平静地说：“我跟将军没啥深交，就是逢年过节送点礼品，没有啥贵重东西。”说完，他再不言语。

于成龙接连审了鱼壳三天。可鱼壳丝毫不交代与江宁将军的重要往来。最后，于成龙只得将鱼壳处斩，首级挂江宁城头示众。

江宁民众合城庆祝。

百姓齐声赞扬：

“于大人真是当代活包公！”

“只有他敢于同气焰熏天的江宁都统斗，真是个天不怕地不怕的硬头官！”

二、大清官身陷美人计

江宁都统近日既恼火又惊恐。堂堂八旗都统，威名赫赫的江宁将军府竟遭搜查，这脸面叫我往哪儿搁？于成龙，你等着瞧！他气得咬牙切齿。同时他又十分惊恐，鱼壳被抓捕，若是供出跟自己的内幕情况，那就糟了。我得想办法派人将鱼壳干掉，一来免去后患，二来又可嫁祸于成龙。

他正在思虑，忽听中军旗牌官急急进来禀报：“鱼壳已被于成龙总督斩首，首级挂在城门示众！”

听到这个消息，都统又惊又怒。胆大包天的于成龙老儿，处斩鱼壳居然也不跟我商量，也不通知我一声，这分明是目中无我这个将军！转而心中又担心起来：“万一鱼壳扛不住刑罚，或是利诱，把内幕统统供出，于老头写奏章向皇上弹劾，我就麻烦了！”

军师鬼谷先生说：“将军，这消息不是坏事，对您是好事。”他对都统附耳道，“此盗已死，大人从此可以高枕无忧了！”

“何以见得？”

鬼谷先生胸有成竹：“正因为此人没交代出重大机密，于成龙才将他处死。若是他交代出内幕，必定会留着他充当人证！”

将军恍然大悟，于是心情开朗起来，对于成龙的仇恨也越加炽烈起来。

正在此时，中军进来轻声禀报：“门外有个绝色女子——鱼壳妻子求见。”

将军心头一喜：“快请她进内厅。”

“玉石琵琶”一进都统府内厅，只听扑地一声跪下便道：“将军，您可得为我做主报仇啊！”接着，泪如断线珍珠般扑簌簌滚落而下。

“玉石琵琶”真是名不虚传的绝色美人哪！都统心里发出一声赞叹。他心头猛地咏出一句唐诗：“梨花一枝春带雨”。杨贵妃的绝色只有从诗句中读到，无从亲眼目睹，可千娇百媚的人间尤物“玉石琵琶”却是实实在在地活生生呈现在自己面前。在这个女子面前，我的六房妻妾简直如同粪土！此刻，他真想奔上前，将她一把揽入自己怀抱，为她擦拭甚至舔舐那珍贵的泪珠。

他好不容易克制住冲动，但仍两步跨上前，将女子搀扶住，连忙表态：“小姐，有啥事尽管说，只要我能做到!”

“将军，请为我报仇!”

“你的仇人是谁?”平时粗俗的将军，此时很有礼貌地问道。

“两江总督于成龙!”她伤心欲绝道，“他已将鱼壳大哥处斩。”

“我怎么帮忙呢?”都统问。

“您只要在傍晚时分，带我进总督府就行了。”她胸有成竹道，“到时，我用美色引他上钩，您为我作证，搞掉他!”

“用什么理由呢?”

“就说我是您的亲戚。”

“是啥亲戚呢?”都统瞪圆两只饿狼般绿幽幽的眼睛，色迷迷地问。

“就说我是您的干女儿吧。”

“我不想做干爹，就说你是我干妹子吧。”

“好，好。”她连连点头，并立即亲热地娇滴滴叫了一声：“大哥，小妹这厢有礼了。”说着，真的行了一个屈膝礼。

“我若是帮了你，小妹怎么酬谢我?”都统揽住她的腰，垂涎欲滴地问。

“大哥哥要啥酬谢都行，小妹绝不吝惜!”

都统一把紧抱住美人，“我要小妹嫁给我，做我的小妾，日日夜夜陪伴我。我一定会好好待你，让你享尽荣华富贵。”

“我答应你。”美人爽快地说。

“你把我的魂儿都勾走了，我等不及了。”都统迫不及待道。

她点点头：“你若需要，现在就把我拿去吧。”

她见都统手忙脚乱地撕开她的衣服，一把抱起她，准备在客厅的春凳上成其好事，连忙用手挡住道：“大哥，不能在这里，我要在你卧室。另外，请你先去沐浴更衣。”

“是！”都统意识到自己的失态，连忙放手，然后像得了圣旨一般喜笑颜开地奔向浴室。

不一会儿，都统便抱着美人进入了芙蓉帐。将军对倾城美色垂涎三尺，名妓则报仇心切，投怀送抱，施展出迷人手段，径直把将军送上从未有过的飘飘欲仙之境……

傍晚，于总督办完公事退堂，刚进了后院，忽见仆役急匆匆进来报告：“江宁将军前来拜访。”

于总督刚说出“有请”二字，江宁将军已带着“玉石琵琶”进了后院客厅。

“请上坐。”于总督一边把将军往上首左边的太师椅上引，一边命仆役泡茶。

“大人，泡啥茶？”仆役疑惑地问，“是泡我们自己用的还是——”

话音未落，将军立即道：“就泡于总督用的茶吧。”堂堂两江总督喝的茶肯定是名茶。两江地面出的有苏州太湖边的碧螺春，杭州的龙井，这些，都是享誉全国的顶级名茶。还有安徽的毛峰，赣南的擂茶，也是很不错的茶叶。

将军落座了。很快，他就感到屁股阵阵发凉发冷。时已初冬，将军府早已用上白炭火。他虽穿着夹衣，但从暖意融融的将军府邸卧室出来，坐进温暖舒适、下面垫着虎皮的绿呢大暖轿，丝毫不觉得冷。可当他来到总督署门前，下了轿，一阵寒风使他汗毛直竖，打了一个喷嚏。此时进了从未生火、冷冰冰的督署，又坐在光板凳上，不禁阵阵发冷。

幸亏此刻热茶端来了。将军端起粗瓷茶杯猛喝了一口。一种又涩又苦、像锉刀一般直锉舌头直刺喉咙的茶水，把他的眼泪都逼出来了。

“这是什么破茶叶？”他不禁粗鲁地骂道。

“是，是——槐树叶。”仆役结结巴巴地说。

原来是用这种破东西来糊弄我！将军气得脸色铁青。他本想发火，但考虑到小不忍则乱大谋，便费了九牛二虎之力控制住自己的情绪。

他直视着于成龙，冷笑了一声，道：“你就拿这种好茶来招待客人？你也太抠门了吧！你的碧螺春和龙井呢？”

“我这里没有呀。”于成龙两手一摊。

简直是鬼话！将军心里直窝火。他禁不住道：“堂堂总督署，进贡的人多如过江之鲫，就没有好茶叶？”

“本官从来不接受馈赠。”

哼，别装清高了！将军想刺于成龙几句，但张了张口终于没有说。因为他看到美人在向他使眼色。只听女子道：“哥哥，我想和于总督谈点私事，有个机密要报告。”

“要不要我出去先回避一下。”都统嘴上说着，身子却一动不动。

于成龙见把将军支出去不礼貌，于是只好说：“那我另找地方吧。”说着，他边走边问女子，“去大堂如何？”

女子道：“大堂是审讯的地方，夜里阴森森的，我害怕。”

“那只有去厨房了。”

女子一听，连忙道：“厨房里油盐酱醋味太浓，我怕恶心。”说到此，她压低声音，“最好找个隐蔽地方，我有重大机密报告——可以去您卧室吗？”

于成龙不知有诈，心想，我堂堂督署哪里都是光明正大的，卧室也一样。同时心里一动：这女子如此神秘兮兮的，难道这机密是江宁官场的重大内幕？于是立即叫小儿子打开卧室门。他此刻怎么也没料到，这一开门，竟给他带来了天大的麻烦。

内屋只剩下两个人。

女子首先上前道个万福："总督大人，奴家不知鱼壳为大盗，误跟了他，请恕罪。"

"喔，"于总督一愣，但马上便接着道，"不知者不为罪。"然后问，"你有啥机密事，就说吧。"

"大人，在说机密事之前，奴家想请您为我解决一个紧迫问题。"女子慢慢道，"鱼壳虽为盗贼，但待我不薄。他花巨款为我脱了籍，如今他已伏法，只苦了我一个年轻女子活活守寡，想来好不心酸！"她说着，那双动人心弦的美目真的盈满了泪水。

"既已脱籍，你已自由。从此天高任鸟飞，你可以自由选择你的如意郎君呀。"

"真的？"女子道，"既然由我自己选择，那我就要嫁给你家公子廷元！"

于总督顿时一呆："这恐怕不行，我儿子已有妻子，他不会同意的。"

"我做妾也情愿。"女子斩钉截铁地说，然后拉开门，吩咐门口佣人，"快叫公子来！"

廷元进来了。女子对他道："公子，你爹叫我自由择配嫁人，我现在要嫁给你，哪怕做妾也愿意！"

廷元一看不禁呆了。面对这光艳照人如同仙女下凡的丽人，心中不禁一喜，但看到父亲那阴沉的紫酱色脸庞，和倒竖如剑的浓眉，又惊慌起来，结结巴巴地说："这……这……"

"不要这这这，"女子说，"我要嫁你，你到底中意不中意？"

"中——"

话音未落，便听父亲一声吼："滚出去，别在这里添乱！"

廷元惊慌失措而去。

"哈哈哈——"女子爆发出一阵大笑，然后迎上前亲热地对于成龙道，"大人，你既然不同意我做你儿媳，说明你对妾有意，那我就嫁给你吧，好让我做总督夫人。"说完，两条荷藕般的玉

臂向前一伸，就准备吊住于总督的脖颈，慌得于总督接连倒退数步。

“不不不——”他连连摆手，“我家有夫人！”

“我做小妾当佣人都愿意，请大人收留我吧。你一个人太清苦，身边需要一个知冷知热的人照顾。”女子说着，几步飘上前，一下投入于成龙的怀抱。

于总督张开双臂极力将美女往外推。谁想，这女子早一把撕烂了于总督的半长裤，然后三下五除二很快脱去自己的衣裤。

于总督被撕去裤子，一下子便原形毕露——下身顿时光裸了。因为他太节俭了，平时裤子只穿一条单裤，里面再没有任何遮挡。

女子顿时高喊：“来人哪，救命啊！”

将军带着人迫不及待地冲了进来。

一班衙役和于廷元也一齐冲了进来。

众人于是看到卧室里一对男女光裸着身子的一幕。

衙役和于公子顿时目瞪口呆。

都统冷笑道：“于总督，你俩这是唱的哪出戏呀！是天仙配，还是游龙戏凤？”

“这，这，这，这女子想陷害我！”

听了于成龙这话，女子立即叫起屈来：“于总督要我嫁给他作小妾。我嫌他年老不想嫁，谁知他就强行非礼，奴家不从，他就拿剑要杀人——”

“你血口喷人！”于成龙吼道，“滚出去！”

玉石琵琶立即穿好衣服，走出卧室。接着，她从衣袋里掏出一封折叠好的信，交给都统。“大哥，你到大门口等一会儿，我到茅房解个手。”接着又叮嘱道，“这信你到大门口再看。”

都统一到大门口，感到好奇，便迫不及待地打开信看了起来。

都统大人：

天下盛传，于成龙是青天。可在奴家眼中，他是个货真价实的色狼！此番他招奴家进督署，名义上是要我交代与鱼壳一事的内幕，实际上是贪图奴的美色和技艺，要娶我为妻妾。奴不从，说他年近七十，老态龙钟，风烛残年，不般配。若是嫁他小公子廷元，我倒愿意。不料他大施淫威，借总督权势，硬是撕烂我衣裤，奸污了我。奴本想脱籍后，嫁个如意郎君，谁知却被这个衣冠禽兽糟蹋了。我虽幼少不幸入风尘，但只是鱼壳女人，此外再无男子染指，情同良家妇女。如今，身已污，名已臭，有何面目再事新夫？只得含泪舍身赴黄泉。愿大人为我申天大之冤！

玉石琵琶顿首泣拜

看到“舍身赴黄泉”几个字，都统顿时意识到不妙，立即带侍卫奔进督署，边寻边喊。

天已黄昏，他们来到偏院。忽见一个白晃晃的影子悬挂在一棵樟树上。几个人立即七手八脚上前进行抢救，但为时已晚。一代名妓“玉石琵琶”已香消玉殒。

都统见美人已死，不禁大怒：“于成龙，你这个色狼！你干的好事！我要控告你！”说着，便拿起竹节钢鞭，将花盆、器皿等东西乱砸一气。

面对庭院中上吊而亡的名妓尸体，于成龙不禁呆若木鸡，久久说不出一句话。

江宁将军连夜起草奏折《两江总督于成龙强奸美女逼死人命疏》，以六百里加急传到朝廷，顿时引起轩然大波。

三、两江官场数箭齐发，大清官危在旦夕

康熙帝接到江宁将军弹劾两江总督于成龙的奏折，心中先是骇然，接着很是疑惑。

于成龙是他亲自树立的清官典范，他不相信也不希望出现这种强奸女子致死人命的事。而江宁将军是朝廷派驻两江最为亲信和倚重的八旗将军，你能说他的奏折是无中生有？若真有此事呢？于成龙虽是至清之官，但你能保证他在美色面前无丝毫邪念吗？

康熙内心深处，很希望这一文一武能和睦相处，精诚团结，治理好天下最富庶、也是最重要地区之一的两江地面。因此，目前这件事，若处理稍微不慎，必将给两江地面带来极大危害。

他觉得案情有些复杂，于是批示刑部、吏部派大员调查。此事，中央监察机构——都察院也应介入。于是，另下一道密旨，令江宁督造漕运的副都御史马世济同时密查此事。

很快，刑部江侍郎便从京师出发，往江宁而来。

副都御史马世济也暗中展开了对于成龙强奸案的调查。

一个黄昏，马世济叩开了江宁将军的府邸。

两江总督衙门的众多官员，见江宁将军——朝廷的柱石大臣，权势熏天的满族权贵公开站出来与总督于成龙作对，又听说朝廷派出大员前来调查，大多数人虽表面上不动声色，暗地里都有一种莫名的兴奋。他们希望此案搞得越大越好，因为这于总督不食人间烟火，太不近人情，太不顾众官员的切身利益了，简直令他们难以生存。

这于成龙一上任，便颁布了一道又一道禁令，烧了一把又一把火，简直把江南官场变成了火焰滚滚的炼钢炉：

《严禁抽丰谕》：上任、卸任、节庆等收礼是官员们生财之

道。而于总督却严禁抽丰，严禁收礼，甚至连生日、寿诞、红白喜事的贺礼，也全部禁止收受。一旦发现收受，便作受贿严厉查处。这简直令人不能忍受，这一条当即便弄得两江官场怨声载道。

《严禁关节礼谕》：审理案件和民间纠纷，往往有一项可观的收入。但是于总督偏要严禁佐贰官审案，并严禁主审官逼索财物。这就杜绝了他们的生财之道，使得他们牢骚满腹。

《亲民官六戒》，又杜绝了官员们的其他财路。

江南水网纵横，水运发达，其中可捞油水很多。可这于总督却要革除漕运中弊端，颁布禁令，使官吏们捞不到半点油水。

科举考试——县试、府试、院试，历来可进行金钱交易，其中收入难以估量。而于总督又严厉通饬学政，把其中漏洞弥补得牢牢的，使负责科考官员无隙可乘，无缝可钻，得不到半点好处。

这一个个禁令，如一道道绳索，将两江衙门约束和捆绑住了，搞得贪官污吏们心痒手痒，却捞不到吃不着。

于成龙这块绊脚石最好能搬去，否则绝大多数官吏心头会喘不过气来。

这是江南官场的普遍呼声，是最近暴发的滚滚山洪。

钦差大臣刑部侍郎、吏部侍郎很快将放进冰棺的“玉石琵琶”验尸，果然验出女子阴道内有男子精液，于是判定临死前夕有过性交。

于是，一纸奏疏称：“女子上吊自尽，临死前曾与男性有过房事。据目击者多人（督署衙役和将军府侍卫及于成龙小儿子廷元）证实：女子上吊前夕，曾与于成龙总督同居一室，两人均为裸体……”

此时，众多官吏纷纷向副都御史马世济反映于成龙劣迹，特别是两江总督署中军田万侯，操纵于成龙，狐假虎威，败坏吏治……

马世济向来就看不惯于成龙。自己在江宁督造漕运，于成龙无半点热情，总是爱答不理，傲慢无礼。当直隶巡抚时，到京师各衙门办事，都是一毛不拔，从无半点孝敬。因此朝中各衙门，都见他头痛。擢升两江总督一品大员后，更是目中无人，今天罢这个，明天参那个，闹得两江官场鸡犬不宁。

于是翰林院、内务府、詹事府、王府等众多衙门，一起向吏部施压。

两江总督衙门高官，两江地面府道官员，纷纷向马世济进言。马御史还特地微服私访，从江宁城的禁令告示中搜寻到一些可供攻击的炮弹。

很快，马世济进京，将一封弹劾奏章递进朝廷。此疏虽写得委婉，但锋芒毕露：

“两江总督于成龙，素有廉守声誉，初到江南美名如故。然而，自从他重用田万侯为中军将后，人多怨愤。传言田万侯欺蒙总督，并依仗于成龙作弊胡行。于成龙老昏衰暮不能精察，故使田万侯得以操纵摆弄总督于股上，败坏吏治。

“臣奉差江宁，目睹总督其人年近古稀，日落西山，不少官员暗中指责他贪婪功名而恋官不去。再者，臣到各地有司衙门巡视，见衙门里面到处张贴于成龙禁令告示，上面充满凌辱官吏之污言秽语，如咒骂违禁者‘生瞎眼子孙’、‘男盗女娼’、‘家破人亡’之类。臣以为，若是各官不守法典，应当上奏纠参，岂可凭空指责凌辱下属官员？臣想，于成龙断不会如此，必是于成龙年老昏聋，手下小人从中取利。”

奏折最后，他提出处理意见：“据上述情由，中军田万侯应当撤职，并应令于成龙退出官场。”

这对于成龙是一种非常严重的处分。

礼部尚书和兵部尚书接到此份奏折，亲自审议。磋商多时，

委决不下。因为罢免一位堂堂一品两江总督，非等闲之事。两人感到责任重大。

兵部尚书道："若是于成龙强奸'玉石琵琶'属实，那么他就有致人死命的嫌疑。这样罢免官职就算是轻的。鉴于他是皇上亲自树立的清官楷模，为了照顾皇家体面，叫他自己辞职算了。"接着他问吏部尚书，"天官阁下以为如何?"

"强奸一案无真凭实据，我们岂可将这作为处理此案的依据?"吏部尚书深知，于成龙是皇上最宠爱、为数极少的汉族大臣之一。自己虽说大权在握，有罢免全国督抚的权力，但对这个天下第一督（因直隶未设总督），却是个例外，罢免之权完全操纵在皇上手中，自己只有建议权。皇上对这个案子会怎么看呢?于成龙刚任两江总督重任，若不犯重大过错，皇上是不会轻易撤换的。于成龙一到江宁，便擒拿大盗鱼壳，获得万民拥戴，皇上怎会轻易罢免?目前，强奸案无真凭实据。我若是轻易附和刑部和都察院的意见，皇上会不高兴或者怪罪的!

想到此，吏部尚书便说："对朝廷重臣的处理，我们应该慎之又慎，绝不能草率从事。因为马世济所说无真凭实据，我们不能支持他提出的处理意见。"

刑部尚书道："那以后若查出事情是真的，我们岂不极大地被动?"

吏部尚书笑了笑，说："我有个两全其美的办法，既使皇上不怪罪，又不使自己被动。"

"愿闻其详。"刑部尚书道。

"让于成龙自己对马世济的弹劾予以解释。"

听了吏部尚书的话，刑部尚书心服口服地连声道："妙！大人的主意实在太妙了!"

于是，于成龙很快便接到朝廷下达的一道口气严肃的谕旨，文中附了都察院副都御史马世济对于成龙的弹劾奏章，并下达指示："据都察院副都御史马世济调查，两江总督于成龙有凌辱属官、纵容中军副将田万侯作弊胡行，败坏吏治等严重失职行为。为了弄清事实真相，特令于成龙速速明白回奏。”

自从朝廷派大臣前来两江调查，于成龙心里一直抱着十分乐观的态度。自己刚到两江任职不久，所做的事还很少，捕获鱼壳，并将其斩首示众，虽说得罪了江宁将军，给自己树立了一个政敌，但获得百姓拥护、称赞。江宁将军和一批反对势力也只能无可奈何。至于江宁将军大造舆论，往自己身上大泼脏水的所谓“强奸女子致使自杀案”，正可以借朝廷大员来江宁之机调查个水落石出，还自己一个清白。

但令他没想到的是，马世济竟是手捧朝廷尚方宝剑的人！这个马世济，虽说不是那种到处收受贿赂的官员，却是个风头十足、趾高气扬、爱摆排场的人。刚到江宁督造漕运时，自己没去迎接，只派江苏布政使和中军去迎接，便说自己怠慢了他。马世济曾派人来总督衙门，要求派一批兵丁并摊派大量徭役，自己也没有满足他的要求。于是他便认为我敷衍他，认为我摆两江总督威风，瞧不起他，从而心中不爽。

于成龙曾听说马世济频繁出入江宁将军府，却没想到督造漕运的马世济竟是调查自己的密使！他感叹自己清廉刚直的性格对自己造成了不利局面。想到此，他的精神受到了强烈刺激：“我如此清廉，如此一门心思为朝廷，为百姓着想，却遭到如此恶毒攻击：要革我的职，治我的罪。可我何罪之有？”

他一气成病。但朝廷的命令不得不从。于是，他带病提笔写奏疏，向朝廷上奏：

> 臣到江南，期望兴利除害，察吏安民，仰报皇上眷宠之深恩。无奈两江之吏治，营务刑名钱粮，实在繁重。臣昼夜操劳，亲自料理，从来不敢寄托身边耳目。但近习难防，或许有暗中伺机欺弄，臣怎敢保证必无？宪臣马世济疏中称督署中军田万侯仗我之势作弊，臣实

在没有察觉。至于告示禁令之事，臣对地方利弊，百姓疾苦，一有见闻，立即加以禁止整饬，无非是利用祸福，痛切告诫，其中有些言辞未免过于峻刻严厉，似乎涉及用污言秽语侮辱。宪臣马世济疏中称臣是受小人拨弄，令其虚张声势，从中谋取私利，臣也没有察觉。这些都是臣年迈衰老昏聋之故。

他最后写道：

臣年近古稀，日落西山，早在皇上洞察之中。虽殚精竭虑，然因气衰力疲，老态龙钟，确实非往日可比。臣又怎敢自加隐瞒？请求皇上交部对臣严加议处。

祸不单行，就在他陷入不洁官吏重重包围，遭遇重大政治危机时，疟疾重病又在他身上复发。

于成龙在病床上昏昏沉沉地躺了三天三夜。他一会儿觉得全身滚烫，大汗淋漓，浑身难受，如同在火上烤；一会儿又觉得全身发冷，如同跌入冰窟。

在名医的诊治下，第四天，他方才从水深火热中醒了过来。

当他得知自己在病床上躺了三天，劈头盖脸就骂两眼布满血丝的儿子廷元："你怎么不早叫醒我？两江重任，日理万机，你怎么竟如此不识时务？"接着又训斥中军田万侯，"你人到中年，历练的事多，怎么也不叫醒我？你这是严重失职！"

田万侯满含热泪道："大人，您这几天一直昏晕，挣扎在生死线上，多位郎中围着您救治，我怎忍心把您喊醒呀！"

"好啦，不要多说了——"于总督有气无力地说，"快扶我起来，我要去大堂。"

说完，他便在中军和儿子的搀扶下，一步一步蹒跚着走向大堂。

但他来到大堂后，拿起公文，只看了一页，便看不下去了。他只觉得眼冒金花，头痛欲裂，胸中郁闷，浑身酸痛无力。

“哎，看来我是真的老了，不中用了！”他心中叹息。

于是他再次向皇帝上疏告老还乡：

自去年秋天染痁疾之后，又得心悸之病。每当办事，深夜就心胸惊悸，不能入睡。焦思愈集，则精神就愈加疲乏。精神既竭，则处理事务必然糊涂，这是必然之势。臣再勤勉，也万不能胜任两江总督大任。臣对两江之治理教化毫无裨益，实在有负圣上殷切期望。将来若再贻误，纵使圣上曲意回护保全，臣也有愧。臣若尸位素餐，怎能砥砺同僚和属下官吏，管辖治理士大夫和民众？

乞求皇上俯念两江地方重大，鉴于臣老迈，不能胜任其职，特赐臣告老还乡。臣沐浴皇恩，终身难报，愿生生世世报效犬马之劳。

在于成龙被调查的日子里，两江总督衙门的政令不灵了。不仅于成龙要提升和罢免官员难以实行，而且，督署与朝中大衙门之间的关系也越来越难处理。他们往往对两江督署的要求漠然置之，不加理睬。于成龙在官场上几乎成了孤家寡人，尤其是对他所提出罢免的一批道府县贪官污吏名单，上面也迟迟不批。他准备破格提拔为江宁知府的原直隶通州知州于成龙，也迟迟不见批复。

他的政令简直寸步难行。

于成龙苦恼到了极点。他茶饭不香，长夜难眠，头发一把把往下掉。

果然有一天，刑部下文，撤掉田万侯的中军副将之职。这一下他终于病倒了。他整日诚惶诚恐地等待着朝廷的旨意。他知

道，此番江宁将军、宪台、刑部和地方司道府州县众多官员箭石齐发，自己革职在所难免，说不定还有更严厉的处分。

康熙二十三年（公元一六八四年）初春的一天，病歪歪的于成龙骑着一头毛驴，带着个仆从，来到清凉山拜访理学名臣熊赐履。

熊赐履是康熙帝的老师，曾官拜礼部尚书、武英殿大学士。康熙十五年（公元一六七六年）六月，因年迈解职致仕后，一直隐居江宁，埋头读书，几乎足不出户。

见是于成龙来访，熊赐履高兴地说："大清官于公来此，稀客，稀客！是哪阵风把你吹来？"接着又问，"两江总督，公务繁忙，日理万机，如何有空来此游览？"

"哎，如今的督署，已是门可罗雀啊！"于成龙愁眉苦脸，长吁短叹，"真令人进退维谷，骑虎难下。"

熊公一听，不禁厉声责备："于公难道忘了当年梧桐树下，我们说过的一番话吗？"

"怎能忘记呢！"于成龙说。

当时，刚来江宁任职的于成龙前来清凉山拜访熊公。在梧桐树的案桌上，摆两杯清茶，两人促膝长谈。谈到官场险恶，于成龙十分担心："操行清廉的官吏，守职很难哪！天下都是一些外表华丽、里面破败之人，他们只求眼前利益满足一己私利，不知留下无穷弊端，危害国民。部院大臣大都油头滑脑，人云亦云。封疆大臣，大多用老成慎重之名声，掩盖自己尸位素餐之实际。尤其还有一些目空一切唯我独尊之人，见到树义的，就说他是粗疏狂妄；对敢担当责任的，就指责为急躁冒进；对廉洁自好的，就讥讽为做作虚伪；对公正伟岸，正气凛然的，就讥讽为迂腐；见到申饬官吏的严厉词句，就群起而攻之，斥责为污言秽语。"说到这里，于成龙摇了摇头，不无忧虑道，"正直君子做事虽如同青天白日，光明磊落，但常怕祸患从天而降，波折由地而生。真可以说是三人成虎，人言可畏哪！"熊赐履当即不满道："大丈夫识时务而勇于担当责任，操守清廉，洁身自好而始终如一，虚怀若谷而不折不挠。如此，在生快乐，死时也感到快乐！”听了熊公的话，于成龙恭敬地说：“先生说得很对，我当铭记在心。”

想到当初梧桐树下长谈的情景，于成龙的忧虑减轻了大半。

康熙皇帝最近接到数份奏章。

第一份是江宁将军的弹劾奏章。奏章中列举了于成龙五大罪状：一是强奸名妓，致使其上吊自尽。二是顺我者昌逆我者亡，利用职权，排斥异己，捕风捉影。上任仅数月，便弹劾革职司道府州县官员几百人，吏目不计其数，致使两江官场风声鹤唳，不少官署为之一空，公事受到严重干扰。三是指使、纵容、默许中军田万侯和儿子廷元收受巨额贿赂，败坏两江风气。四是结党营私，串联汉族官员打击满族官员，以文压武，派兵丁衙役围困将军府，欲图谋不轨。五是沽名钓誉，处处以第一清官自居，年老昏庸却尸位素餐贪恋富贵不去。

第二份是副都御使马世济弹劾于成龙的奏章。

第三份是钦差、刑部王御史的奏章。

第四份是钦差、吏部胡侍郎的奏章。

第五份是两江总督于成龙的奏章，是对马世济弹劾的自我陈述，也是对刑、吏两部钦差谕旨的回复。

接到这几份奏章，康熙心里如同打翻了五味瓶，很不是滋味。

当他一看到江宁将军弹劾于成龙，强奸江南名妓致使上吊自尽的罪状，十分震惊，心中一沉：自己亲手提拔树立的全国清官典型，自我毁灭了——倒在江宁名妓的石榴裙下！自古道，英雄难过美人关，想不到如此清廉——清廉到忘我程度的于成龙，竟也会经不住女色诱惑，步世人后尘，跌入女色陷阱和旋涡中！如果此条属实，于成龙就得革职！此刻，他有一种恨铁不成钢的怨气、怒气。这怨怒之气不断聚集升腾，填满胸腹，最后，他把牙

齿一咬，胸中狠狠地吼出一个字：杀！——杀掉他以儆戒全国官吏，拿于成龙的头颅祭奠，让官员们牢记这血的教训！

康熙继续看下去，在江宁将军的弹劾奏章中，还有一条也是于成龙的毛病。即中军田万侯和于成龙儿子廷元收受、索取数百两银子贿赂的事。如果此事属实，于成龙也有对家人和部下犯罪失察的责任，也应给予一定的处分。其他几条，有点危言耸听。于成龙最重要的问题，当属强奸致死人命案！

他拿起刑部和吏部两位钦差的奏折，却都没提到这条最严重的罪状。难道是江宁都统陷害于成龙？江宁都统，是皇族重臣，是朝廷依赖的八旗大将，难道会诬陷堂堂两江总督？

都统为何要造假诬陷呢？

他忽然想起于成龙在惩办大盗鱼壳的奏章中称：鱼壳逃脱后藏身于江宁一位高官府邸，最后在地道口被截获捕捉。这高官是谁？是哪家府邸？

此时，他又拿起吏部胡侍郎的奏折。奏折中提到于成龙到江宁府做的第一件要事，便是擒斩大盗鱼壳。奏折写道：“大盗鱼壳盗窃国库和地方富豪金银财富，奸淫良家女子，危害地方十余年。两江官员因其背靠大树不敢深究。此番赖清官典范于成龙虎口拔牙，一举除害。两江百姓无不拍手称快，江宁合城一齐欢呼于成龙为‘青天’。”

胡侍郎折中还称：“告状的‘玉石琵琶’，是鱼壳的女人。”

这就产生了很大的疑问：于成龙杀了鱼壳，鱼壳女人却状告于成龙强奸。这事的真实性大为可疑。折中所称“大树”到底指谁？想必胡侍郎知道。

康熙立即宣召胡侍郎进宫。

胡侍郎连夜进宫。

康熙问：“胡爱卿，你赴江南调查后，奏折中所写的大盗鱼壳‘背靠大树’，这‘大树’指谁？”

胡侍郎此刻真想把江宁所传和盘托出，说这棵大树就是坐镇江宁的八旗大将江宁都统，是皇帝的近亲。但这只是江宁百姓和官场的口头相传，并无真凭实据，能说吗？一说出，让江宁都统获悉，若向自己要真凭实据怎么办？那样，岂不是自找麻烦，引火烧身？想到此，便只好说："皇上，这只是江南百姓的口头传说呀！"

"那我再问你：于成龙捉大盗鱼壳时，派兵丁衙役围的是哪个府邸？又在哪个府邸的地道口将大盗鱼壳截获？"康熙两眼凸出如同一只鹰隼。

胡侍郎无奈，只好说出底细："于成龙派兵丁衙役在江宁将军府邸守候了好久，最后终于在将军府邸后花园一棵合抱大樟树洞口抓获了鱼壳。"

原来如此，康熙一下子全明白了。

但接着他又有些怀疑："是否胡侍郎为于成龙辩护呢？"

很快，江宁织造一封六百里加急的密折，彻底揭开了谜底，驱散了笼罩在康熙心头的迷雾。

从江宁曹织造的密折中获悉："于成龙擒斩大盗鱼壳，大获两江民心，江宁百姓齐称'于青天'。而与鱼壳关系密切、充当鱼壳保护伞的江宁都统却遭百姓唾骂。"

康熙忽然又想起多年前，于成龙在福建任职时，曾与当年的福州将军，如今的江宁都统有过矛盾。

此刻，他已洞悉江宁都统告状弹劾于成龙的目的——为了泄心头私愤。而说于成龙儿子贪污受贿一事，也无证据。

至此，他长长地吁了一口气："于成龙是个好样的，是地地道道、不折不扣的清官！"

于是，康熙对吏部尚书道："大臣于成龙，是千古难得的廉吏，拟继续留任两江。"

三月，江苏巡抚余国柱入朝任左都御史，安徽巡抚涂国相升任湖广总督。康熙帝又下旨："于成龙兼理江苏、安徽巡抚事务。贤臣应振作精神，并巡视东海防务。"

四、为报圣恩，于总督带病巡查东海；身后两袖清风，江宁百姓罢市而祭

接到圣旨，于成龙禁不住老泪纵横，他哽咽着说："圣上，万岁！老臣纵使肝脑涂地，也难报圣上万一恩德！老臣誓要治理好两江，以报圣上厚恩！"他立即吩咐，"快准备船只，我要去巡视东海防务！"

他急急换好衣服，佝偻着身子往门口走。但只走了两步，他便觉得眼前金星四溅，扑通一声倒在地上。

听到响声，仆役连忙跑过来将他扶起。很快，太医急急赶来，给他诊治，配药，嘱他好好休息。

但仅仅过了一天，他便从床上挣扎起来，又要去巡视东海防务。

太医劝道："大人病情严重，患有肝、肺、脑、风湿等多种症状，须静养三个月；不然，病情会恶化，大人将有性命之忧！"

小儿子廷元也拉着父亲的手，说："爹，身体要紧。如今正是早春，东海海面风高浪大气温低，整日在海面上漂，即使身强体壮的人也会冻病，何况您这年高有病之人？万一有个三长两短，叫我如何向娘和哥哥交代？"

"放手！"于总督一把甩开廷元的手，怒斥道，"亏你幼读诗书，怎说出这种不忠不孝不仁不义的混账话！自古军人以马革裹尸、战死沙场为荣。我一个朝廷重臣，岂可重个人轻社稷，躲在家里苟且偷安？当今皇上待我恩比天高，为社稷，为百姓，我愿捐献生命！何况此去并无性命之忧。"

说完，立即下达命令："有关军政人员整装待命，一个钟点后出发！"

于总督坐着军舰，从江宁出发，很快到达东海。春风阵阵，面对浩瀚的大海，他不禁心潮涌动，忽然想起南宋爱国英雄文天祥那激情豪迈的诗句：

惶恐滩头说惶恐，零丁洋里叹零丁。
人生自古谁无死，留取丹心照汗青。

每个人的生命都是有限的，我如今年近古稀，在生之日无多，更应争分夺秒为国家为百姓多做实绩。

他视察了海防线上一个个码头，一条条海堤，一处处军事要塞。对不坚固的海堤，会同地方官员落实整修计划；对陈旧落后的军事设施，督促更换；对不合格的军政官员进行罢免，更换。从上海港、宁波港、台州海门港一直到温州港，他带领一班官吏马不停蹄边视察边完善，还深入舟山群岛细细察看。

“大人，我们已经到达定海岛，离海天佛国普陀岛近在咫尺，何不去那里一游？”布政使这么一说，众人齐声叫好。

可于总督的话当即便将众人的热情冲散了：“我们此番是为东海防务而来，不是为游山玩水。如今时间紧迫任务重，总督衙门公事堆积如山，岂可为区区游玩小事而耽误国家大事？”说完，下令回江宁。

这次巡查东海，足足用了一个多月。

回到江宁，于总督就病倒了。接连数日他忽而冷得发抖，仲春的天气，要盖两床棉被；忽而大汗淋漓，脱成赤膊还嫌热。他呕吐不止，连日吃不下一点东西。数名太医围着他诊治。

“这是疟疾复发了。”老太医“赛华佗”道。他知道这是一种凶险可怕的病症，他要于总督停止办公事，住进诊所接受几个太医全力救治。

但是于总督连连摇头：“督署有太多公文等着批示，不能住诊所。”

康熙二十三年（公元一六八四年）四月十八日早晨。于成龙挣扎着爬起来，准备上堂理事，突然觉得胸内一阵惊悸，头晕目眩，眼前一黑便扑倒在地。

众官吏和衙役七手八脚将他抬到简易木床上。几个太医连忙前来抢救。

过了好长时间，于成龙才苏醒过来。他只觉得头痛欲裂，心中好像有无数针刺在扎，扎得他一阵阵发抖生痛，扎得他胸膛内如烈火焚烧。他感到呼吸困难，有时甚至只有出气没有进气。

他自知将不久于人世，于是强打精神，吩咐召集众官吏。

他让人扶到公堂案桌旁，正襟危坐，气喘吁吁，用有点含糊不清的话语，一字一句地向众官吏宣读他亲手制定的《示亲民官六戒》："勤抚恤，慎刑法，绝贿赂，杜私派，严征收，崇节俭。"

众官吏、幕僚齐堂跪下，垂泪听教，连连点头。

"大人，还有何事吩咐?"江宁知府于成龙含着热泪问道。

"望将我的尸骨运回故乡安葬，丧事一切从简。"于总督大口大口地喘着气，艰难地叮嘱道。

他还想叮嘱其他事，忽然口僵硬起来，张不开，不能说话。端坐数刻，到深夜寅时中，突然眼一闭，头一歪，倒伏在案桌上。

众人连声呼唤："于总督，大人——"但再也没有应答声。

廷元连呼："爹，爹，你醒醒——"

满堂官吏、幕僚顿时大哭。廷元、于准捶胸顿足大哭。

江宁知府于成龙和众幕僚开始整理于总督的遗物。床头破筒中，只有一件打满补丁的旧棉袍，两条破靴带。堂后瓦罐中，有几升糙米。粗碗内，有几勺食盐。还有一罐下饭的豆瓣酱。看到如此景象，于知府和众人又一次痛哭流涕。

于知府一边挥泪一边道："于总督，你的清俭节操，真是千古少有!"

"于青天故世了!"

听到这个惊人的消息，江宁全城百姓顿时惊呆了。

整个江苏百姓惊呆了。

安徽全省百姓惊呆了。

江西全省百姓惊呆了。

两江地面百姓人人悲伤流泪，如同失去父亲一般痛苦。

江宁全城百姓罢市痛哭，男女老少纷纷手拿点燃的香到督署祭奠。

来的人一批又一批，昼夜不绝。当看到于总督的遗物：打满补丁的旧棉袍，两条破靴带，瓦罐中几升糙米，粗碗中几勺食盐，和一罐当菜下饭的豆瓣酱，人人泪流满面。

棺材一头的脚头长明灯蓝幽幽如同冥火。众人知道，江宁的大清官，他们无限敬仰的清廉总督，已和他们阴阳两隔。

有人忍不住痛哭失声："苍天哪，这样的好总督，你为啥把他收走了呀?"

江宁都统也来到督署吊唁。他假惺惺地上前作了一个揖，心中念念有词："于成龙，你不近人情，你油盐不进，你死得好！你死了，我才眼目清亮！"

于成龙的死令江宁都统心中大爽。他立即召集一帮狐朋狗党包下几条画舫，在秦淮河上摆开筵席，开怀痛饮，并歌舞作乐。画舫上乐声一片，烛光一片，映红了秦淮河。船上人个个醉意浓浓。都统尽管有了醉意，但仍拔剑载歌载舞。

突然，他觉得后脑勺被一个泥弹丸打了一下，接着只听见"哎呀"一声便跌入河中。

船上人皆醉了，没有人顾到他。直到将军手下中军跑来报告有急事，才发现他已杳无踪影。

第二天，都统的尸首在下游的河面上找到了。

验尸官报告："江宁将军溺水身亡。"

朝廷立即派一名朝中大臣来江宁彻查。当朝廷钦差了解到他是在于成龙逝世之夜，乘画舫纵酒作乐，便停止了对他死因的进一步调查，打道回府交差了事。

于成龙长子廷翼、次子廷劢一起来到江宁，和廷元一道将父

亲灵柩启程运回山西老家。

知府于成龙率士绅、民众数万人送于总督灵柩前往下关码头。

从总督署到下关码头，二十里长街两旁，黑压压的人群为于总督送行。

于总督灵柩所到之处，沿途百姓纷纷跪地祭拜。

一个白发苍苍的老汉见到灵柩后，一边跪拜，一边抖抖索索地从手巾包中掏出一沓厚厚的纸钱。这是他老伴花了整整一个月时间念成的受生经。他点燃纸钱，一边叩拜一边喃喃地说："于总督，大清官，一路走好！阴间黑暗，你身无分文怎么行得？这点纸钱给你，免得你寸步难行。"说完号啕大哭。

见到这个穷老汉烧纸钱，众人纷纷拿纸票来烧化。

廷翼见此情景，忙挥泪劝阻道："家父平生不爱钱票，请勿强加于他。大家的心意领了！往后祭祀也请莫烧纸钱。"

众人只好无奈地收起纸票。

忽然有一个白胡子老绅士对大伙说："于总督一生清贫，毫无积蓄。如今长途运送灵柩回乡，必定缺乏经费。我们何不每人捐几钱，助于公子顺利回乡安葬父亲？"

这么一说，大家便你三钱，他五钱开始凑。有些富裕的人则拿出一两二两银子，更有的拿出十两，二十两。有的还拿出一锭白花花的银元宝。就连最穷的也拿出一钱两钱，纷纷抛掷在一起。一会儿便垒起了一座"钱山"。

廷翼惊得呆了。很快他便清醒过来，连忙制止："家父生前从不接受馈赠，我绝不能违背他的教诲，玷污他的清白！"

白胡子老绅士道："于公子，既然你不同意，那就叫大家别再捐了。可眼前已经捐了的，你总该收下吧。"

廷翼诚恳地说："各位乡亲，你们的深情厚谊我收下了！但这钱，我是断断不能接受的。我若是收受了，既陷家父于不忠，又陷我这做儿子的于不孝，请众乡亲理解我的苦衷。"

老绅士为难了：“可这钱你不收，不好处理呀！难道让它就堆在这里？”

廷翼道：“那就请老先生把这笔钱捐助给穷苦百姓吧！”

灵柩在成千上万人的簇拥下出了城。一匹长长的白布向远方，向江边伸展，不停地伸展。这是天地间一匹长宽无比的白布，是一道缓缓流动的银白的河流，它只见头不见尾，一直延伸到江边，延伸到码头。

灵柩上船了。随着一阵呜呜的号角声，船扬起了白帆。大清官于成龙从此便要永远离开他最后一任为官的地方，走向他的归宿地了！

此时，哀乐遍地，哭声震天。蓝色的江边全是雪白，就像秋天江边满眼芦花飘飞的芦苇荡。芦苇荡中秋雁悲鸣，一阵紧似一阵。

呜咽的江水和哀乐、哭声交织成一片。

望着灵船越走越远，马上就要在众人视线中消失，知府于成龙再也抑制不住自己的感情，大喊了一声：“于总督，你老人家走好！”便昏厥在地。

众人连忙七手八脚地掐人中。

他终于醒了过来，第一句话便是：“于总督啊，您一生清廉务实，心中只有百姓，是我辈永远的楷模！”

一天早朝，康熙正与众大臣议事，谈到沙俄侵占东北尼布楚和雅克萨，沙俄筑城盘踞，朝廷准备调集大军征讨。

户部尚书道：“古话说，三军未动，粮草先行。要派大军东征，须先落实好钱粮。十年来，经过八年平定‘三藩之乱’，收复台湾两场战争，国库空虚，民众穷困。大军东征至少耗银数百万两，这笔巨款从何而来？”

工部尚书道：“两江地大物博，是天下财赋最重要来源。若在该地再增加赋税，每年应可增加几百万两。”

礼部尚书忧心忡忡：“因历年战争，两江地区赋税最重，几

乎已到极限。若再加征，只怕民众不堪重负，怨声四起，两江地面会出大乱子。”

“大军东征势在必行，我们大清绝不允许沙俄侵吞东北领土!”康熙斩钉截铁道，然后沉吟了一下，“至于增加两江赋税，筹集银两一事，有号称青天的于成龙总督两江，我们可以高枕无忧!”说完哈哈大笑。

笑声未落，便见上书房值班翰林急急进来启奏，有个江宁六百里加急的奏折。拆开一看，是江宁知府所奏。

康熙只看了开头一行，便脸色大变，原来上面写着：“四月十八日寅时（凌晨四点），两江总督于成龙因疟疾复发，医治无效，病逝于古都江宁。”

康熙怔呆了半晌，无限悲戚道：“于成龙总督故世了，朕痛失一条臂膀!”说着，一串热泪情不自禁地跌落下来。

他立即下旨：“着礼部会同吏部，商讨给于成龙封谥。”

十一月，朝廷下旨谥于成龙为“清端”。其名先入太原“三立祠”（三立即立德、立功、立言）。“三立祠”中，有范仲淹、包公、欧阳修、于谦、司马迁、狄仁杰、司马光等历史名人。

礼部尚书、书法家正准备给于成龙书写碑文，忽接到圣旨，康熙皇帝要为于成龙亲自书写。

康熙二十四年（公元一六八五年）二月十五日，康熙帝含着热泪，亲自书写碑文。

四月二十六日，康熙派山西汾州知府张奇抱到于成龙墓地宣读两道祭文。

第一道是：“两江总督于成龙大革贪风，励己则寒同儒素……”

第二道是：“唯独于成龙苦节克贞，鞠躬尽瘁毫不松懈。真是一钱不取，历任数官而节操更坚，突然去世，能不怜悯痛惜!呜呼，清风未远，长存表德之恩……”

康熙四十二年（公元一七零三年）九月，康熙召见于成龙长孙、浙江按察使于准。他指着于准对御前大臣道：“这个就是

两江老总督之孙！”并下特旨，将于准提拔为四川布政使。

以后于准官至江苏巡抚，这是后话。

十月，康熙西狩驻跸太原，又召见于准，题写“高行清粹”匾额赐予，以表彰于成龙。

康熙四十六年（公元一七零七年）五月，康熙再次南巡，来到江宁。见百姓在街巷、庙宇、国子监等处仍在祭奠于成龙，不禁十分感动：“事隔二十多年，江南士民仍如此爱戴于成龙，真令人感慨万千！”

康熙立即吩咐摆开笔墨，书写下一副对联：

历任甘棠随地荫，两江清节至今传。

尾　声

山西省方山县峪口乡横泉村，长眠着“天下第一廉吏”于成龙。

这里没有高耸、气派的坟墓，没有石人、石马、石翁仲，只有一个形同普通百姓的小山包。据说当初朝廷拨银为他修建坟墓，但因他留下了遗嘱：“丧事一切从俭”，只好作罢。

他的坟头与众不同的是，有一棵合抱大榆树。这树当初不知是飞鸟衔来的种子，还是他的后人所栽。它在贫瘠的土地上，无论多么干旱，多么严寒，总是茁壮地成长着，最终长成了一棵合抱的参天大树。它的树冠高达七八丈，浓荫覆盖了大片土地。

人们说，这树便是于成龙精魂的化身。

如今，这棵大榆树虽历经三百年风雨雷电，仍绿意盈盈，直上苍穹，巍然挺立于中华吕梁山大地。

图书在版编目（CIP）数据

大清第一廉吏于成龙 / 余云叶著 . —北京：群众出版社，2013. 7

ISBN 978 - 7 - 5014 - 5141 - 8

Ⅰ. ①大… Ⅱ. ①余… Ⅲ. ①长篇小说—中国—当代 Ⅳ. ①I247. 5

中国版本图书馆 CIP 数据核字（2013）第 124471 号

大清第一廉吏于成龙

余云叶 著

出版发行：群众出版社
地　　址：北京市西城区木樨地南里
邮政编码：100038
经　　销：新华书店
印　　刷：北京泰锐印刷有限责任公司

版　　次：2013 年 7 月第 1 版
印　　次：2017 年 1 月第 3 次
印　　张：11. 875
开　　本：880 毫米 × 1230 毫米　1/32
字　　数：300 千字

书　　号：ISBN 978 - 7 - 5014 - 5141 - 8
定　　价：38. 00 元

网　　址：www. qzcbs. com
电子邮箱：qzcbs@ sohu. com

营销中心电话：010 - 83903254
读者服务部电话（门市）：010 - 83903257
警官读者俱乐部电话（网购、邮购）：010 - 83903253
文艺分社电话：010 - 83903973

本社图书出现印装质量问题，由本社负责退换